陈总编爱车热线书系

A BRIEF HISTORY OF AUTOMOTIVE INNOVATION

Key Technologies and Designs
for Evolution of the Automobile

汽车创新简史

改变汽车的关键技术与设计

陈新亚 编著

机械工业出版社
CHINA MACHINE PRESS

本书精选汽车史上最有意义的200多项创新技术与设计，以及60多位重要创新发明者的故事，配合丰富珍贵的技术专利图和结构原理图，以通俗易懂、轻松阅读的形式，介绍蒸汽汽车、电动汽车、燃油汽车、新能源汽车以及智能网联汽车的创新技术和设计演变，并展望未来汽车技术与设计趋势。

本书按汽车类型和汽车结构总成，分别介绍了内燃机、底盘结构、车身设计、制造工艺、动力蓄电池、新能源汽车、电气化与智能化等关键创新技术与设计，既有关键创新故事，又有结构原理讲解，适合对汽车技术与设计创新感兴趣的读者、汽车行业从业人员、汽车相关专业学生、发明创造爱好者们阅读使用。

图书在版编目（CIP）数据

汽车创新简史：改变汽车的关键技术与设计 / 陈新亚编著 . —北京：机械工业出版社，2023.9

（陈总编爱车热线书系）

ISBN 978-7-111-73750-6

Ⅰ.①汽… Ⅱ.①陈… Ⅲ.①汽车–技术史 Ⅳ.① U46

中国国家版本馆CIP数据核字（2023）第162114号

机械工业出版社（北京市百万庄大街22号 邮政编码100037）

策划编辑：李 军　　　　　　责任编辑：李 军　丁 锋
责任校对：潘 蕊 张 薇　　　责任印制：刘 媛
北京中科印刷有限公司印刷
2023年11月第1版第1次印刷
184mm×260mm・16.5印张・2插页・368千字
标准书号：ISBN 978-7-111-73750-6
定价：99.00元

电话服务　　　　　　　　　网络服务
客服电话：010-88361066　　机 工 官 网：www.cmpbook.com
　　　　　010-88379833　　机 工 官 博：weibo.com/cmp1952
　　　　　010-68326294　　金 书 网：www.golden-book.com
封底无防伪标均为盗版　机工教育服务网：www.cmpedu.com

前言 Preface

汽车进化论

The Evolution of the Automobile

笔者长期从事汽车专业媒体工作，一直关注和跟踪国内外汽车创新技术的发展和进步，掌握大量权威可靠的汽车技术资料和信息，并编写过《汽车为什么会跑：图解汽车构造与原理》等图书，深知国内读者对了解汽车知识的渴求越来越不容易满足，不仅需要最新汽车知识与技术发展的内容，也希望了解汽车关键技术创新与设计演化的内容。一本全面系统梳理汽车创新路线、讲解关键技术与设计的权威图书，应当能给双碳战略目标下的汽车创新带来一些启迪。笔者认为，汽车创新主要沿着两条赛道奔跑，一是对能源的使用和控制，二是对车辆的使用和控制。

对能源使用方面，主要体现在选择什么样的能源作为汽车动能来源。最初作为汽车能源的是可以燃烧并能够烧开锅炉产生蒸汽的煤、木头等，然后是电能，后来是从煤中提炼出的煤气，从石油中提取的汽油和柴油等。再后来，发现这些石化能源既不环保，又面临枯竭，就重新使用电能也就是新能源作为汽车动力来源。具体内容参看第1篇"早期车辆动力竞争"。

对能源控制方面，主要体现在不断提高动力系统的能量转换效率。蒸汽机的效率极低，一般不超过10%。普通内燃机的效率一般不超过40%，以牺牲功率为代价的阿特金森循环和米勒循环发动机，号称热效率最高也仅能达到41%。具体内容可参看第2篇"内燃机的黄金时代"。电机的能量转换效率相对较高，可达到95%，这也是现在推崇电动汽车的主要原因之一。具体内容可参看第6篇"电动势力卷土重来"。

对车辆的使用和控制方面，主要体现在不断提升底盘性能，包括制动性能、转向性能、悬架性能和车速调节控制功能等。在集成电路发明后，人们开始使用计算机操控汽车的部分功能，多种驾驶辅助系统开始应用到汽车上，帮助人们安全、轻松地驾驶和使用汽车，让汽车逐步向智能化、网联化发展。具体内容可参看第3篇"底盘结构百年进化"、第7篇"从电气化到智能网联"。

第4篇"车身造型与安全设计"和第5篇"造车技艺世纪变革"，介绍车身设计与制造工艺的重要发展历程。这也是现在备受关注的两个创新领域。

第8篇"期待：十大汽车创新技术"，根据当今汽车技术革命发展方向，展望未来汽车技术发展趋势，精选出最令人期待的十项汽车技术与设计，希望早日得到创新突破。

本书适合谁阅读

本书是为那些对汽车技术和设计创新感兴趣，或对汽车重要技术原理爱刨根问底，或想了解汽车发展和演变历程，或想知道汽车创新发明故事，以及喜爱发明创造的人们而精心编写的。本书适合对汽车技术和设计创新感兴趣的读者、汽车行业从业人员、汽车相关专业学生、发明创造爱好者们阅读使用。

本书内容是什么

本书精选汽车史上最有意义的 200 多项创新技术与设计，以及 60 多位重要创新发明者和他们的故事，配合 550 多幅珍贵图片、42 个精彩视频和 32 个解说音频，全面系统介绍内燃机、底盘结构、车身设计、制造工艺、动力蓄电池、新能源汽车、电气化与智能网联等关键创新技术和设计，既有创新经历描写，又有结构原理讲解，通俗易懂、阅读轻松。

本书能带来什么

1）全面系统梳理汽车技术与设计跨三个世纪的演变过程。
2）破解汽车历史上 200 多项最关键技术与设计创新奥秘。
3）欣赏汽车历史上最重要创新者的故事及其原始专利图。
4）展望汽车创新的十大技术，洞察汽车技术的发展趋势。
5）结构化碎片化编排方式，让你百秒内即可获得一个知识点。
6）配有音频和视频二维码，扫一扫即可获得更多丰富的内容。

特别提示：
为做好读后服务而特设读后公众号，关注后可与作者直接交流。

目录 CONTENTS

前　言　汽车进化论

第 1 篇　早期车辆动力竞争　1

汽车创新名人堂（一）　2

第 1 章　蒸汽动力率先上路　3
1.1　蒸汽模型车 / 南怀仁　3
1.2　蒸汽原型车 / 尼古拉斯·约瑟夫·居纽　4
1.3　高压蒸汽车 / 理查德·特雷维西克　5
1.4　实用蒸汽汽车 / 阿梅迪·波利　7

第 2 章　电力驱动紧随其后　10
2.1　电池 / 亚历山大·伏特　10
2.2　铅酸蓄电池 / 加斯顿·普兰特　11
2.3　电动机与发电机 / 迈克尔·法拉第　12
2.4　实用直流电机 / 托马斯·达文波特　15
2.5　电动三轮汽车 / 古斯塔夫·特鲁夫　17
2.6　交流电机 / 尼古拉·特斯拉　18
2.7　换电模式电动汽车 / 查尔斯·简托德　20
2.8　电动汽车再生制动 / 达拉克　22

第 3 章　内燃机汽车后来居上　24
3.1　内燃机 / 艾蒂安·勒努瓦　24
3.2　四冲程循环内燃机 / 尼古拉斯·奥托　26
3.3　汽油发动机 / 戈特利布·戴姆勒　28
3.4　两轮摩托车 / 戈特利布·戴姆勒　30
3.5　三轮汽车 / 卡尔·本茨　31
3.6　四轮汽车 / 戈特利布·戴姆勒　34
3.7　汽车长途旅行 / 伯塔·本茨　35
3.8　柴油发动机 / 鲁道夫·狄赛尔　37

第 4 章　混合动力昙花一现　40
4.1　轻混合动力汽车 / 亨利·戴　40
4.2　串联式混合动力汽车 / 费迪南德·保时捷　40
4.3　并联式混合动力汽车 / 亨利·皮珀　42

第 2 篇　内燃机的黄金时代　43

汽车创新名人堂（二）　44

第 5 章　基本结构：从单缸到 W18 缸　45
5.1　四缸发动机、蜂窝式散热器 / 威廉·迈巴赫　45
5.2　整体式气缸 / 亨利·福特　46
5.3　铝合金活塞 / 沃尔特·宾利　48
5.4　V16 缸发动机 / 凯迪拉克　49
5.5　W18 和 W16 发动机 / 布加迪　50
5.6　复合铝镁合金缸体 / 宝马　51
5.7　无缸套技术 / 福特 PTWA　52

第 6 章　配气机构：从两气门到电子气门　53
6.1　顶置气门 / 大卫·别克　53
6.2　双顶置凸轮轴 / 欧内斯特·亨利　54
6.3　每缸 4 气门设计 / 奔驰、布加迪　55
6.4　可变气门 / 本田 VTEC　57
6.5　电子气门 / 宝马 Valvetronic　58

v

第 7 章 进气控制：从机械增压到电动涡轮 60

7.1　机械增压器 / 罗茨兄弟、奔驰　60

7.2　涡轮增压器 / 阿尔弗雷德·布黑、桑福德·莫斯　61

7.3　涡轮增压器中冷器 / 保时捷 911　64

7.4　涡轮增压器独立冷却 / 大众　64

7.5　可变涡轮几何叶片 / 保时捷　65

7.6　双涡流增压器 / 宝马　66

7.7　机械和涡轮双增压器 / 大众　67

7.8　电动涡轮增压器 / 奥迪、奔驰　67

7.9　连续可变长度进气歧管 / 宝马　69

第 8 章 燃油喷射：从化油器到电控双喷 70

8.1　化油器 / 查尔斯·杜里埃　70

8.2　机械式燃油喷射 / 博世　71

8.3　电子式燃油喷射 / 博世　71

8.4　燃油缸内直喷 / 乔纳斯·赫塞尔曼　73

8.5　氧传感器 / 博世　74

8.6　汽油缸内直喷 + 涡轮增压 / 奥迪 TFSI　74

8.7　燃油双喷射发动机 / 丰田　75

第 9 章 点火起动：从手摇起动到自动起停 76

9.1　火花塞点火系统 / 罗伯特·博世　76

9.2　电动起动 / 查尔斯·凯特林　77

9.3　自动起停功能 / 丰田　79

第 10 章 燃烧控制：从预燃烧室到阿特金森 81

10.1　复合涡流可控燃烧 / 本田 CVCC　81

10.2　预燃烧室燃烧技术 / 奔驰、玛莎拉蒂　84

10.3　火花控制压燃点火 / 马自达 SPCCI　86

10.4　阿特金森循环 / 詹姆斯·阿特金森　87

10.5　阿特金森循环发动机 / 丰田　87

10.6　米勒循环 / 拉尔夫·米勒　89

10.7　可变压缩比 / 萨博、日产　91

10.8　可变缸技术 / 通用　92

10.9　排气再循环（EGR）/ 大众　93

第 11 章 奇思妙想：从转子发动机到氢动力 94

11.1　转子发动机 / 菲利克斯·汪克尔　94

11.2　转子发动机跑车 / 马自达　96

11.3　氢动力发动机 / 宝马　98

11.4　动能回收系统 / 马自达　99

11.5　催化转化器 / 尤金·胡德里　99

第 3 篇 底盘结构百年进化 101

汽车创新名人堂（三）　102

第 12 章 变速器：从手动变速到无级变速 103

12.1　同步器式手动变速器 / 厄尔·汤普森　103

12.2　自动变速器 / 厄尔·汤普森　104

12.3　无级变速器 / 米尔顿·里维斯　107

12.4　手自一体式变速器 / 保时捷 Tiptronic　108

12.5　双离合变速器 / 大众　109

12.6　自动离合变速器（AMT）/ 法拉利　110

12.7　7 速手动变速器 / 保时捷　110

第 13 章 转向系统：从液压助力到线控转向 111

13.1　液压助力转向 / 弗朗西斯·戴维斯　111

13.2	电子液压随速助力转向 / 斯巴鲁	112
13.3	电动助力转向（EPS）/ 铃木	113
13.4	可变齿比转向系统 / 本田	114
13.5	主动转向系统 / 宝马	115
13.6	动态转向系统 / 奥迪	116
13.7	四轮转向系统 / 本田	117
13.8	线控转向系统 / 英菲尼迪	118

第 14 章 传动方式：从直接传动到智能四驱　119

14.1	前置后驱设计 / 潘哈德·勒瓦索	119
14.2	直接传动系统 / 路易斯·雷诺	120
14.3	前纵置前驱设计 / 雪铁龙	121
14.4	前横置前驱微型车设计 / 阿莱克·伊西戈尼斯	122
14.5	四轮驱动设计 / 世爵 60HP	123
14.6	前后双发动机设计 / 阿尔法·罗密欧	124
14.7	四轮驱动轿车设计 / 奥迪 quattro	125
14.8	前后双变速器四驱系统 / 法拉利 FF	127
14.9	电子限滑辅助 / 奔驰 4ETS	128
14.10	轴间转矩控制系统 / 奥迪	129

第 15 章 制动系统：从鼓式制动到空气制动　131

15.1	鼓式制动器 / 路易斯·雷诺	131
15.2	盘式制动器 / 弗雷德里克·兰彻斯特	132
15.3	液压助力制动系统 / 马尔科姆·洛克希德	134
15.4	通风式制动盘 / 保时捷	135
15.5	陶瓷复合制动盘 / 保时捷	135
15.6	防抱死制动系统（ABS）/ 博世、奔驰	136
15.7	尾翼空气制动 / 布加迪威航	138

第 16 章 悬架系统：从钢板弹簧到电磁悬架　139

16.1	四轮独立悬架 / 奔驰	139
16.2	双叉臂式悬架 / 雪铁龙	139
16.3	扭力梁式悬架 / 雪铁龙	140
16.4	液压气动悬架 / 保罗·马盖斯	140
16.5	麦弗逊式悬架 / 厄尔·麦弗逊	142
16.6	空气悬架 / 凯迪拉克、奔驰	144
16.7	多连杆式悬架 / 奔驰	145
16.8	主动车身控制系统 / 奔驰	146
16.9	电磁悬架 / 凯迪拉克	147
16.10	自适应液压减振器 / 奔驰	148
16.11	电子式主动稳定杆 / 宝马	148
16.12	动态发动机支座 / 保时捷	150
16.13	可回收能量悬架系统 / 奥迪	150
16.14	侧面主动防护系统 / 奥迪	151

第 17 章 轮胎：从充气轮胎到防爆轮胎　152

17.1	充气轮胎 / 约翰·邓禄普	152
17.2	胎压监测系统 / 通用	153
17.3	防爆轮胎 / 宝马	154

第 4 篇　车身造型与安全设计　155

汽车创新名人堂（四）　156

第 18 章 整车设计：从马车样式到楔形车身　157

18.1	现代式汽车设计 / 威廉·迈巴赫	157

18.2	现代方程式赛车设计/保时捷	158
18.3	概念车设计/哈利·厄尔	159
18.4	尾鳍造型设计/哈利·厄尔	160
18.5	楔形车身设计/马塞洛·甘迪尼	161
18.6	"折纸"车身造型/乔盖托·乔治亚罗	162
18.7	轻型越野车设计/威利斯"吉普"	164
18.8	运动型多功能车（SUV）设计/吉普	165
18.9	多用途车辆（MPV）设计/克莱斯勒	166

第 19 章　车身空气动力学设计　167

19.1	流线型车身设计/汉斯·列德文克	167
19.2	风洞测试设计/克莱斯勒"气流"	167
19.3	空气动力学计算设计/马尔科姆·塞耶	169
19.4	赛车定风尾翼/柯林·查普曼	171
19.5	赛车地面效应/柯林·查普曼	172
19.6	主动空气动力学系统/兰博基尼 ALA	174
19.7	自动挡风系统/奔驰	175
19.8	车身气流通道/宝马、法拉利、布加迪	176
19.9	车底板涡旋发生器/奥迪	177

第 20 章　车身个性设计　178

20.1	鸥翼式车门设计/奔驰 300SL	178
20.2	剪刀式车门设计/马切洛·甘迪尼	178
20.3	蝶翼式车门设计/迈凯伦 F1	178
20.4	旋转式车门设计/柯尼赛克 CC	179
20.5	鹰翼式车门设计/特斯拉 Model X	179
20.6	头颈暖风系统/奔驰	179
20.7	硬顶敞篷车身设计/布鲁诺·萨科	180
20.8	"火焰曲面"车身设计/克里斯·班格	181

第 21 章　车身结构与安全设计　182

21.1	承载式车身设计/蓝旗亚 Lambda	182
21.2	车身被动安全设计/贝拉·巴恩伊	183
21.3	安全气囊/约翰·赫特里克	186
21.4	三点式安全带/尼尔斯·博林	188
21.5	预紧式安全带/奔驰	190

第 5 篇　造车技艺世纪变革　191

第 22 章　制造材料：从低碳钢到碳纤维　192

22.1	镀锌钢板	192
22.2	铝制车轮/埃托雷·布加迪	193
22.3	铝制车身/奥迪 ASF	194
22.4	玻璃纤维车身/雪佛兰	195
22.5	碳纤维单体车身/捷豹	195

第 23 章　制造方式：从标准化到模块化　197

23.1	零部件标准化/亨利·利兰	197
23.2	流水线生产/亨利·福特	198
23.3	一体化压铸/特斯拉	199
23.4	模块化平台/大众 MQB	200

第 6 篇　电动势力卷土重来　201

第 24 章　电池与电机：从镍氢电池到扁线电机　202

24.1	镍氢电池	202
24.2	锂离子电池/索尼	202
24.3	无模组（CTP）技术/宁德时代	203
24.4	动力蓄电池底盘一体化（CTC）/特斯拉	204

24.5 电池管理系统 (BMS) / 特斯拉	205	
24.6 扁线电机 / 雪佛兰	206	

第25章　电驱动：从轻混合动力到纯电动 　207

25.1 48V 电气系统 / 奥迪等	207
25.2 混合动力汽车 / 丰田普锐斯	207
25.3 插电式混合动力汽车 / 比亚迪 F3DM	208
25.4 纯电动汽车 / 通用 EV1	209
25.5 锂离子电池汽车 / 日产、特斯拉	210
25.6 燃料电池测试车 / 通用	210
25.7 燃料电池汽车 / 丰田	211
25.8 800V 高压平台 / 保时捷	212

第7篇　从电气化到智能网联　213

第26章　电气配置：从碳丝电灯到激光灯　214

26.1 乙炔灯	214
26.2 电气照明系统 / 凯迪拉克	214
26.3 氙气前照灯 / 宝马、奔驰	215
26.4 随动转向前照灯 / 塔克、雪铁龙	216
26.5 LED 前照灯 / 雷克萨斯、奥迪	216
26.6 矩阵式 LED 前照灯 / 奥迪	217
26.7 激光前照灯 / 宝马、奥迪	218
26.8 汽车空调 / 帕卡德、凯迪拉克	219
26.9 自动刮水器 / 约翰·奥森	220

第27章　座舱控制：从车速表到远程升级　222

27.1 电磁式车速表 / 奥托·舒尔茨	222
27.2 电子变速杆 / 宝马	223
27.3 抬头显示（HUD） / 通用	224
27.4 人机交互操作系统 / 宝马 iDrive	225
27.5 车载导航系统 / 本田、丰田	225
27.6 中控触摸屏 / 别克	226
27.7 全景监视系统（AVM） / 英菲尼迪	227
27.8 手势识别操控 / 宝马	227
27.9 远程升级（OTA） / 特斯拉	228
27.10 车载网络数据总线 / 博世	229
27.11 域控制器（DCU） / 奥迪	230

第28章　智能网联：从定速巡航到无人驾驶　231

28.1 车速巡航控制 / 拉尔夫·蒂托	231
28.2 带行人识别的夜视系统 / 宝马	232
28.3 全地形响应系统 / 路虎	233
28.4 电子稳定程序（ESP） / 奔驰	234
28.5 自适应巡航控制（ACC） / 三菱	236
28.6 自动紧急制动（AEB） / 本田	237
28.7 车道保持辅助（LKA） / 日产	237
28.8 盲点监测系统（BSM） / 沃尔沃	238
28.9 泊车辅助 / 大众、丰田	239
28.10 无线电遥控驾驶 / 弗朗西斯·胡迪纳	239
28.11 视觉引导自动驾驶 / 恩斯特·迪克曼斯	240
28.12 机器学习算法 / 斯坦福大学	241
28.13 L2 自动驾驶系统 / 特斯拉	242
28.14 L3 自动驾驶系统 / 奔驰	243
28.15 无人驾驶出租车 / 百度	243

第 8 篇 期待：十大汽车创新技术 245

第 29 章 碳中和：从钠离子电池到电子燃料 246
29.1 钠离子电池 / 宁德时代 　　　　　　　246
29.2 固态电池 / 日产 　　　　　　　　　　246
29.3 氢燃料电池汽车 　　　　　　　　　　247
29.4 电子燃料 　　　　　　　　　　　　　247

第 30 章 智慧交通：聪明的车和智慧的路 248
30.1 单车智能 L4 自动驾驶 　　　　　　　248
30.2 车路协同与无人驾驶出租车 　　　　　248

第 31 章 元宇宙：从智能控制到模拟仿真 249
31.1 智能座舱控制 　　　　　　　　　　　249
31.2 自动驾驶模拟仿真 　　　　　　　　　249

第 32 章 设计创新：从轮毂电机到滑板底盘 250
32.1 轮毂电机 　　　　　　　　　　　　　250
32.2 滑板底盘 /RIVIAN 　　　　　　　　　250

附录 汽车创新关键事件时间轴 252
作者简介 　　　　　　　　　　　　　　　254

早期车辆动力竞争
The Competition of Early Vehicles Power

Section 1 第 1 篇

英国人发明并不断改良了蒸汽机,特别是特雷维西克发明了高压蒸汽机后,使蒸汽机作为交通动力源成为可能,并使英国较早出现了蒸汽火车和蒸汽汽车。然而,"红旗法案"规定机动车必须在步行引导人后60码(约55m)处行驶,也就是机动车的行驶速度不能超过人的步行速度,这无疑是对英国机动车辆创新发展的全面封杀。

在英国之外,对机动车辆创新发展的探索并未停止。蒸汽车辆不仅体形庞大,而且途中还要停下来加水添煤,实用性较差,装在火车上还可以,但作为机动性要求较高的道路车辆,就有点太笨拙了。因此,人们竞相探索其他动力来源,甚至形成了一种竞争热潮,除了使用可以烧水产生蒸汽的煤炭外,还尝试用炸药、煤气、天然气、电池等作为车辆动力。当时人们认为,电池可能是最靠谱的车辆动力能源,非常适合城区交通。1897年,美国纽约甚至出现了一个拥有13辆电动汽车的出租车公司。1899年,一辆外形像鱼雷的电动汽车达到109km/h,创下陆上速度纪录。但由于电池太重,而且续驶里程较短,电能在当时很难作为实用车辆的动力源。

1886年,内燃机汽车诞生,但可靠性差、起动困难、价格昂贵、途中加油和售后维修服务几乎是空白,加上排放污染严重、噪声很大,因此很长时期内并没有流行起来。1900年前后,欧洲和美国的马路上呈现出马车、蒸汽汽车、电动汽车和燃油汽车相互竞争(图01-1)的局面。直到1912年发动机电动起动器出现、1913年汽车生产流水线诞生、石油产量大幅提升后,这才推动燃油汽车后来居上,逐渐成为公路交通的霸主。

图01-1　马车、蒸汽汽车、电动汽车、燃油汽车相互竞争

汽车创新名人堂（一）

高压蒸汽机发明人
理查德·特雷维西克

"生物电"发现者
路易吉·伽法尼

电池发明人
亚历山大·伏特

蓄电池发明人
加斯顿·普兰特

电流磁效应发现者
汉斯·奥斯特

电动机和发电机发明人
迈克尔·法拉第

电动汽车发明人
古斯塔夫·特鲁夫

交流电机发明人
尼古拉·特斯拉

换电模式电动汽车发明人
查尔斯·简托德

内燃机发明人
艾蒂安·勒努瓦

四冲程内燃机发明人
尼古拉斯·奥托

四轮燃油汽车发明人
戈特利布·戴姆勒

三轮燃油汽车发明人
卡尔·本茨

直流电机发明人
托马斯·达文波特

柴油发动机发明人
鲁道夫·狄赛尔

四轮驱动电动汽车发明人
费迪南德·保时捷

第 1 章　Chapter 1

蒸汽动力率先上路

1.1 蒸汽模型车 / 南怀仁

在清朝初期，外国传教士要想在中国生存并不容易，他们的一切活动甚至性命都要看中国皇帝的脸色。来自比利时的南怀仁是被选拔出来的精英传教士，受教育水平很高，上晓天文、下知地理，还是个机械天才，他曾帮助清朝政府制造大炮。他主张通过传播科技知识在中国立足和扩大影响。为了讨好康熙大帝，他在1672年制造了一辆蒸汽动力驱动的四轮小车（图1-1），准备作为礼物送给康熙。这也是有文字记载的世界上最早的四轮蒸汽动力车辆。

图1-1　根据南怀仁的描述而绘制的蒸汽模型车

南怀仁在中国时曾撰写过一本《欧洲天文学》，记录他在中国传授欧洲科学技术的经历。此书后来由另一位传教士带回欧洲并于1687年在德国印刷出版。南怀仁在书中记载："我用轻质木材制造了一辆2ft长（约合61cm）的四轮小车。在车的中间安装了一个小锅炉，里面填满了烧红的煤块，以此做成一个蒸汽发动机。凭借这个机器，我很容易地就驱动了这辆四轮小车。"

他还具体介绍了这辆蒸汽小车的结构。利用烧热的小锅炉冒出的高压水蒸气，吹动一个圆盘边上的四个翼片，使圆盘快速转动。再通过一根立轴、一套齿轮传动机构，就可以将圆盘转动的动力传递到车轮，使小车前进。"小车可以持续行走一个多小时而不减速。"

为了防止小车跑得太远，他还在车尾连接一个舵轮，并将那舵轮偏转一定角度后用螺钉固定住，"这辆由蒸汽发动机驱动的小车就可以周而复始地做圆周运动。圆周运动的直径可以按照院子或大厅的大小，通过确定舵柄的偏离角度而进行调节。"

从小车的尺寸看这就是一个蒸汽模型车，用来演示蒸汽能驱动车辆运动。而真正的蒸汽动力车辆在97年后才在欧洲出现。

1.2 蒸汽原型车 / 尼古拉斯·约瑟夫·居纽

尼古拉斯·约瑟夫·居纽出生在法国洛林省，他受过军事工程师的训练。1765年，作为法国炮兵上尉的居纽，在行军作战中看到马拉重炮非常费劲。当时的道路条件极差，都是土路，一下雨碰到泥泞的路运输大炮的马车就没法移动了。于是他想到能否用蒸汽动力车拉大炮。居纽从1765年开始动手，经过四年的努力，到1769年终于制作出一辆蒸汽原型车（图1-2）。

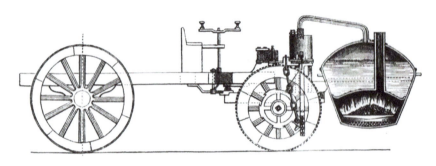

图1-2 居纽制造的第一辆蒸汽原型车结构图

这辆蒸汽原型车是根据一辆双轮马车改造的，在原来套马的地方安装一个前轮。前轮前装上一个锅炉，锅炉与前轮之间有两个气缸，总排气量50L。锅炉冒出的水蒸气通过管道充入两个气缸中，推动气缸中的活塞上下移动。活塞通过连杆机构与车轮相连，就可以带动车轮旋转。这个前轮既是转向轮，又是驱动轮，和现在的大部分轿车一样，是前置发动机、前轮驱动。

这辆蒸汽车最快只能以4km/h的速度行走，还没有人的步行速度快，而且每隔15min就要停下来为锅炉加热，差不多再等15min后才能继续行走。

第二年，即1770年，居纽又打造了一辆更大的蒸汽动力车辆。该车重约2.5t，最高车速已提高到9.5km/h，而且还能够携带4t重的货物。由于重量分配不佳，头重脚轻，车辆行驶时非常不稳定，这对打算穿越崎岖地形和爬陡坡的拉炮车来说，确实是一个严重的缺陷。此外，锅炉的性能也特别差，每隔15min就要停下来，这就大大降低了它的速度和行驶距离。在进行了几次试验后，确认这种走走停停的蒸汽车不适用于拉炮，于是这个研发项目就被放弃了。

有报道称，居纽的第二辆原型车在1771年曾发生了一起小事故。由于这辆车的速度太慢了，就没有给它安装制动装置，结果在试车时不小心撞上了巴黎兵工厂的一堵砖墙（图1-3）。这可能是已知的第一起汽车事故。

1772年，为了奖励居纽的发明创造，法国国王路易十五恩准，每年给居纽发放600里弗尔的养老金。法国大革命后，居纽的养老金在1789年被取消，他流亡到布鲁塞尔，生活陷入贫困。拿破仑·波拿巴上台后听说了此事，认为居纽是对国家有贡献的人，就下令恢复了居纽的养老金。居纽最终得以回到了巴黎，于 1804 年 10 月 2 日去世。

图1-3　蒸汽原型车因没装制动器而撞到墙上

图1-4　居纽蒸汽车的复制品

居纽的那辆原型车，在 1800 年被移交给巴黎国家艺术学院收藏，至今仍能看到。2010 年，巴黎艺术学院的学生们制作了一辆居纽蒸汽车的复制品（图1-4），想证明这辆蒸汽车是否真的能行驶。结果是它真能行驶，这也证明了有关历史记载是真实的。

扫一扫，听蒸汽车的故事

扫一扫，看蒸汽车视频

1.3　高压蒸汽车 / 理查德·特雷维西克

理查德·特雷维西克英国发明家和采矿工程师（图1-5），他是一位采矿队长的儿子，出生在英国康沃尔，从小他就经常看到蒸汽机从深深的矿井中往外抽水，并沉浸在采矿和工程机械中。19 岁时他开始在矿区工作，担任蒸汽机技术顾问。蒸汽机最初由英国人托马斯·纽科门在 1712 年发明，也被称为低压蒸汽机。詹姆斯·瓦特在 1776 年对纽科门蒸汽机进行了改进，增加了独立冷凝器，从而大幅提升了蒸汽机的效率。瓦特拥有包括"独立冷凝器"在内的多项技术专利，从而阻碍了其他人进入蒸汽机制造业的机会。

经常在矿区奔走的特雷维西克，为了进一步提高蒸汽机的工作效率，但又要避开瓦特的"独立冷凝器"专利，就在 1799 年研制了一种没有独立冷凝器的高压蒸汽机。这种高压蒸汽机可以产生 10 倍大气压的压力推动活塞运动，而冷凝式常压蒸汽机只能产生 1 个大气压的推力。

相对瓦特的常压蒸汽机，高压蒸汽机不仅体积更小，重量更轻，而且效率大幅提升，可以节省燃料，从而对瓦特的蒸汽机形成竞争威胁。瓦特和合伙人到处散布说高压蒸汽机的压力太高，容易爆炸，很危险，从而导致高压蒸汽机难有销路。

特雷维西克认识到，高压蒸汽机的主要优势是体积小、重量轻，甚至有能力拉动自身移动。如果作为固定式动力机器与常压蒸汽机竞争，显不出自己的优势，不如扬长避短，将高压蒸汽机装到车辆上试试。

1801 年，特雷维西克制作了一辆高压蒸汽车。蒸汽机采用双气缸设计，气缸直径为18cm，活塞行程为90cm。铸铁高压锅炉的直径为1.2m，通过四通阀进行蒸汽分配。蒸汽机活塞的直线运动通过曲柄直接转换为圆周运动，进而驱动车轮旋转。

特雷维西克把他的高压蒸汽车辆命名为"吹气魔鬼"（Puffing Devil）（图1-6）。在1801年平安夜的英国康沃尔郡坎伯恩镇上，他成功地说服6名乘客爬上了他的蒸汽车，由他的表弟安德鲁驾驶，一行人欢呼雀跃地驾乘"吹气魔鬼"在大街上"招摇过市"。其实这辆蒸汽车的行驶速度与行人走路差不多。那时的道路坑洼不平，而蒸汽车体形庞大，重量也很大，转向反应迟钝，在经过一个沟坎时，突然冲到路边沟中抛锚了。在高压锅炉仍在燃烧的情况下，特雷维西克一行人却扔下车辆不顾，跑到附近一家酒店吃烤鹅、喝酒去了。还没等他们吃喝好，蒸汽车上的锅炉就开锅了，压力骤增，导致蒸汽机爆炸并引燃了路边房舍。闻听此讯，詹姆斯·瓦特和合伙人又借此宣传高压蒸汽机的危险性，导致高压蒸汽机更没人敢买了。

图1-5 理查德·特雷维西克（1771—1833）

图1-6 "吹气魔鬼"蒸汽车结构图

"吹气魔鬼"不能长时间保持足够的蒸汽高压，不安全也不实用。特雷维西克为此进行了创新改进。他在设计中加入了一个调节阀和一个安全阀。调节阀允许操作人员设置最大蒸汽压力。而安全阀的设计更是巧妙，他在锅炉的最低安全水位处装上一个易熔铅塞，也就是一个铅制铆钉。在正常水位时，铅塞浸于水中，不会被熔化。如果水量不足，铅塞就会暴露在水位上，锅炉的蒸汽温度会上升到足以熔化铅塞的程度，导致铅塞熔化，锅炉就会向外释放蒸气，从而发出声音警报并降低锅炉压力，让操作员及时冷却锅炉。

安全阀的发明为提高蒸汽车的实用化铺平了道路。1802年，特雷维西克为他的高压蒸汽车辆申请了发明专利。该专利还描述了新型高压蒸汽机的其他用途。

1803年，特雷维西克利用改进后的高压蒸汽机制造了另一台蒸汽车辆，称为"伦敦蒸汽车辆"（London Steam Carriage）。其驱动轮直径达2.4m，可以保证锅炉运行更加稳定（图1-7）。叉形活塞杆缩短了气缸与曲轴之间的距离，这在当时被认为是一项独特的创新。这辆车可以乘载8人，由特雷维西克驾驶在伦敦"拉客"，共行驶了16.5km，轰动一时。但当时道路不平，车辆极重，也没有减振系统，对车上乘客来说很不舒服，乘坐费用还很贵，实用性较差，不久这辆高压蒸汽车就被放弃了。

图1-7 特雷维西克打造的"伦敦蒸汽车辆"结构图

1804年2月21日,特雷维西克研制了一辆大型蒸汽机车,在众人的见证下,它成功地沿着一条铁轨载着10t铁、5节车厢和70名男子,在4h5min内行驶了15.69km,平均速度约4km/h。虽然还没有行人走路快,但这次划时代的行驶,使特雷维西克成为蒸汽火车的伟大先驱。

1.4 实用蒸汽汽车 / 阿梅迪·波利

自英国人特雷维西克发明高压蒸汽机和蒸汽车辆后,各种各样的蒸汽车辆就不断在欧美诞生。虽然外形五花八门,但它们的基本部件都差不多,主要包括:高压锅炉、滑阀、气缸、蒸汽容器、活塞和驱动轮。在锅炉中会有一个燃烧室,煤会被加进去,用来加热锅炉,使水沸腾,产生高压蒸汽。高压蒸汽膨胀并通过管道进入蒸汽容器,然后由滑阀控制进入气缸,推动活塞运动。活塞通过连杆和曲柄机构将直线运动转换为旋转运动,最终驱动车轮,推动车辆前进。

蒸汽锅炉重量都不轻,体积庞大,占用了车上主要空间,蒸汽机起动一般也需要半小时左右,因此即使出现很多蒸汽车辆,也都不怎么实用。直到1873年,法国勒芒的阿梅迪·波利(Amedee Bollee)公司制造了一系列创新设计的蒸汽汽车,这才推动蒸汽汽车进入实用阶段。

阿梅迪·波利公司最早是一家铸钟厂,是由父子三人共同经营的家族企业。铸造钟需要相当高超的技艺,要用到冶金技术、造型设计和乐器知识。当老波利病重退位后,由他15岁的儿子阿梅迪·波利接管铸钟厂,从此公司开始涉足铸钟之外的业务。

当时信息传递还比较闭塞,人们主要依靠大型展览活动传播信息。1867年举行的巴黎世界博览会为阿梅迪·波利打开了了解世界的窗户。他在博览会上看到了一辆蒸汽公共汽车(图1-8),便立即产生了要制造一款"快速私人蒸汽汽车"的想法。这时阿梅迪·波利才23岁。

图1-8 英国的蒸汽公共汽车示意图

当时私人使用的马车以三轮车为多,就像后来卡尔·本茨发明的第一辆三轮汽车那样,前面只有一个车轮用于转向。阿梅迪·波利从1868年起开始设计蒸汽汽车,但他的造车理念与众不同,他定下了三条造车原则:①不能是三轮车,必须有两个前轮用于转向;②不能只用一个枢轴转向,两个前轮必须能独立转向,因为内外车轮在转向时可能指向不同的角度;③驱动轮不能用一根固定轴连接,必须独立驱动单个车轮,因为车辆在转弯时,内外驱动轮在同时间内所行驶的距离并不相同,也就是左右车轮有速度差。

为此,阿梅迪·波利开创性地使用了方向盘,通过一套椭圆凸轮和链传动装置,操控两个前轮进行独立转向,即双枢轴转向。这套椭圆凸轮转向系统在理论上是理想的,但实际中链条不可避免地有拉伸(尽管使用了张紧器),使得车辆的转向并不十分准确。

针对转弯时内外驱动轮的差速问题,他没有使用差速器来调节,而是给每个后轮配备一台蒸汽机。这两个蒸汽机共用一个锅炉,锅炉蒸汽根据行驶阻力自动按比例分配给两个蒸汽机。

历时5年,阿梅迪·波利的第一款蒸汽汽车"服从者"(L'Obéissante)在1873年初完成设计制造(图1-9)。但由于普法战争的爆发,直到1875年"服从者"才首次公开亮相。"服从者"采用两台V形双缸蒸汽机,气缸夹角90°;每台蒸汽机独立驱动一个后轮;两个独立的2速变速器负责向两个后轮传递动力,它们由同一个变速踏板操控;车身总重4.5t,不包括驾驶人和司炉,还能载客12人。加满水和燃料,一次续驶里程25km。"服从者"在18h内完成了从巴黎至勒芒之间来回约250km的公路旅行,最高车速为40km/h。

图1-9 阿梅迪·波利"服从者"蒸汽汽车

阿梅迪·波利的蒸汽汽车首次试车获得成功,但只收到两笔订单,其中一辆还是朋友购买的。"服从者"遭遇挫败后,阿梅迪·波利反思受挫的三大原因:①车辆样子丑陋,还不如设计成马车的样子好看;②纵向的长条凳子设置不合理,当车辆加速时乘坐人都会不由自主地倾斜身体看向前方,时间长了不舒服;③乘客需要踩梯子从驾驶人座位旁进入车厢,非常不方便。

1878年,阿梅迪·波利完全创新设计成功更先进、更小型的"拉曼塞尔"(La Mancelle)蒸汽汽车(图1-10、图1-11)。立式蒸汽机放在车前部并覆盖有保护罩;采用了新型转向系统,方向盘位于垂直转向柱上;蒸汽机的动力通过驾驶人座位下一根传动轴传到乘客座下方的差速器,再通过链条传递给后轮;锅炉放在乘客舱的后面;前轮采用横向钢板弹簧减振及独立悬架设计。车重2.75t,可乘坐6人,最高车速42km/h。拉曼塞尔可以在17min内让蒸汽机达到工作压力(而不是半小时)而起动出发。拉曼塞尔推出后大受欢迎,被认为是第一款真正实用的蒸汽汽车。此车共制造了50辆,也被认为是第一款批量生产的汽车。

图1-10 阿梅迪·波利"拉曼塞尔"蒸汽汽车

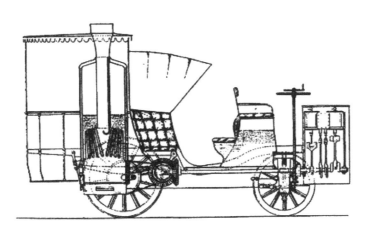

图1-11 阿梅迪·波利"拉曼塞尔"蒸汽汽车结构图

蒸汽汽车遇到的最大技术挑战主要集中在锅炉上。锅炉占车辆总重的很大一部分,使得汽车很重,并且还要雇用一位"司炉"在车后仔细照料锅炉。即使后来开发出可以自动加煤或使用油料的自动锅炉,但锅炉仍要消耗水,车辆必须携带并经常补充水,给行驶和使用带来不便。

第 2 章 Chapter 2

电力驱动紧随其后

2.1 电池 / 亚历山大·伏特

1789 年的一天，意大利生物学家路易吉·伽法尼（图 2-1）在解剖青蛙时，把铜钩钩着的青蛙腿挂在阳台的铁栏杆上（图 2-2）。他偶然发现蛙腿每次碰到铁栏杆时就会立刻抽搐一下，青蛙的腿仿佛活了下来。经研究，伽法尼认为，出现这种现象是因为动物躯体内部产生的一种电，他称之为"生物电"（图 2-2）。

 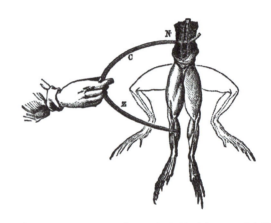

图2-1 路易吉·伽法尼（1737—1798）　　图2-2 伽法尼解剖青蛙时发现了"生物电"

伽法尼的发现引起了物理学家们的极大兴趣，他的同事——意大利物理学家亚历山大·伏特（图 2-3）决定要亲自体验"生物电"。他将放在舌尖上的锡箔与一枚银币接触，感觉到满口酸味。由此他猜想伽法尼的"生物电"说法可能是错的。在多次实验后认为，青蛙的躯体之所以能产生电流，与青蛙的大腿肌肉无关，而是肌肉中某种液体在起作用。所谓的"生物电"是一种金属电，是由两种金属之间的相互作用引起的。

1799 年，为了论证自己的观点，伏特把铜板、锌板，以及用盐水浸过的硬纸板，相互隔开并堆积在一起，果然不断得到了电流。其原理是：盐水相当于电解质，盐水中的锌板、铜板的电势不同，存在一个电势差。当锌板、铜板之间用一个导体连通时，电子就会从电势低的一端跑向电势高的一端，从而形成电流。

伏特所做的这个实验称为"伏打电堆"（图 2-4），这就是世界上最早的化学电源，也就是电池的鼻祖。现在所有类型的电池，仍是根据在距今 200 多年前伏特采用的"阳极 + 电解质 + 阴极"的方式和原理制造的。

1800 年 3 月 20 日，伏特在写给他人的信中描述了他发明的电池。此信于 1800 年 6 月 28 日在英国皇家学会会议上宣读。伏特通过这项发明证明了电力可以通过化学方式产生并能储存起来。1810 年，拿破仑在征服意大利后，他观察了伏特发明的电池后，封亚历山大·伏特为伯爵。现在电压的单位"伏"（V）就是为了纪念伏特对电化学和物理学的贡献。

图2-3 亚历山大·伏特（1745—1827）

图2-4 伏打电堆

2.2 铅酸蓄电池 / 加斯顿·普兰特

亚历山大·伏特发明的电池是一次性使用，用完只能扔掉，因此称为"一次电池"，或原电池、干电池。而可以反复充电的电池称为"二次电池"，或可充电电池、蓄电池。

1802 年，法国科学家尼古拉斯·戈特洛特用两根试管、一根铂线和一块电池，成功地将水电解为氢和氧，并分别收集于不同的试管中，然后断开电源，在断开处装一个电流计，结果测得有"二次电流"通过。1859 年，另一位法国物理学家加斯顿·普兰特根据这一现象，又进行了深入实验研究，最终研制出"二次电池"，即蓄电池。

普兰特将两个铅片用布块隔开，然后将铅片卷成螺旋状，浸入含有约10%硫酸的溶液中，这样便得到了电流，并在正极板上形成硫酸铅。通过这个实验，普兰特制成了能充电的铅酸单体电池（图 2-5）。第二年，也就是 1860 年，普兰特将 10 个铅酸单体电池装在一个盒子中组成一体，10 个单体电池的极板并联起来，世界第一个铅酸蓄电池组就此诞生（图 2-6），这也是第一个二次电池，可以反复充电、放电。

铅酸蓄电池由浸在硫酸中的铅负极板和二氧化铅正极板组成。在放电时，两个电极板都与硫酸反应产生硫酸铅，但铅负极板的反应是释放电子，而二氧化铅正极板的反应是收集电子，导致电子从电池负极板通过外部导线和用电设备（如灯泡），移动到电池正极板，从而产生电流。当对电池的极板施加外部电流即充电时，就可以让上述化学反应逆转，从而对电池进行充电。它们的总反应方程式是：

$$\underset{\text{二氧化铅正极板}}{PbO_2} + \underset{\text{铅负极板}}{Pb} + \underset{\text{硫酸电解液}}{2H_2SO_4} \underset{\text{充电}}{\overset{\text{放电}}{\rightleftharpoons}} \underset{\text{硫酸铅}}{2PbSO_4} + \underset{\text{水}}{2H_2O}$$

铅酸蓄电池今天仍在汽车上使用，特别是燃油汽车和混合动力汽车。现在汽车上常用的 12V 铅酸蓄电池由 6 个 2V 的单体电池串联而成，因此它的总电压是 12V。

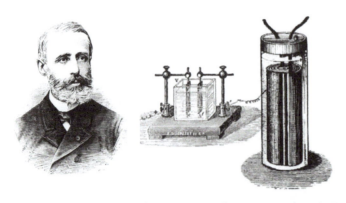

图2-5　加斯顿·普兰特（1834—1889）发明了铅酸单体电池

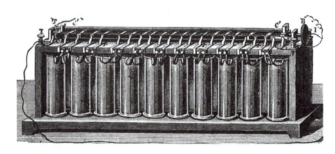

图2-6　将10个单体电池组合起来就构成铅酸蓄电池组

　　1881 年，法国化学工程师卡米尔·阿尔方斯·福尔深刻理解了铅酸蓄电池的原理，他认识到在电池反复使用后铅板就可能被完全腐蚀掉，电池也就报废了。为此，他对普兰特的蓄电池进行改进，在铅板表面涂上膏状的铅氧化合物，俗称红铅，从而让化学反应主要发生在活性表面，而铅板本身腐蚀很少。就这样，一种更高效、更长寿的铅酸蓄电池出现了。福尔为这项创新技术申请了专利。这是一项重大技术突破，促进了铅酸蓄电池的工业制造，并开始用于驱动车辆行驶。

　　然而，红铅质地疏松，活性物质的附着性较差，特别是电动车辆在行驶时产生振动，红铅膏容易从铅板上脱落，脱落的活性物质沉积在电池箱底部，使正负极板短路并导致电池报废。针对这个问题，在 1881 年，同时有多人申请了带孔铅板的专利，将铅板制成各种网板，增强活性物质的附着能力，防止红铅膏脱落，从而延长蓄电池在汽车上的使用寿命。

2.3　电动机与发电机／迈克尔·法拉第

　　迈克尔·法拉第（图 2-7）于 1791 年出生在伦敦南部萨里郡的一个贫困家庭。他父亲虽然是一名铁匠，但经常生病，工作不太稳定。他的母亲在家照顾法拉第和他的三个兄弟姐妹。他们家经常没有食物可吃。尽管如此，法拉第从小就是个好奇的孩子，对一切都有疑问，总是迫切地想知道更多。

为了生计，法拉第在13岁时就到伦敦一家图书装订店打杂。在那里，他如饥似渴地阅读他装订的每一本书，并梦想着有一天他也会写自己的书。通过阅读《大英百科全书》上的一篇文章，他对能量、力和电的相关知识开始感兴趣，并从阅读中学到了物理、化学、天文等知识。

图2-7 迈克尔·法拉第（1791—1867）

法拉第的好学精神终于感动了装订店的一位主顾，他帮助法拉第有机会去聆听著名化学家汉弗莱·戴维在英国皇家学会的讲座。法拉第非常珍惜这样难得的机会，他认真做笔记，回家后又绘出相关内容的示意图，然后整理装订成册送给戴维，并且附上一封热情洋溢的求职信，希望跟随戴维当学徒，立志献身科学事业。就这样，20岁的法拉第当上了戴维的实验助手，开始了他的科学研究生涯。

1821年，法拉第了解到丹麦物理学家汉斯·奥斯特（图2-8）在1820年的一次偶然科学发现：如果导线中通过电流，它附近罗盘的磁针就会发生偏转（图2-9）。这个现象非常神奇，物体间没有接触却能使之运动。当时人们还不知道电流竟能产生感应磁场。

图2-8 汉斯·奥斯特（1777—1851）

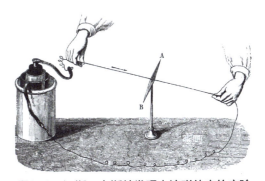

图2-9 汉斯·奥斯特发现电流磁效应的实验

就在人们还沉醉在这种神奇现象之时，法拉第的思路却往前奔去。他想，既然电流能让磁针偏移，那么如果把磁针固定，导线是否就可能运动呢？经过反复实验，他终于设计了一种简单的装置证明了他的设想。他把线棒接上电池后放入一个装有磁棒的水银容器中，线棒的下端马上就神奇般地绕着磁棒旋转起来（图2-10）。

迈克尔·法拉第于1821年9月3日在皇家学会的地下室首次演示了旋转运动的效果，还在《科学季刊》上发表了他的发现结果，并将他的论文副本连同他的实验袖珍模型一起发送给世界各地的同仁，以便他们也能见证电磁旋转现象。

据称，当时有人问，这发现有什么用呢？法拉第回答说：新生的婴儿有什么用？

这个实验装置是世界上第一台利用电流使物体运动的装置，是现今电动机的鼻祖。

法拉第的这一发现为日后实用电机的发明铺平了道路。

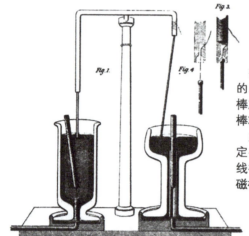

把线棒通上电流后放入一个装有磁棒的水银容器中，线棒的下端就会绕着磁棒旋转。如果磁棒的极性交换，那么线棒就会朝相反方向旋转（图右容器）

如果将磁棒悬浮在水银中，将线棒固定并通上电流，则磁棒就会围绕带电的线棒旋转。如果改变电流的方向，那么磁棒就会朝相反方向旋转（图左容器）

图2-10　法拉第验证电磁效应的实验图

10年后，也就是1831年，法拉第继续电磁学方面的研究。他认为，既然电能产生磁，那么磁也应能产生电。他一开始试图从静止的磁力对导线的作用中产生电流，结果怎么做也不行。后来他偶然发现，当一个线圈中的电流刚接通或断开时，附近另一个线圈就能感应出微小的电流。他眼前一亮，大胆设想，如果两个线圈发生相对运动（图2-11），也就是让磁场发生变化，是否就能感应出电流？

1831年10月28日，法拉第通过滑动触点将两根电线连接到一个铜盘上，形成一个闭合的导体，并让铜盘在一个马蹄形磁铁的两极之间转动，结果就获得了连续的直流电。这个实验装置相当于是一台圆盘发电机（图2-12）。虽然结构简单，但它却是人类创造出的第一台发电机。

法拉第通过这个实验揭示了磁感应电的现象，即电磁感应定律：闭合电路的一部分导体在磁场里做切割磁感线的运动时，导体中就会产生电流。电磁感应定律也称法拉第电磁感应定律。现今的发电机，都是根据电磁感应定律设计的。

图2-11　验证电磁感应的实验示意图　　　图2-12　第一台圆盘发电机示意图

2.4 实用直流电机 / 托马斯·达文波特

自从法拉第通过实验验证了电流能产生磁场、磁场也能感应电流后,人们竞相研制具有实用价值的电动机和发电机。

1827年,匈牙利物理学家安尤斯·杰德利克开始用电磁线圈进行直流电机实验。杰德利克还发明了换向器,从而解决了转子能够连续旋转的技术难题。1828年,杰德利克展示了由定子、转子和换向器组成的直流电机。该直流电机没有使用永磁体,因为定子和转子的磁场完全由流过绕组的电流产生。

1832年,法国人西波莱特·皮克斯在巴黎科学院演示了他发明的一台电机。同年,英国科学家威廉·斯特金也发明了一台能够产生机械旋转的直流电机。

然而,率先拥有直流电机专利的却是一位美国铁匠。1837年,美国佛蒙特州的铁匠托马斯·达文波特获得了直流电机的技术专利。这是美国第一个电机专利(图2-13)。

托马斯·达文波特于1802年7月9日出生在美国佛蒙特州一个贫穷家庭,在11个孩子中排行老四。他只上过3年学,14岁时就给一个铁匠当学徒。虽然工作很辛苦,但这个工作让他很开心。7年后,达文波特开设了自己的铁业公司。

1833年的一天,达文波特听说美国科学家约瑟夫·亨利制造的一种"磁机器",可以用来分离铁矿石,非常神奇。从此他对电和磁产生了浓厚的兴趣。

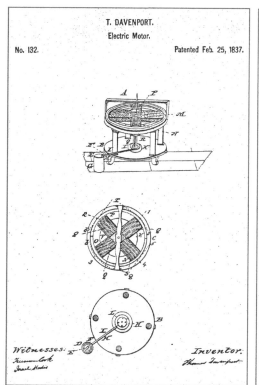

图2-13 达文波特获得直流电机发明专利图和证书

约瑟夫·亨利被认为是继本杰明·富兰克林之后最伟大的美国科学家之一，对电磁学贡献巨大，据称他比法拉第还要更早发现电磁感应现象，电感量的单位"亨利"就是以他的名字命名的。1829 年，亨利对英国发明家威廉·斯特金发明的电磁铁做了改进，他把导线用丝绸裹起来代替斯特金的裸线，使导线互相绝缘，并且在铁块外缠绕了好几层，使电磁铁的吸引作用大大增强。后来他制作的一个体积不大的电磁铁，能吸起 1t 重的铁块。

为了亲眼去看亨利发明的"磁机器"，达文波特专门跑到 40km 外的铁厂，目睹了电磁铁的巨大威力。但看后他的疑问更多了，强烈的求知欲驱使他要当面向亨利请教电磁奥秘。他又跑到 120km 外的纽约去找约瑟夫·亨利，但到那一打听，人家已经搬家到其他州了。无奈，达文波特只好回家，不久他卖掉了自己的马和其他一些财产，筹集资金买了一个亨利发明的电磁铁，开始研究它的结构和原理。他解构了电磁铁的原理，并制造了他自己的电磁铁。为了给磁铁的线圈提供绝缘，达文波特夫人牺牲了她婚纱上的丝绸。

后来达文波特又阅读了法拉第的有关电磁试验的报告，决定研制一台驱动机器旋转的"电磁机器"。1836 年，经反复试验，他成功研制了一台实用的直流电机（图 2-14）。这台电机配有达文波特发明的电刷和换向器。这两样发明至今仍在直流电机中使用。电流流过安装在转子上的电磁铁，在同性相吸、异性相斥的原理作用下，使转子电磁铁向定子永磁铁靠近，转子可以旋转半圈。转子的旋转运动打破了为转子电磁铁供电的电路，此时通过换向器连接了一个相反极性的新电路，使转子电磁铁的极性发生翻转，将每个电磁铁从它刚刚经过的定子永磁铁推离，同时将它拉向定子圆周中的下一个永磁铁，从而推动转子再转半圈。这个过程不断重复，电机上的转子就会一圈又一圈地旋转。达文波特的电机最高转速达到 600r/min。

图2-14 托马斯·达文波特发明的直流电机

达文波特用他发明的电机带动一个钻头给钢铁钻孔，并用它驱动一个木制的旋转车床工作。为了向人们公开演示直流电机的工作，达文波特用伏打电池作电源，由电机驱动车轮，制作了一辆小型电动车，并用铁匠的手艺打造了一小段轨道，让电动车在轨道上奔跑。达文波特还在自己的作坊向偶像约瑟夫·亨利进行了演示。

达文波特为他的电机发明申请了技术专利，但最初专利局拒绝了他的申请。因为在此之前从来没有人获得过电动设备的专利。电在当时仍然是一个相当新颖的概念，更何况电机呢。1837年2月25日，达文波特终于获得了他梦寐以求的直流电机发明专利。现在的汽车上，电动刮水器、电动车窗、电动天窗、电动座椅、电动助力转向、电动后视镜、发动机起动机等，使用的都是直流电机。

2.5 电动三轮汽车 / 古斯塔夫·特鲁夫

1881年4月19日，巴黎市中心的瓦卢瓦街上，一辆三轮汽车引起了路人们的关注，街道两旁站满了看热闹的人，只见一人坐在外形奇特的三轮汽车上（图2-15）。车的右侧是两个小车轮，负责转向；左侧是一个大车轮，负责驱动。虽然传动链条还在，但原来的脚蹬子却不见了。车后部放了一个方盒子，看样子里面装满了东西。正当人们好奇这辆三轮汽车怎样往前走时，只见它开始慢慢移动了，声音极小，但速度却越来越快，必须快步跑才能追上。这是一辆由蓄电池驱动的三轮汽车，堪称世界第一辆电动汽车。操作这辆电动三轮汽车的是法国人古斯塔夫·特鲁夫（图2-16），他也是这辆电动三轮汽车的发明人。

图2-15 一辆电动三轮汽车在巴黎大街上引起路人围观　　图2-16 古斯塔夫·特鲁夫

据史料记载，特鲁夫这次在1881年巴黎国际电器展览会上展示的电动三轮汽车装有6节可充电的铅酸蓄电池，都装在车后的木盒子里。它由一台直流电机驱动，那是由一台西门子小型直流电机改进来的，有效功率约70W。包括电池和驾驶人，电动三轮汽车的总质量约为160kg，最高车速12km/h。

在发明电动汽车后，他又发明了电动船，并将电机微型化后发明了电动牙钻、电动缝纫机、电动剃须刀、电动按摩器、电动键盘乐器、电救生衣、安全头盔灯等，他甚至还制造了一个电动的机械鸟。

据统计，古斯塔夫·特鲁夫的发明总计有75项之多。但这位发明狂人只关注发明本身，而不关注商业运作和实际应用，导致他的发明没有一项上市销售。因此，当63岁的古斯塔夫·特鲁夫于1902年去世后，他很快就从公众的记忆中消失了。

2.6 交流电机 / 尼古拉·特斯拉

现在电动汽车上最常用的交流电机是尼古拉·特斯拉（图2-17）在1888年发明的，而在此前都是直流电机，运转时需要用电刷和换向器变流，因此会出现火花，安全性较差，并且维护量大。

图2-17　尼古拉·特斯拉
（1856—1943）

尼古拉·特斯拉于1856年出生在克罗地亚的一个农村，是一位牧师的儿子。他曾就读于奥地利的格拉茨理工大学（现为格拉茨大学）和捷克的布拉格大学。1881年，他在匈牙利布达佩斯电报局工作时，利用业余时间研究直流电机的电刷冒火花的问题。1882年，特斯拉去了法国巴黎，在爱迪生旗下的法国公司做一名工程师。据他后来回忆，1882年的一天，在与朋友郊外散步时，他灵机一动，头脑中构思出一种全新的交流电机模型：完全不用电刷和换向器，而是使用交流电，无须变流，这样就不会产生火花。但特斯拉当时既无财力又无名望，一时还无法造出交流电机。

1884年，特斯拉移居到美国，投奔爱迪生电气公司。当科班出身的特斯拉向自学成才的爱迪生推荐交流电的发明时，爱迪生很难理解其中的奥秘，而且担心这会影响他公司直流电和直流电机的发展，于是便拒绝了特斯拉的交流电机计划。

特斯拉在爱迪生公司进步很快，不久开始负责直流电机的改进和设计工作。据特斯拉回忆，1885年爱迪生曾对他说："如果你能完成直流电机的改进，公司将奖给你5万美元。"然而当特斯拉辛苦完成任务后，爱迪生却回答他："特斯拉，你难道不懂我们美国人的幽默吗？好吧，为了奖励你的出色工作，将你的周薪由18美元提高到26美元。"特斯拉感觉受到了欺骗，就从爱迪生公司辞职了。

1886年，特斯拉在投资商的支持下创建了特斯拉电灯与电器制造公司并任总经理。然而，投资商不同意特斯拉关于发展交流电的计划，并最终罢免了他的职务。特斯拉当时来美国才两年，无依无靠，连个住处也没有，一下子就陷入了贫困境地。在1886年到1887年期间，特斯拉为了糊口，不得已干一些体力活，甚至挖沟修渠，每天只挣2美元。

特斯拉还算幸运，他意外遇到了西联银行主管阿尔弗雷德·布朗和纽约律师查尔斯·派克。特斯拉使劲地向他们推销交流电规划。这两个人非常认同交流电的设想，他们三人在1887年4月共同成立了特斯拉电力公司，还为特斯拉建立了一个实验室，让他专心致力于开发交流电系统和相关设备。同年，特斯拉就成功开发出两相交流电机及可靠的交流电传输系统，并在1888年5月1日获得发明专利（图2-18、图2-19）。随后又于5月16日在美国电气工程师协会展示了他设计的交流电机。

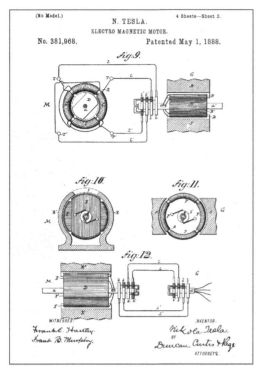
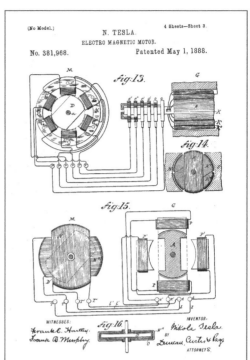

图2-18　尼古拉·特斯拉交流电机发明专利图（一）

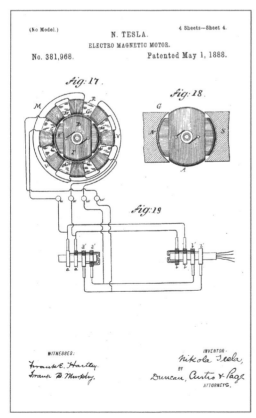
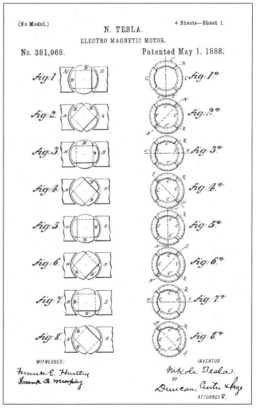

图2-19　尼古拉·特斯拉交流电机发明专利图（二）

前面说过，当时爱迪生的直流电系统占据主导地位，但直流电因不能变电压而无法远距离传输，因此爱迪生只好每英里建一个发电站，导致传输成本很高。而交流电可以将电压升高，传送到用户前再把电压降下来，因此可以远距离传输，使得传输成本很低。

特斯拉的交流电技术吸引了西屋电气公司老板乔治·威斯汀豪斯的关注。他非常看好交流电，认为这才是未来的电力系统。1888 年 7 月，特斯拉公司与西屋公司就特斯拉发明的交流电系统达到了一项技术许可协议，价格为 6 万美元，每产生和传输 1kW 的交流电，支付特斯拉 2.5 美元的专利使用费。就这样，特斯拉的交流电系统迅速将电力传向更远更广的地区，照亮了美国城市乡村。特斯拉一时间成了美国人人皆知的科技精英。

在开始阶段，特斯拉的交流电机的控制技术还比较落后，甚至还不能调速，致使交流电机的应用受到很大限制。据称当时匹兹堡市在建设有轨电车交通系统时，特斯拉的交流电机因不能调速而被直流电机击败。直到尼亚加拉水电站建成后，交流电机才开始逐渐得到应用。

1896 年，特斯拉参与建造了美国的尼亚加拉水电站。尼亚加拉瀑布强大的水流推动巨大的交流发电机，可以提供 4000kW 的电能，通过变压器升压到 2.2 万 V，再通过高压电线输送到 580km 外的纽约，经变压器降压之后供给交流电动机、电灯泡和电车等用电设备。从此，特斯拉发明的交流电系统开始走进千家万户、工矿企业，成为驱动社会快速进步的主动力，一直到今天都是如此。

1943 年 1 月 9 日，纽约市长在电台中发布讣告说："昨晚，一位 87 岁的老人去世了。他去世时一贫如洗，但是却是对这个世界贡献最多的人。如果把他的发明从我们的生活中抽走，工厂车间将停止运转，电车将停止行驶，我们的城市将陷入黑暗。尼古拉·特斯拉并没有死，他的生命已经融入了我们的时代。"

即使在今天，尼古拉·特斯拉发明的交流电系统仍在影响着我们的日常生活。

2.7　换电模式电动汽车 / 查尔斯·简托德

1895 年，巴黎一位知名的马车制造商查尔斯·简托德，遇到了化学家卡米尔·阿尔方斯·福尔。前面提过，福尔将普兰特发明的蓄电池进行了关键改进，在铅极板上涂满氧化铅，使蓄电池开始商业化生产。简托德与福尔一见如故，两人一拍即合，经数小时的洽谈，简托德决定将公司业务转型，使用福尔电池来制造电动四轮汽车。

简托德的第一辆电动汽车在 1895 年推出（图 2-20），其外观造型与四轮马车差不多。它将 21 个福尔单体蓄电池组装在座位下面，电压 42V，可提供 100A 的电流。电机转速为 1200r/min，功率 2.4 马力（1 马力 ≈ 0.735kW），装备在后轴上驱动差速器，差速器输出动力再分别驱动两个后轮。车身重 490kg，电池重 420kg，电机重 110kg。在平坦道路上以平均车速 20km/h 行驶时，续驶里程约为 29km。

为了参加 1895 年举行的巴黎 - 波尔多 - 巴黎汽车拉力赛（这次比赛被后人称为"世界第一次真正意义的汽车比赛"），简托德又专门设计制造了一辆换电模式电动汽车

（图2-21）。简托德使用了38个单体蓄电池组成电池组，电压76V。电池组放在座椅下方一个大箱子里。在放电率为10h的情况下，电池组的容量高达300A·h。

图2-20 查尔斯·简托德和他制造的第一辆电动汽车

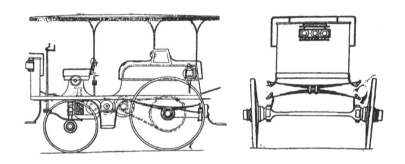

图2-21 查尔斯·简托德为参赛打造的换电模式电动汽车结构图

这辆赛车拥有两个朝前的座椅，每个座椅可坐2人。车后部还有一个朝后的靠椅，也可以乘坐2人。前轮枢轴转向，后轮驱动。据称，其在平坦道路上可以24km/h的平均速度行驶3h，但实际续驶里程约为58km。

巴黎至波尔多往返的总里程约1135km，比赛规则以最先跑完全程者获胜。参赛的车辆以蒸汽汽车和内燃机汽车为主。当时蒸汽汽车技术已经成熟，内燃机汽车还处于起步阶段，而电动汽车虽然速度较快，但续驶里程太短，还不敢参加长距离的汽车比赛。但一心想证明自己的简托德却报名参赛，并且是唯一参赛的电动汽车。

简托德为了保证电动汽车跑完赛程，他将电池组设计成可更换式，并根据各段道路情况，在比赛途中每40～70km设立一个更换电池的站点，赛前将大量蓄电池先送到每个站点。当参赛车到达换电点时迅速卸下即将用尽的电池组，用10min左右的时间，再装上电量充足的新电池组，让"满血复活"的赛车继续前进。

虽然简托德的电动汽车在这次比赛中没有获得胜利，但也证明了简托德电动汽车的可靠性，更具有里程碑意义的是，简托德用"换电模式"延长续驶里程的思路，至今仍是电动汽车的主要发展方向之一。

1896年，简托德又设计了一款更先进的电动四轮汽车，它不仅采用了充气轮胎、钢制车架、铝板车身，而且采用前轮驱动设计。这是世界首款前轮驱动的电动四轮汽车。电机经过减速机构后，直接带动前轴旋转，从而驱动汽车行驶。

2.8 电动汽车再生制动 / 达拉克

再生制动是指当驾驶人抬起加速踏板或踩制动踏板时，汽车的惯性力通过车轮推动电机转动，电动机变身为发电机，将汽车动能转换为电能，并向动力蓄电池充电。再生制动技术已是现代混合动力和纯电动汽车上的必备技术。现在的油电混合动力汽车正是利用再生制动进行能量回收，从而达到节能的目的。

电动机与发电机可以相互转换的性能，最早被意大利人安东尼奥·帕塞诺蒂发现。1869 年，比利时人格拉姆又论述了电机的这一性能。1873 年，铅酸蓄电池的发明人普兰特公开演示了这一原理。他将一台手摇永磁电机与普兰特蓄电池相连，摇动电机就能给蓄电池充电；反之，如果给电机供电，电机便会转动，产生机械能。人们正是利用电机的这种可逆性，开发了再生制动技术。

据记载，再生制动技术早在 1886 年就开始出现在电动火车上，但 10 多年后才开始在电动汽车上出现。在 1897 年巴黎汽车博览会上，法国汽车制造商达拉克展出了一辆全新设计制造的双座四轮电动轿车（图 2-22），在它采用的多项创新技术中，就包括再生制动技术。但当时的再生制动需要驾驶人踩下一个操作踏板，让流过电机并励磁场绕组也就是定子磁场绕组的电流增加，从而使定子磁场突然增强，正在旋转的转子电枢便会产生更高的感应电动势。当感应电动势高于蓄电池电压时，就能向蓄电池充电，此时电动机变身为发电机。

图 2-22 采用再生制动技术的达拉克电动汽车

再生制动就相当于"电机制动"，在利用电机制动、减慢车速的同时，还能为蓄电池充电。但在实际应用中，当时往往只能在下坡时才有机会使用再生制动。

这辆汽车使用 40 个福尔单体电池，在放电电流为 25A 时，电池容量为 125A·h。40 个单体电池总重为 363kg，放置在车后部。像当时的大多数电动汽车一样，通过调节电池组的电压来控制车速，最高车速为 9.7km/h。

达拉克电动汽车采用变压调速技术，这也是在可控硅整流器发明之前通行的电动汽车调速方法，其原理示意图如图 2-23 所示。其把 40 块单体电池分成 4 组，每 10 块串联成一组。当汽车起步时，只使用一组电池，也就是20V电压，这时车速最低，称为1档；当要加速行驶时，接通两组电池，电池电压提高到40V，称为2档；再加速时，接通三组电池，电压调高到60V，称为3档；当全部电池都接通时，最高电压为80V，汽车也达到最高车速。倒车时，只要反向接通一组电池即可。

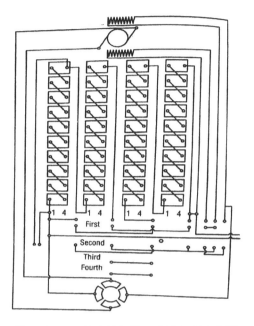

图2-23　40块电池组调压变速原理示意图

第 3 章 Chapter 3

内燃机汽车后来居上

3.1 内燃机 / 艾蒂安·勒努瓦

蒸汽机是外燃发动机，它们的燃料在气缸外面燃烧，产生蒸汽后推动气缸内的活塞运动。外燃发动机又大又笨，工作效率非常低，热效率只有 6%～8%。1673 年，荷兰物理学家、天文学家、数学家克里斯蒂安·惠更斯受火炮原理的启发，和伙伴帕平一起将炮筒作为气缸，火药作为燃料，靠少量火药在气缸内燃烧来推动活塞做功，试图发明火药内燃机。但因火药的爆炸燃烧不易控制，最后以失败告终。

1860 年 1 月 23 日，法国巴黎的一条大街上，一场盛大的揭幕仪式正在举行。说是盛大，其实只有 20 位嘉宾参加，但他们都是巴黎工商界名流和科学家。这次活动的主角是来自比利时的艾蒂安·勒努瓦。这一天，他要向人们展示他最新研制的神奇机器，一台没有锅炉、不用烧水的煤气内燃机（图 3-1）。

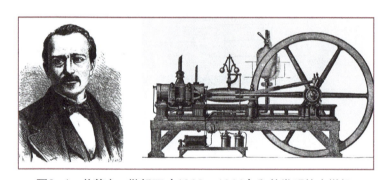

图3-1 艾蒂安·勒努瓦（1822—1900）和他发明的内燃机

勒努瓦一上来就给观众科普发动机知识。当时人们只知道蒸汽机，它拥有一个巨大的烧水的锅炉。而勒努瓦的内燃发动机不需要锅炉，而是将煤气点燃，利用煤气燃烧时产生的膨胀力直接推动活塞运动，从而产生动力。从外形看，内燃机要比蒸汽机小很多，冒的烟也少。

勒努瓦看来的人也不少了，时候也不早了，就走到新机器前，打开进气阀门，猛然推动一个飞轮，机器就开始起动并发出有节奏的声音。虽然看起来运转不是很平稳，感觉总要熄火似的，但现场还是传出一片惊呼声。

勒努瓦很是得意，趁势继续演讲，表示他还要对这台煤气内燃发动机改进，将增加一个化油器，使其运转更平稳，将来不仅可以烧煤气，还能使用轻质油、焦油或任何石油燃料。

艾蒂安·勒努瓦于 1822 年出生在卢森堡的一个小村庄。1839 年他的村庄又被划入比利时。在很小的时候他就表现出对科学的兴趣。当他意识到在小村庄里不可能有什么大出息后,就在 16 岁那年到巴黎打工去了。

在巴黎,他白天做服务员,晚上在自己的房间里做些实验,继续对科学的追求。他对一切都充满好奇,常为当地的工匠们解决一些技术难题,并在 25 岁时申请了第一个专利。后来,他对机械非常感兴趣。为了掌握更多的机械技术,他不断钻研,学习各种机器的操作,包括蒸汽机等。这期间,他看着那些庞大的蒸汽机,觉得它们又重又笨,就想着是否有什么办法改进它们,让蒸汽机更紧凑些,或用什么新机器替换这些庞然大物。

经过反复研究,他认为如果将燃烧的气体直接作用于活塞上,或许是个好办法。他曾用氢气作燃料试制内燃机,后来又找到了当时巴黎常见的煤气作为燃料。煤气在当时被广泛用于巴黎的路灯。勒努瓦将 6% 的煤气与 94% 的空气混合后吸入气缸,然后由电火花点燃,燃烧的气体迅速膨胀,膨胀力推动活塞运动,就能输出动力了。

1859 年,勒努瓦的煤气内燃机研制成功,并在法国申请了"气体燃烧的发动机"发明专利。虽然这台内燃机的热效率只有 4%,还没有当时蒸汽机的效率高,但却是世界上第一台内燃机。1860 年,勒努瓦的发明专利获得批准,就此宣布内燃机诞生。巴黎《宇宙报》在当年还因勒努瓦的发明而宣布蒸汽时代已经结束。

勒努瓦的内燃机是使用煤气的二冲程发动机,其原理与现在摩托车或除草机上的二冲程发动机差不多。他采用兰可夫线圈作为点火系统,这应是最早的电磁点火系统了。在混合气被点燃之前,可燃混合气没有被压缩,因此工作效率非常低,但运转起来却很安静。勒努瓦的内燃机主要作为固定动力源,为印刷机、煤矿抽水机和机床等提供动力。

勒努瓦在 1862 年使用内燃机制造了一辆机动三轮汽车(图 3-2),最高车速仅为 3km/h,还没有行人走得快,然而这却是第一辆由内燃机驱动的车辆。1863 年,勒努瓦又展示了他改进后的第二辆机动三轮汽车。内燃机仍采用单气缸设计,排量为 2.543L,动力仍然很弱,功率仅有 1.5 马力,最高车速不到 4km/h。这样的汽车根本无法投入商业应用。勒努瓦彻底气馁了,决定放弃汽车研制,转而研制摩托汽艇,把内燃机放在小船上试试,最后还是因内燃机效率太低而作罢。

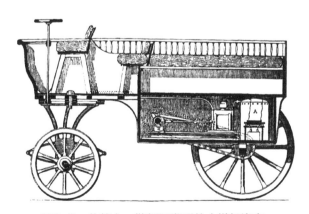

图3-2 艾蒂安·勒努瓦发明的内燃机汽车

1865 年,勒诺瓦转行到电气设计,他发明了一种新型的自动电报收发装置。这个电报装置在普法战争期间对法军很有帮助,他因此在 1870 年获准加入法国国籍,并于

1881年被授予法国军团荣誉勋章。1900年7月16日,勒努瓦收到了法国汽车俱乐部颁发的一个奖项,以表彰他作为"燃气内燃机的发明者和世界第一辆内燃机汽车制造者"的伟大功绩。不幸的是,18天后勒努瓦去世,享年78岁。

3.2 四冲程循环内燃机 / 尼古拉斯·奥托

虽然勒努瓦在1859年发明了内燃机,但热效率还没有蒸汽机高,根本无法得到普及。1862年1月16日,法国土木工程师阿方斯·罗卡斯获得了四冲程循环内燃机的发明专利。他增加了一个压缩行程,理论上可以提高燃烧效率。但罗卡斯的发明只是停留在专利阶段,并未制造出任何实际的内燃机。最后让内燃机提高燃烧效率并得到普及应用的,是德国人尼古拉斯·奥古斯特·奥托(图3-3)。

扫一扫,听奥托的故事

图3-3 尼古拉斯·奥古斯特·奥托(1832—1891)

奥托于1832年6月14日出生在德国。他在上学时就对科学和技术感兴趣。1848年从学校出来后,他在一家小型商品公司做了三年学徒。完成学徒生涯后他搬到了大城市法兰克福,在那里成为一名杂货推销员。奥托先后为两家公司工作,主要推销咖啡、茶、大米和糖等副食品杂货。

1860年秋,28岁的奥托和他的一个哥哥,从报纸上看到勒努瓦研制成功燃气内燃机的报道。兄弟俩很是激动,觉得这是个很不错的商机。他们设法收集资料和信息,竟然动手仿制了一台勒努瓦内燃机,并在1861年1月向普鲁士商务部提出专利申请,但没有被批准。

奥托兄弟俩一边仿制勒努瓦内燃机,一边对其进行技术改进,设法提高热效率。他想,如果将可燃混合气压缩后再点燃,那么它产生的膨胀力就会更强。1861年,奥托开始试验带有压缩行程的内燃机。这种内燃机有进气、压缩、燃烧做功、排气四个行程,也就是四冲程循环内燃机。

在试验中,由于压缩压力不好控制,往往导致燃烧过于猛烈,以至于内燃机无法正常工作,只转了几分钟就熄火了。面对连续不断的失败,奥托的哥哥彻底失望了,一走了之。奥托只好找来机械师迈克尔·佐斯帮忙,继续改进内燃机。

没多久，研发资金又出现问题，奥托只好回到原来的杂货公司干起了老本行，以便赚够钱后能继续他的研究。但这也耽误了他的研究，不如直接找人投资。

奥托努力地寻求投资者，终于找到了一个叫尤金·兰根的富人。1864年3月，他们一人出钱，一人出技术，在科隆合伙建立了一家公司，主要从事勒努瓦内燃机的生产和新型内燃机的研制业务。

1866年，奥托看到阿方斯·罗卡斯发表的有关四冲程循环技术的论文并认真仔细研究了论文，然后于1867年试制出划时代意义的立式四冲程循环燃气内燃机（图3-4），而且还申请了多项发明专利。但当时这款立式发动机的功率输出还比较小，技术上还不成熟，可靠性也差，不仅无法挑战勒努瓦内燃机，甚至无法挑战蒸汽机。

此后，奥托继续改进他的四冲程内燃机。他尝试用增大空燃比（空气与燃油的质量比）来减轻燃烧做功的猛烈程度，就是增大空气进气量，使混合气的浓度稀一些，这却导致混合气不容易被点燃。后来他想了一个巧妙办法，在吸气行程先吸入空气，然后再吸入混合气，这样就能增大进气量。另外他还加长了进气道，使混合气能够充分混合，这样既保证了可靠点火，又不会产生过高的燃烧膨胀压力。同时，他还改进了点火系统，并为内燃机装上了大飞轮，使内燃机的运转更加平稳。

1876年，奥托试制出一台卧式四冲程循环发动机（图3-5），不仅热效率高、动力性强，而且运转平稳、可靠性高。奥托立即在美国等多个国家申请了四冲程循环内燃机的发明专利（图3-6）。为了覆盖他的所有发明，他总计申请了25个相关专利。但天算不如人算，奥托手下的技术经理戈特利布·戴姆勒，后来离职自己创业，为了研制燃油发动机，竟然委托律师寻找奥托的专利漏洞，最终迫使官方宣布奥托的四冲程循环技术专利无效。

1891年，奥托带着遗憾和愤怒离开了人世，终年59岁。现在，内燃机早已不用煤气作燃料，性能也是今非昔比，但它们仍然按照奥托的四冲程循环工作原理运转着。

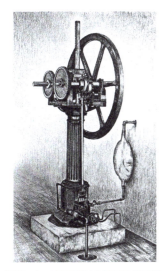

图3-4　奥托在1867年试制的立式内燃机

图3-5　奥托研制的卧式四冲程内燃机结构图

扫一扫，看奥托发动机视频

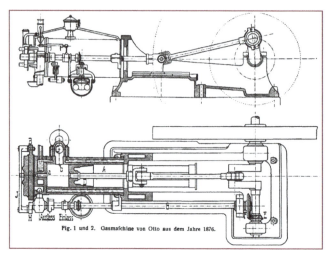

图3-6　奥托卧式四冲程内燃机专利图

3.3　汽油发动机 / 戈特利布·戴姆勒

戈特利布·戴姆勒（图3-7）出生于1834年，父亲是一位面包师，他们家住在斯图加特附近的绍恩多夫镇。戴姆勒小学毕业后开始对机械工程产生兴趣。1848年完成中学学业后，戴姆勒跟着一位枪械师傅当学徒，四年后出师毕业。但18岁的戴姆勒决定放弃枪械制造，离开家乡，准备找一份与机械工程相关的工作。

扫一扫，听戴姆勒的故事

图3-7　戈特利布·戴姆勒（1834—1900）

为了找工作，戴姆勒先是进入斯图加特工业高级培训学校进修。一年后毕业，戴姆勒马上就在一家机械厂找到了工作。戴姆勒在机械厂的表现很好，22岁时被任命为领班。但戴姆勒还是觉得自己学识不够，又到斯图加特理工学院，花了两年时间学习机械理论知识和专业技能。在这里戴姆勒获得了机械工程学位。在这里他对蒸汽汽车开始有所了解，深信蒸汽时代终究要过时，蒸汽机终究要被小型的、便宜的、简单的发动机替代。

1861年，27岁的戈特利布·戴姆勒辞职去了法国，然后又去了英国，游学几年后又回到德国。戴姆勒曾在好几家公司工作，其中在一家公司遇到了19岁的孤儿威廉·迈巴赫。这是一位机械设计天才，两人迅速成为好伙伴，此后迈巴赫一直追随戴姆勒。

1872 年，奥托的内燃机公司重组为道依茨公司，管理层选择学历高、见识广的戴姆勒担任技术经理。戴姆勒入职后很快就把迈巴赫也带进了公司，任命他为总设计师。

戈特利布·戴姆勒上任后提高了产量，但几年后他觉得道依茨公司只生产固定式发动机，不仅外形大而笨重，而且产品线单一，市场极有限。于是，他就向奥托建议，生产更轻便的发动机，其应用更广，也更有市场。然而，奥托认为现在的产品挺好的，不愿冒险搞创新。奥托和戴姆勒都不愿让步，最后奥托给戴姆勒指出两条路：一是到圣彼得堡成立道依茨分公司，这实际上就是发配或流放；另一个选择就是辞职。1881 年末，戴姆勒被迫辞职，道依茨公司支付给戴姆勒价值 11.2 万马克的公司股票，作为对他为四冲程发动机研究所做贡献的补偿。

1882 年，戴姆勒在坎斯塔特小镇成立了戴姆勒公司，并把迈巴赫也拉过来，一起研制小型、高速发动机。戴姆勒他们遇到的第一个挑战是，如何避开奥托的四冲程循环专利。奥托的四冲程相关专利有 25 个之多，但重点专利有两个：一是四冲程循环工作方式，二是点火方式。

戴姆勒花大价钱雇了一位厉害的律师，看能否查找出奥托专利中的漏洞。果然，这位律师惊奇地发现，早在 1862 年，也就是在奥托申请专利之前，四冲程循环技术专利曾授予了法国人阿方斯·罗卡斯（参看 3.2）。其实罗卡斯根本就没有制造出过发动机，但这不重要。于是在律师的大力鼓动下，官方宣布奥托的四冲程循环技术专利无效。

奥托四冲程发动机采用的是滑阀式点火、缓慢燃烧方式。戴姆勒觉得如果要制造高转速发动机，必须弃用这种笨拙而复杂的点火方式。迈巴赫研究了前人的点火技术和相关专利后，决定采用英国人沃森发明的热管式点火技术。虽然这仍是比较落后的火焰点火方式（图 3-8），但可以实现快速点火和燃烧，燃烧效率更高，比较适合高转速发动机。

奥托四冲程发动机使用煤气作燃料，而戴姆勒他们也要创新，看是否有更好的燃料。戴姆勒和迈巴赫花了很长时间讨论和尝试，看哪种燃料更合适。当时可选择的燃料并不多，他们最后倾向石油分馏物中的轻质油（也称粗汽油）。当时石油的主要分馏物是润滑油、煤油和轻质油。轻质油在那时没什么大用处，大部分都扔掉了，只有小部分作为清洁剂和溶剂在一些药店出售。

1883 年，戴姆勒和迈巴赫用轻质油作燃料，成功研制出一台卧式燃油内燃机（图 3-9），这也是汽车史上第一款四冲程汽油发动机，并在 1883 年 12 月 16 日获得发明专利。从此发动机进入了汽油时代或石油时代。

这台汽油发动机只有一个气缸，排量 100mL，采用热管点火方式，直到 1897 年才改用博世设计的电点火系统。第一台汽油发动机的最大转速 600r/min，远远超过其他内燃机通常 120r/min 的转速，堪称当时的"高速"发动机。

1884 年，戴姆勒又设计出一款立式发动机。这仍然是一台单缸发动机，重量仅为 60kg，排量为 264mL，最高转速为 700r/min，最大功率为 370W。这也是世界第一台立式汽油发动机，在 1885 年 4 月 3 日获得德国发明专利（图 3-10）。

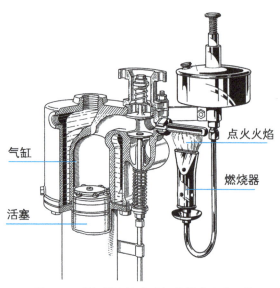
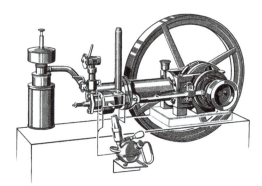

图3-8 戴姆勒汽油发动机热管式点火系统　　图3-9 戴姆勒在1883年发明的第一台汽油发动机

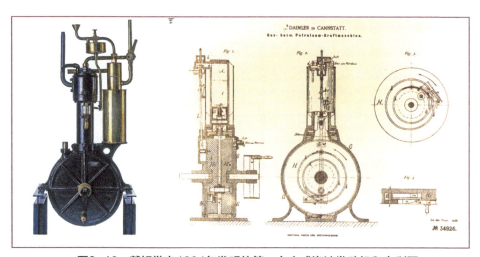

图3-10 戴姆勒在1884年发明的第一台立式汽油发动机和专利图

3.4 两轮摩托车 / 戈特利布·戴姆勒

在1883年，戈特利布·戴姆勒研制成功汽油发动机后，并没有立即开发它的实际用途，而是专注于发动机的生产和销售。1884年，他设计出立式发动机后发现，他制造和销售发动机并没赚到多少钱，还不如那些购买产品的客户赚钱多，于是决定将公司业务转型，在生产发动机的同时，也要开发一些机动交通工具。

戴姆勒的新型立式单缸发动机体积很小，重量很轻，戴姆勒觉得它更适合作为两轮车的动力。他把立式发动机塞在两个轮子之间，用一根皮带把发动机动力传送到后轮。发动机底部有一大一小两个带轮，当选择大带轮时，两轮车能以12km/h的速度快速行驶；当选择小带轮时，两轮车能以 6km/h 的速度慢速行驶。也就是说，这辆车有两个档位。为了增强车辆的稳定性，在车辆两侧还各加了一个辅助轮。

骑手的坐垫就设置在立式发动机的上面，骑手只好骑在发动机上了。据称，在一次测试途中，发动机的热管点火系统过热，差点造成坐垫起火，还好有惊无险。1885 年 8 月 29 日，戴姆勒获得了两轮机动车的发明专利（图 3-11）。世界第一辆两轮摩托车就此诞生。

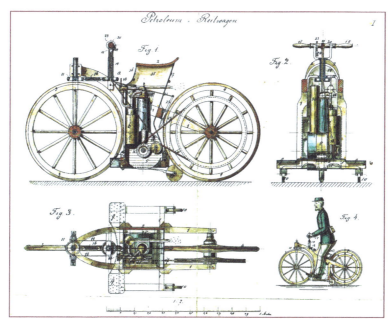

图3-11 戴姆勒在1885年获得两轮机动车发明专利

3.5 三轮汽车 / 卡尔·本茨

卡尔·本茨（图 3-12）于 1844 年在德国的卡尔斯鲁厄出生，他比戈特利布·戴姆勒小了 10 岁。他父亲是一位火车驾驶人，在卡尔·本茨出生之前就在一次事故中不幸身亡。卡尔·本茨于 1860 年中学毕业后就去了当地一所技术学校。在学校他对机械原理特别感兴趣，尤其是偏爱研究发动机。1864 年 7 月毕业后，本茨曾在好几家公司工作，走过了好几个地方，从事了若干种工作。后来他又到部队服役。1871 年，从部队回来后，27 岁的卡尔·本茨和奥古斯特·里特一起在曼海姆合伙创办了一家机械加工厂。第一年这家工厂经营得很糟糕。这位合伙人很不靠谱，导致工厂濒临破产。这时候卡尔·本茨的未婚妻伸出援手，

图3-12 卡尔·本茨（1844—1929）

用她的嫁妆买下了合伙人在公司的股份，才使卡尔·本茨保住了工厂。

后来工厂经营还是不景气，到1877年时卡尔·本茨的工厂又要倒闭了，他欠别人的2000马克也无力偿还。在卡尔·本茨最困难的时期，他的妻子伯塔·本茨靠变卖嫁妆首饰来维持一家人的生计。

尽管生意惨淡，但为了获得更多的收入，在1878年卡尔·本茨决定转到发展潜力巨大的内燃机制造业，集中精力研制二冲程内燃机。1879年12月31日夜，卡尔·本茨大功告成，研制出了二冲程内燃机，并在1880年6月28日获得二冲程内燃机的技术专利。但由于内燃机在当时没有多大用处，没有人专门去买一台内燃机，因此卡尔·本茨的工厂仍不景气。

1882年，卡尔·本茨终于取得一位商人及一位银行家的支持，他们联合成立曼海姆燃气发动机股份有限公司。在签署了所有必要的公司协议后，卡尔·本茨很不高兴，因为他的股份被稀释得只剩下5%。更糟糕的是，在设计新产品时没有考虑到他的想法，所以在一年后，即1883年，卡尔·本茨退出了那家公司。作为提前退出公司的处罚和赔偿，卡尔·本茨搭进去了所有的设备和机器。

就在1883年，卡尔·本茨又与一个自行车修理店的两个老板一起，成立了一家三人合伙公司，这就是奔驰汽车公司的前身。公司的主要业务是生产工业机械。这也是卡尔·本茨第三次创业了。这一次还比较顺利，公司很快就拥有了25位员工，并开始生产固定式燃气发动机。

戈特利布·戴姆勒已在1883年12月获得四冲程汽油内燃机的技术专利。可能是消息闭塞，卡尔·本茨仍然埋头继续研制燃油内燃机。但他们都不约而同地选择石油分馏物中的轻质油（也称粗汽油）作为燃料。当时轻质油主要用作化学溶剂和清洁剂。据称，卡尔·本茨看报纸时发现，一家洗衣房在用轻质油洗衣服时发生了爆炸，然后他就想到了用轻质油作内燃机的燃料。

1885年，也就是戴姆勒发明两轮机动车的时候，卡尔·本茨的四冲程汽油发动机也研制成功并获得专利（图3-13）。期间，本茨花了大量时间来研究点火问题，最后他成功研发出利用点火线圈实现电火花点火的方案。点火线圈将低电压转换成高电压，

图3-13　卡尔·本茨在1885年研制成功汽油发动机并获得专利

然后用高压电火花点燃燃油与空气的混合气。这种点火方式要比同时期戴姆勒的热管式点火方式更先进。

在燃油供给方面，卡尔·本茨发明了表面式化油器（Surface Carburetor），如图 3-14 所示。在冷却方面，卡尔·本茨选择了简单的开环式蒸发冷却，这意味着水的消耗量会非常大，要不断地加水。更有效的闭环循环冷却系统当时还没有被开发出来。

卡尔·本茨的四冲程内燃机还有曲轴、平衡重等现代内燃机上必备的一些技术和部件。这台内燃机为单缸，排量 954mL，四行程循环，选择蒸发水冷却，立式结构，采用电点火方式，功率为 0.75 马力，最大转速为 400r/min，重量为 100kg。

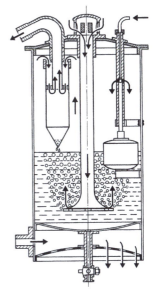

图3-14　表面化油器是卡尔·本茨发明汽车的关键技术创新

虽然卡尔·本茨比戈特利布·戴姆勒研制成功汽油发动机要晚，但他研制成功后立即着手把它装上车。由于还没有解决四轮车的前轮转向操纵问题，卡尔·本茨只好将内燃机装在一辆三轮马车上，并且是水平安放在两个后轮之间，因为他担心垂直安放会影响汽车的行驶稳定性，如图 3-15 所示。

图3-15　卡尔·本茨研制了安装汽油发动机的三轮汽车（仿制品）

这辆车采用后轮驱动，没有变速器，没有倒档，也没有离合器。中间轴上有一个空转的轮子，或者叫怠速轮。车辆静止时，发动机利用皮带驱动怠速轮，这时候汽车不会往前行驶；当要起步时，将皮带从怠速轮拨到中间轴的带轮上，汽车就前进了。

这辆三轮汽车的油箱容量为 4.5L，百千米油耗大约是 10L，最大续驶里程约为 45km。

出于保密的原因，新车的首次测试于 1885 年在奔驰工厂内进行，而且是在夜间偷偷进行。在行驶了 100m 后，测试车就停下不能行驶了。但没过多久，100m 变成了 1km，每测试一次，行驶的距离就变长一点。

卡尔·本茨后来回忆说："我的信心随着每一次试车而增长，每试一次就能让汽车得到改进，所以到1886年1月，我就准备申请专利了。"

1886年1月29日，卡尔·本茨获得了"以轻质油为燃料的汽车"的发明专利（图3-16）。后来人们就把这一天定为汽车的生日。而戈特利布·戴姆勒的第一辆四轮汽车要在38天后才会出现。

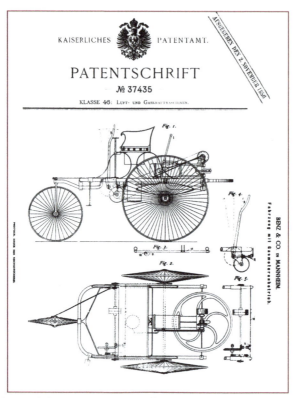

扫一扫，听卡尔·本茨的故事

扫一扫，看第一辆汽车仿品视频

图3-16　卡尔·本茨在1886年获得了"以轻质油为燃料的汽车"的发明专利

1887年，奔驰公司又推出改进后的奔驰Ⅱ型。很快又推出奔驰Ⅲ型，变速器的档位已增加到两个，并开始少量生产和销售。奔驰Ⅲ型总共生产了大约25台。

1888年9月，卡尔·本茨驾驶他的汽车参加了慕尼黑机械展览会，震惊了所有观众。当时的报纸写道："星期六下午，人们怀着惊奇的目光看到一辆三轮马车在街上行走，前面没有马，也没有辕杆，车上只有一个男人，马车在自己行走！大街上所有的人都惊奇万分。"

3.6　四轮汽车 / 戈特利布·戴姆勒

就在卡尔·本茨拿到汽车发明专利的38天后，1886年3月8日，戈特利布·戴姆勒花了795金币订购了一辆漂亮的四轮马车，秘密地弄到工作室进行改装。首先是把新研发的立式发动机安装在后排座椅前。新型立式发动机的排量为462mL，采用空气冷却方式，最大转速为900r/min，最大功率为1.1马力，重量为40kg。从数据上看，其性能全面胜过卡尔·本茨的发动机。

这辆车的传动系统也很简单。先用皮带将发动机动力传递到中间轴上的带轮，再用链条将动力从中间轴传到后轮。中间轴上有大小两个带轮，选择不同的带轮就可以让车辆以不同的速度行驶，但必须把车辆完全停止后才可以操作。这辆车最快时速度可到16km/h。

马车原有的车轮、双排式座椅、钢板弹簧悬架结构、外挂式车灯和前挡板等，都没有做改动，因此从外形上看仍是一辆四轮马车，只是没有马拉。就这样，世界第一辆四轮汽车诞生了，如图3-17所示。

卡尔·本茨和戈特利布·戴姆勒都是在1886年发明了汽车。两人当时相距只有100km左右，没有证据表明两人互相认识，也没有证据表明他们发明汽车前就已了解对方的早期发明成就。好在两人的公司在1926年合并为一家，即戴姆勒-奔驰汽车公司，因此也就没有出现谁是真正汽车发明人的争议。

扫一扫，听戴姆勒发明汽车的故事

扫一扫，看戴姆勒四轮汽车视频

图3-17 戈特利布·戴姆勒乘坐（后排）第一辆四轮汽车

3.7 汽车长途旅行 / 伯塔·本茨

虽然卡尔·本茨早在1886年1月就获得了汽车发明专利，但人们对这种机动马车并不感兴趣，它在与马车和蒸汽汽车的竞争中也不占优势。人们对汽车还存在很多担心，而且卡尔·本茨还没有证明汽车能可靠地行驶，甚至汽车能跑多远都是未知数。卡尔·本茨的妻子伯塔·本茨，为了向人们证明汽车的可靠性和优越性，她要驾驶汽车来一次长途旅行，如图3-18所示。

图3-18　伯塔·本茨开启了第一次驾驶汽车长途旅行

此时39岁的伯塔·本茨已是四个孩子的母亲。她的两个儿子欧根（15岁）与理查德（13岁），也很想坐爸爸发明的三轮汽车去姥姥家。伯塔就趁孩子放暑假之际，决定以探望母亲为名，带着两个孩子驾车回娘家普福尔茨海姆镇。

从曼海姆到普福尔茨海姆约有106km远，估计开车要一整天，于是三人决定早早出发。他们便趁卡尔·本茨还未起床，就带着面包、香肠、饮用水，悄悄地将2.5马力的奔驰Ⅲ型推出了车棚，推出了院子，直到远离房子的听力范围，以免把发明家从睡梦中吵醒。他们在厨房给卡尔·本茨留了信息，说明了他们的驾车探亲旅程。

汽车由大儿子欧根驾驶，妈妈坐在一旁辅助。他们缓缓驶出曼海姆，向目的地普福尔茨海姆前进。由于出来较早，马路上空无一人。当时道路简陋，汽车的行驶稳定性也差，因此一路上颠簸不断。过了魏恩海姆镇后，马路上渐渐热闹起来，他们开始遇到一些马车。汽车发动机的"突突"声及硬车轮与地面相挤压的"咯吱"声，吸引了沿途的行人和车夫驻足观看。一辆没有马的马车竟能自动行走，令人惊奇万分。一些马匹因受惊吓竟使马车翻落路旁。

上坡时由于汽车只有两个档位，爬不上坡，他们就下来将其推上坡。在爬一个土坡时，汽车突然熄火了。经检查发现是输油管堵塞，伯塔灵机一动，用帽子上的饰针疏通了油管，发动机又转起来。走着走着，电线又出现短路，伯塔截下长袜上的松紧带充当绝缘体。

这辆车的油箱容量只有4.5L，续驶里程最长只有45km，因此路上至少要加两次油。当时汽车使用的是一种轻质油。伯塔在威斯洛克市的一家药店买到了这种油（图3-19）。这家药店也就成为世界第一个加油站。去的路上他们共加了三次燃油。

当时的奔驰汽车还是采用开环式蒸发冷却，旅途中必须不断地为汽车补充冷却水。

经过12h的行驶，黄昏后才到达伯塔的娘家，伯塔·本茨赶紧用电报向丈夫报平安。几天后母子三人又开车返回曼海姆。在返程中，用于制动的木块因磨损严重而导致制动失灵了。这次他们不得不求助一位鞋匠，在木块上钉上一块皮子，防止再次制动失灵。这就是第一个汽车制动摩擦片。

图3-19 伯塔·本茨在自驾途中到药店购买燃油

扫一扫，听第一次汽车旅行的故事

扫一扫，看第一次汽车旅行视频

返回家后，伯塔·本茨向丈夫汇报了沿途发生的每一件事，提供了丰富的"实践数据"。她还提出了几项非常重要的改进建议：①增加一个用于爬坡的低档位；②为制动木块加装耐磨的摩擦片；③改进电线的绝缘性能。

更重要的是，她为奔驰汽车做了一次很好的广告，证明奔驰汽车很靠谱，促使公司开始了真正的销售。

2008年，伯塔·本茨母子三人的行车路线，被正式批准为人类工业遗产路线，以纪念世界第一次驾驶汽车长途旅行。

3.8 柴油发动机 / 鲁道夫·狄赛尔

鲁道夫·狄赛尔（图3-20）于1858年出生于法国巴黎。他的父母是住在巴黎的巴伐利亚移民。12岁时他被送到德国的姨妈家上学。1880年1月，狄赛尔以优异成绩从慕尼黑工业大学毕业，然后又回到了巴黎，追随他的大学老师卡尔·冯·林德教授。狄赛尔在林德教授的制冷制冰厂担任工程师，后来又升任厂长，并在德国和法国获得了多项制冷技术专利。

扫一扫，听狄赛尔的故事

图3-20　鲁道夫·狄赛尔（1858—1913）

图3-21　狄赛尔研制的压燃式发动机

1890年初，狄赛尔携妻子及三个孩子搬到了柏林。由于禁止他使用在林德公司工作时取得的专利，他只好往制冷领域以外发展，进入了当时最热门的蒸汽发动机行业。然而，他在研究气缸压力对气缸盖的强度测试中，发动机突然爆炸了，金属碎片乱飞，几乎要了他的命。狄赛尔在医院住了几个月，随后出现了健康和视力问题。他决定放弃对蒸汽发动机的研究，转而研制一种热效率更高的卡诺循环内燃机。据狄赛尔说，他想起1878年林德教授曾说：蒸汽机只能够将6%～10%的热能转化为功，而卡诺循环可以将更多的热能转化为功。

狄赛尔在卡诺循环内燃机上又花了几年时间，到1892年他认为研究成功了，甚至还申请了一项专利。1893年他发表了一篇相关论文，但有人发现论文中存在错误。狄赛尔修改后又申请了一项发明专利。这次发明的内燃机采用四行程循环，但燃料是在压缩行程结束时注入的，并由压缩气体产生的高温点燃混合气，即压缩点燃方式。这也是现代压燃发动机即柴油发动机的运行原理。

有了压燃发动机的专利后，狄赛尔开始寻找制造压燃发动机的工厂。在他人的帮助下，他成功地说服了德国奥格斯堡机器制造厂（MAN公司的前身），同意试制压燃发动机。1893年8月，狄赛尔的压燃发动机试验机制造出来了，但第一次起动就失败了，因为压力过高而无法工作。这次试验使用的燃料是汽油。1894年，狄赛尔又制造出第二台试验机并进行试验，结果只转了1min就熄火了。

狄赛尔不气馁，继续改进他的压燃发动机，其间还发生过爆炸。后来，狄赛尔改用花生油作为燃料进行试验，但花生油的点火性能不佳，不容易被点燃。狄赛尔就提高压缩比，提高压缩气体的温度，最终使用花生油的压燃发动机成功起动了。虽然转速只有88r/min，但热效率达到了16.6%，并神奇般地连续运行了111h。

此后狄赛尔不断改进，在1896年10月又制作出一台压燃发动机，并在1897年2月进行试验测试，最大功率已提升到17.8马力，热效率提升到27%。这个成绩非常理想，就此宣告狄赛尔成功研制出实用的压燃发动机了。

此后，狄赛尔在欧洲和美国申请注册了与压燃发动机相关的很多项发明专利（图3-22、图3-23、图3-24）。压燃发动机也开始投入商业生产，狄赛尔很快就成了百万富翁。

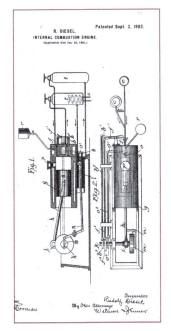 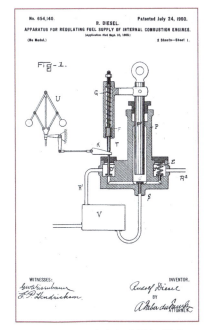

图3-22　狄赛尔内燃机专利图　　图3-23　狄赛尔内燃机供油系统专利图　　图3-24　狄赛尔内燃机起动系统专利图

1913年9月29日晚，鲁道夫·狄赛尔登上德累斯顿号轮船，前往英国伦敦参加会议。第二天早上人们发现他失踪了。10天后，一艘荷兰船只的船员在挪威附近的北海发现了狄赛尔的尸体。狄赛尔终年55岁。他的死因至今仍然是个谜。

狄赛尔发明的压燃发动机成为驱动人类社会进步的主要动力，人们甚至以他的名字为这种压燃发动机和所使用的燃料命名，即柴油发动机和柴油（Diesel）。

由于柴油机的工作压力比较大，必须使用更坚固的金属打造，致使柴油发动机的重量、振动和噪声都比汽油机大，因此柴油机不太适合作为轿车发动机。直到1936年，梅赛德斯－奔驰260D柴油轿车推出，柴油轿车才开始上路。

第 4 章 Chapter 4

混合动力昙花一现

4.1 轻混合动力汽车 / 亨利·戴

1896 年，美国的阿姆斯特朗公司推出了一款设计奇特的汽车（图 4-1），名为 Phaeton，它由亨利·戴设计。此车采用一台排量 6.5L 对置双缸汽油发动机，但它的飞轮被设计成一个圆盘电机。飞轮电机与变速器之间有一个电控离合器，换档时它自动切断或接通发动机的动力。

图4-1 阿姆斯特朗Phaeton

这个飞轮电机可辅助起动发动机。驾驶人转动一个开关，接通蓄电池与飞轮电机，飞轮电机带动发动机曲轴转动。转几圈后，发动机气缸开始工作。再断开蓄电池的连接，电机又充当发动机飞轮。飞轮电机的辅助起动功能比后来的电动起动器早了 16 年。飞轮电机的尺寸非常大，甚至可以让车辆仅靠电力驱动。

发动机工作时带动飞轮电机发电。再生制动时，汽车惯性通过车轮和传动机构驱动飞轮电机发电。飞轮电机产生的电能为点火机构、点火线圈和车灯供电，或为蓄电池充电。从结构上看，Phaeton 与现在的轻混合动力系统相似，属于并联式混合动力。

4.2 串联式混合动力汽车 / 费迪南德·保时捷

费迪南德·保时捷（图 4-2）18 岁时到维也纳一家电气公司上班。他在电气公司先是扫地板、擦桌子，然后是做维修工作，4 年后，他凭借自己的聪明才智当上了试验部经理。在那里，他可以尝试自己的许多创意。后来他萌生了设计电动汽车的想法。他认为电动汽车没有噪声，没有烟雾，是理想的交通工具。他考虑到动力传递过程的能量损失较大，于是就独创出轮边驱动机构，将电机固定在车轴上，然后通过齿轮机构直接驱动轮毂。这种近似轮毂电机的设计，既省去了复杂的传动机构，又提高了传动效率。

保时捷将新设计的电动汽车给维也纳著名的车辆制造商路德维希·洛纳看，想取得他的投资支持。正巧洛纳也一直在研制电动汽车，只是受技术条件限制而未能成功。洛纳立即聘用保时捷为车辆设计师，共同打造电动汽车。这时候费迪南德·保时捷年仅 23 岁。

图4-2　费迪南德·保时捷（1875—1951）

1898 年，由保时捷设计、洛纳制造的第一款电动汽车推出（图 4-3），其电驱系统称为"洛纳－保时捷系统"。这款电动汽车由两个电机分别直接驱动两个前轮的轮毂，相当于采用两个轮毂电机。每充满一次电可行驶 80km。通过一个控制器，此车可以实现 12 级车速调节，其中 6 个前进档、2 个倒档和 4 个制动档。

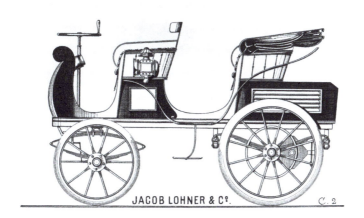

图4-3　洛纳-保时捷电动汽车

1899 年 9 月 28 日，保时捷亲自驾驶这辆电动汽车在柏林公路赛中获得了胜利。1900 年，这款车送到巴黎博览会上展出并获得大奖。但洛纳和保时捷很快就认识到，蓄电池驱动的汽车有两大缺点：一是蓄电池太重；二是续驶里程有限。保时捷的解决办法是：混合动力系统。

1901 年，保时捷设计的混合动力汽车 MIXTE 推出（图 4-4）。这车采用戴姆勒的汽油发动机，但它并不直接驱动车轮，而是带动发电机发电，再供电动机驱动车轮，这样就能拥有与汽油车一样长的续驶里程。这是一种串联式油电混合动力汽车，现在也称增程式电动汽车。此车也配备了一个小型蓄电池。另外，这款车在前轴和后轴上都安装了电机，从而可以实现四轮驱动，拥有更强的爬坡能力。这是世界第一辆四轮驱动电动汽车（图 4-5）。

扫一扫，看保时捷电动汽车视频

图4-4 费迪南德·保时捷驾驶MIXTE混合动力汽车

图4-5 洛纳-保时捷MIXTE混合动力四驱汽车

该车在保时捷的亲自驾驶下曾跑出 56km/h 的最高车速。1902 年，保时捷驾驶 MIXTE 在奥地利的 Exelburg 爬山赛中，赢得了大型汽车组别的胜利。此后此车还打破了奥地利的多项汽车速度纪录。一时间这款汽油-电动混合动力汽车出尽了风头。拥有 MIXTE 已成奥地利上流社会的标配，到 1906 年这款汽车就已经卖出去 300 多辆，直到 1915 年才停产。

扫一扫，听费迪南德·保时捷的故事（上）

4.3　并联式混合动力汽车 / 亨利·皮珀

1905 年，身在比利时的德国工程师亨利·皮珀推出了一种由小型汽油发动机、蓄电池和电机组成的混合动力汽车，其构造图如图 4-6 所示。平常行驶时由汽油发动机驱动车辆，也带动电机发电并为蓄电池充电。当加速或爬坡时，电机与发动机共同驱动车辆。这是一种并联式混合动力汽车。1909 年，亨利·皮珀取得了名为"汽车混合驱动"（Mixed Drive for Autovehicles）的技术专利。

那时混合动力汽车的运行模式转换还需要驾驶人手动操作。1997 年丰田推出的普锐斯（Prius）是第一款自动切换运行模式的混合动力汽车。

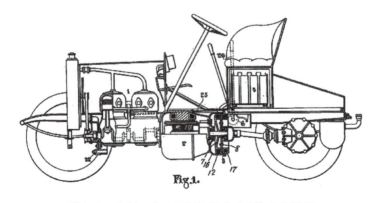
图4-6 亨利·皮珀研制的混合动力汽车构造图

Section 2
第 2 篇

内燃机的黄金时代
The Golden Age of the Internal Combustion Engine

气缸是汽车产生动力的源点，这个源点的中心是燃烧室。与其说是燃烧室，不如说是爆炸室，因为汽油或柴油在燃烧室中并不只是燃烧，而更像是爆炸。

燃油进入气缸后与空气充分混合，经火花点燃或压缩至燃点，使燃油中的碳氢化合物与空气中的氧分子发生化学反应，燃油中的分子结构被打破，并对碳元素进行重新排列和组合，其中1个碳原子和2个氧原子化合生成1个二氧化碳分子（$C+O_2+$热量$\rightarrow CO_2+$热量）；2个氢原子和1个氧原子化合生成1个水分子。在这个化学反应过程中释放出光能和热能，巨大的热能使反应中生成的气体迅速膨胀，但这些气体被严重压缩到一个封闭狭小的燃烧室空间里，气体的膨胀力猛烈推动活塞运动，然后通过一系列的动力传递，最终推动车轮转动。

上述化学反应过程其实就是燃油燃烧的过程，而燃烧必须是三个条件并存才能发生，一是作为可燃物的燃料，二是作为助燃物的氧气，三是温度足够高的热量。燃料、氧气、热量被称为燃烧三要素。本篇介绍的内燃机创新技术，都是围绕燃烧三要素进行的，而且都是为了让燃料得到快速、充分、完全的燃烧，从而达到增强动力、节省燃油、降低污染的目的。

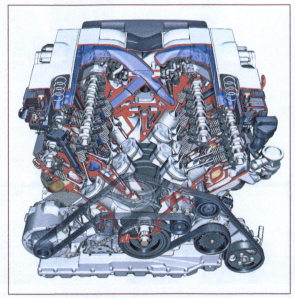

图02-1　奥迪W12汽油发动机

图02-2　宝马V8汽油发动机

汽车创新名人堂（二）

蜂窝式散热器发明人
威廉·迈巴赫

铝合金活塞发明人
沃尔特·宾利

整体式气缸研发者
亨利·福特

顶置气门技术发明人
大卫·别克

自动起动器发明人
查尔斯·凯特林

每缸4气门技术发明人
埃托雷·布加迪

本田CVCC最高负责人
本田宗一郎

涡轮增压器发明人
阿尔弗雷德·布黑

火花塞点火系统发明人
罗伯特·博世

火花塞点火系统发明人
戈特洛布·霍诺德

转子发动机发明人
菲利克斯·汪克尔

催化转化器发明人
尤金·胡德里

喉管式化油器发明人
查尔斯·杜里埃

机械增压器发明人
菲兰德·罗茨和弗朗西斯·罗茨兄弟

双顶置凸轮轴技术发明人
欧内斯特·亨利

第 5 章　Chapter 5

基本结构：从单缸到 W18 缸

5.1　四缸发动机、蜂窝式散热器 / 威廉·迈巴赫

戈特利布·戴姆勒在 1883 年获得燃油发动机专利后，却以生产发动机为主。即使他在 1886 年研制成功了四轮汽车，但直到 1890 年 11 月成立戴姆勒公司后，才开始准备研制汽车。戈特利布·戴姆勒的老搭档威廉·迈巴赫任公司技术总监。

然而，两个月后，投资的大股东仍坚持以生产发动机为主，反对公司转型生产汽车，而且迈巴赫还被排斥在董事会之外。一气之下，迈巴赫离开公司，在外面成立工作室，在戈特利布·戴姆勒的秘密资助下，继续研制准备用于车辆上的高速发动机。

1892 年，威廉·迈巴赫研制出一款双缸直列发动机（图 5-1）。随后在 1894 年，他又设计了一台四缸发动机，并采用了他发明的喷雾嘴化油器、管式散热器（图 5-2）等创新技术。据称，威廉·迈巴赫发明喷雾嘴化油器的灵感是受到了香水喷雾嘴的启发。管式散热器于 1897 年在德国注册了专利。

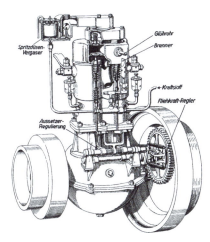 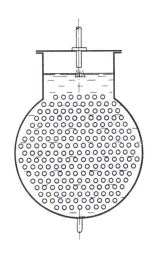

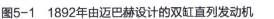

图5-1　1892年由迈巴赫设计的双缸直列发动机　　图5-2　迈巴赫发明的管式散热器示意图

1894 年，一位英国投资商对戴姆勒公司进行重组，他不仅购买了迈巴赫的四缸发动机的知识产权，而且还在 1895 年把威廉·迈巴赫请回公司，继续任技术总监。

1898 年，四缸发动机经威廉·迈巴赫改进后，功率提升到 8 马力，并搭载在 1898 年批量生产的戴姆勒"凤凰"车型上。这是汽车史上第一辆四缸发动机量产汽车（图 5-3）。

1900 年，为了研制新车型（后被称为"梅赛德斯 35HP"），威廉·迈巴赫对四缸发动机又进行了巨大改进，采用凸轮轴控制进气门和排气门，将功率由 8 马力提升到

35马力（图5-4）。但动力性能提升后，原来的管式散热器就不能满足性能要求了。威廉·迈巴赫认为，提高冷却性能的最好办法，就是增大冷却表面面积。为此，他又发明了蜂窝式散热器，并在1900年12月取得专利。

威廉·迈巴赫发明的蜂窝式散热器（图5-5），由8070个6mm×6mm小方管焊接组成，冷却液流过这些小管并被空气冷却。为了提高低流量下的冷却效率，在散热器后方还有一个小风扇。与之前的管式散热器相比，蜂窝式散热器冷却效率大幅提升。

图5-3　第一款四缸发动机量产汽车戴姆勒"凤凰"

图5-4　1901年迈巴赫改进的35马力四缸发动机

图5-5　迈巴赫发明的蜂窝式散热器

5.2　整体式气缸 / 亨利·福特

经历两次创业失败后，亨利·福特（图5-6）于1902年在一位老板的支持下成立了福特汽车公司。开始的几年，福特汽车公司的生产和销售非常一般，直到1906年7月才有转机，福特宣布要让平民大众也能买得起汽车。这就促成了大名鼎鼎的T型车的诞生。1908年10月，一种结构简单、操作方便的福特T型车上市。它应用的许多技术和设计都是开创性的，主要如下：

1）包括可拆卸气缸盖设计、气缸与缸体集成铸造（整体式气缸）等在内的发动机结构创新技术（图5-7）。在T型车之前，发动机的气缸盖和缸体被铸成一体，而气缸则用螺栓固定在曲轴箱上,这给维修带来不便。

图5-6 亨利·福特(1863—1947)

图5-7 福特T型车发动机

2)全封闭式传动系统。将发动机、飞轮、变速器和万向节的底部包裹起来。

3)方向盘设置在左侧。之前汽车的方向盘一般设在中间位置。

4)采用高强度的钒钢制造主要部件,如曲轴、车轴和车桥等。

5)T型车没有变速杆和离合器踏板,换档操作通过三个踏板即可完成,中间踏板是倒档,两旁的踏板分别为高速档和低速档(图5-8)。因此后来也称这种变速方式为2速自动变速器。T型车没有加速踏板,用方向盘后一个手柄控制节气门。

6)改装方便。可轻松改成野营车、便携式锯木机、谷物脱粒机和赛车等。

T型车是革命性的,因为它将当时罕见的可靠性、坚固性、实用性和经济性集成于一款汽车上。T型车的驾驶控制被设计成任何人都可以轻松操作它,这一点很重要,因为1908年以前很少有人开过汽车。仅上市后一年,福特汽车公司就卖出去1万多辆T型车。到第一次世界大战结束后,美国道路上行驶的汽车有一半都是福特T型车。

图5-8 福特T型车的换档操作通过三个踏板即可完成

扫一扫,听亨利·福特的故事(上)

扫一扫,听公路机器案的故事

5.3 铝合金活塞 / 沃尔特·宾利

沃尔特·宾利（图 5-9）是父母 9 个孩子中最小的一个。父亲是一位退休的商人，家庭比较富裕，因此他才有条件从 1902—1905 年间在著名的克里弗顿公学接受教育。沃尔特·宾利 16 岁时就拿着父亲给的 75 英镑到英国北方铁路公司当学徒工。在此期间，他学会了怎样设计复杂的铁路机械以及机械铸造、制造技术。在北方铁路公司，他还实现了他儿时的梦想，就是亲自操控火车头。当时他在火车上担任第二司炉工，曾在一天内将 7t 煤一铲一铲地送进火车锅炉。

图5-9　沃尔特·宾利（1888—1971）

1910 年，当他觉得在铁路公司没什么前途后就辞职了。此后，他先是到伦敦的国王学院进修机械理论，然后应聘到当地一家出租车公司工作。在那里他曾负责监督 250 辆出租车的维修保养工作。

1912 年，沃尔特·宾利联合他哥哥哈瑞斯·宾利一起，共同成立了宾利兄弟公司，进口销售法国 DFP 汽车。由于对 DFP 汽车的性能很不满意，沃尔特·宾利开始琢磨怎么改进它，以提高 DFP 汽车的市场竞争力。一个偶然的机会，他在一个办公室内看到一个铝制的镇纸，由此受到启发，如果用铝这种轻质材料制造活塞，其性能是否比钢或铸铁更好？从此他开始研究铝制活塞。

为了提高活塞强度，防止其在高温下熔化，他努力尝试在铸造厂生产一种新的铝合金，经反复实验，最终采用 88％铝和 12％铜的配比来制造活塞。他还改进了凸轮轴，从而使 DFP 汽车的性能得到明显提高，并于 1913—1914 年间在英国布鲁克兰兹赛道创造了好几项新纪录。此后，沃尔特·宾利依靠这个铝合金活塞而成为汽车发动机技术专家，并将铝合金活塞成功应用在汽车和飞机发动机上。

第一次世界大战爆发时，沃尔特·宾利认识到铝合金活塞可以应用在军事领域，从而为国家装备技术提供一些支持。实践证明，铝合金活塞确实可以提高发动机的动力输出，可以改善发动机的冷却性能，可以允许采用更大的压缩比并能提高发动机的转速。

出于对自己专利的保护，沃尔特·宾利在广播电台上公开向发动机制造商介绍他的发明信息，并为皇家海军和发动机制造商牵线搭桥，希望采用他的铝合金活塞技术来制造飞机发动机。后来，在皇家海军资助下，沃尔特·宾利成立了自己的研发团队，并利用铝合金活塞等创新技术，在 1916 年研制出 BR1 型航空发动机，随后在 1918 年又推出动力更强大的 BR2 型航空发动机。沃尔特·宾利因此获得大英帝国勋章和 8000 英镑的奖金。沃尔特·宾利在 1919 年创建了宾利汽车公司，其生产的宾利汽车曾在 1927—1929 年获得勒芒 24 小时耐力赛三连冠（图 5-10）。沃尔特·宾利当之无愧地成了民族英雄。今天几乎所有发动机的活塞，都是由铝合金制造的。

扫一扫,听沃尔特·宾利的故事

图5-10　宾利汽车曾在1927—1929年获得勒芒24小时耐力赛三连冠

5.4　V16缸发动机 / 凯迪拉克

为了制造出比他人动力更强劲的汽车,早期的汽车制造商主要以增加发动机的气缸数量来比拼。然而,当气缸数量增加到一定时,比如达到直列8缸时,就很难再让发动机加长。此时,一种V型排列气缸的发动机诞生,把气缸分成两排并成"V"字形组合,这样就可以在不增加发动机长度的前提下增加气缸数量。1930年上市的凯迪拉克V16型汽车(图5-11),是第一款搭载16缸汽油发动机的量产车型。这台发动机的排量7.4L,两组气缸夹角45°,采用顶置气门设计,最大功率123kW。

图5-11　凯迪拉克V16型汽车

凯迪拉克V16车型的问世,奠定了凯迪拉克品牌作为豪华轿车领袖和世界级标准的重要地位。V16缸发动机能提供强大的动力和顺畅的加速,从此也引起竞争对手竞相研制多缸 V 型发动机。

由于凯迪拉克 V16 车型全部采取订制方式生产,所以产量十分稀少,从 1930 年 1 月上市到 1940 年停止销售,全车系一共只生产了 4076 辆。1938 年,凯迪拉克开始使用全新设计的 16 缸发动机,两组气缸夹角 135°,排量降到 7.1L,配备双化油器、双燃油泵、双分电器、双水泵,最大功率增至 138kW,车身轴距缩短至 3.581m,车身长度保持在 5.639m。

5.5　W18 和 W16 发动机 / 布加迪

1998 年,大众集团老板费迪南德·皮耶希和家人正在西班牙的马略卡岛度假时,传来大众在与宝马争夺劳斯莱斯品牌的竞争中失败的消息。正巧这时他儿子看到一个布加迪 57SC 大西洋号的车模非常漂亮,希望皮耶希能给他买一个。儿子的这个要求意外地启发了皮耶希,将他的目光转向了曾经辉煌无比的布加迪品牌。在皮耶希的印象中,布加迪 41 型皇家号曾是世界上最大、最强和最贵的汽车。他认为布加迪品牌可以打造成世界最强大和最昂贵的超级汽车。在与布加迪品牌方进行短暂的谈判后,大众集团很快就拥有了布加迪品牌。

费迪南德·皮耶希认为,要想打造一款非凡脱俗的超级跑车,必须拥有一台世界最强大的发动机,而且体形和重量都不能太大。专家们提出的多种方案都不能令人满意。有一天,在东京到名古屋的新干线上,在与动力专家讨论后,皮耶希突发奇想,随手在一个信封上画了一个 18 缸发动机的草图。这种怪异的 W18 发动机相当于将 3 个 V6 发动机相隔 60°组合在一起,18 个气缸共同驱动一根曲轴。

W18 发动机很快研制了出来(图 5-12),总排量 6.25L,最大功率 555 马力,但搭载在几款概念车上的效果并不理想。虽然它的最大潜能还能提升到 620 马力,但与当时的迈凯伦、法拉利超级跑车相比,这个数字并没有太大的优势。布加迪毅然弃用 W18 发动机,采用罕见的 8L W16 发动机(图 5-13),相当于将 2 个 V8 发动机以 90°夹角组合在一起,像是字母 W,因此称 W16 发动机。为了让发动机性能达到极致,还为 W16 发

图5-12　布加迪W18缸发动机

图5-13　布加迪W16缸发动机

动机配备了 4 个涡轮增压器。这款 W16 发动机是世界第一款也是迄今为止唯一一款量产的 W16 发动机。

布加迪 W16 发动机由超过 3500 个部件组成，其数量是普通汽车发动机的 2 倍。其实这也不难理解，因为它由 2 台 V8 发动机组合而成，甚至它仍采用大众汽车 V8 发动机的部分部件。W16 发动机的活塞连杆由钛金属制成，钛是一种在飞机上可能会找到的材料。其他厂家的活塞连杆仍用钢制成。

布加迪 W16 发动机已将发动机的设计和制造技术发挥到了极限，而测试它却更加困难。2001 年，当首次进行全功率测试时，由于温度过高，屋顶上的排气系统被完全烧毁了，几乎将实验室烧毁。在装车测试时，测试人员发现，车速达到 320km/h 的时候，排出的高温尾气继续和周围的空气发生燃烧，导致近 2m 长的火焰从排气管中喷出。最后的解决方案是在排气系统中使用钛金属。这种材料经常用于航空领域。为了降低发动机内部极高的温度，每辆威航竟然配有 10 个散热器，而普通汽车只需要一两个。

布加迪威航超级跑车（图 5-14）的 W16 发动机能输出 1001 马力的功率，最高速度 407km/h，在 2.5s 内可以从静止加速到 100km/h，并在 7.3s 内提速到 200km/h。

图5-14 布加迪威航超级跑车

扫一扫，看 W16 发动机视频

5.6 复合铝镁合金缸体 / 宝马

2004 年，宝马汽车在直列 6 缸发动机上率先引入了复合铝镁合金缸体（图 5-15）。缸体是发动机中体积最大的单个部件，采用复合镁铝合金制造的缸体，其重量仅仅是传统铸铁缸体的 57%，比铝合金缸体轻 24%。采用复合铝镁合金的发动机，其整车动力提升了 12%，并且耗油量降低了约 10%。宝马的复合铝镁合金材料主要应用在水冷缸体和气缸盖上。

复合铝镁合金并不是把铝和镁熔合在一起作为一种材料，它们只是被结合为一体，仍是以两种材料独立存在的，铝材在中间作为缸体的主要核心材料，而比较怕水的镁材只起包裹作用，将铝制气缸体包裹起来，是"镁包铝"结构（图 5-16）。

然而，随着宝马开始在发动机上采用涡轮增压技术，为了保证气缸体能够承受更大的压力，宝马已用铝合金替代复合铝镁合金制作缸体。

图5-15　宝马复合铝镁合金缸体

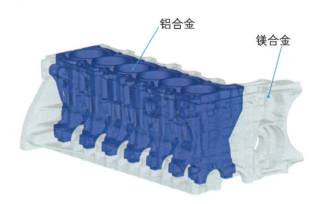

图5-16　宝马复合铝镁合金缸体结构示意图

5.7　无缸套技术 / 福特 PTWA

已经普及的全铝发动机虽然具有重量轻、强度高、散热好等优势，但由于铝合金的耐磨性不够，因此多数发动机仍采用铸铁缸套。2015年，福特在野马 Shelby GT500 车型的发动机上，采用一种"等离子电弧喷涂"（Plasma Transferred Wire Arc, PTWA）技术，在气缸内壁喷涂金属层，喷涂厚度只有 0.1～0.15mm，使气缸内壁具有坚固的耐磨特性，从而可以不再使用传统意义上的气缸套。PTWA 的应用，可以使每个气缸的重量最多减轻 0.5kg，而且可以减少敲击和摩擦，降低热损耗和排放量。

第6章 Chapter 6

配气机构：从两气门到电子气门

6.1 顶置气门 / 大卫·别克

1904年7月的一天，在美国弗林特市与底特律市之间的道路上，一辆别克牌汽车正在进行道路测试。名为别克B型的测试车辆和所搭载的发动机，都是由大卫·别克研制的，并且配备了由大卫·别克发明的顶置气门等创新技术。这是别克公司举行的第一次公开路试，目的是向人们证明别克汽车的卓越性能，吸引人们花钱买车。

不幸的是，测试途中下起了大雨，当时都是土路，泥泞的爬坡路面是最大的挑战。两位试车手密切配合，用217min跑完了184km的往返全程。这次路试的成功坚定了人们对别克汽车的信心，别克汽车一下子就售出了17辆。

大卫·别克于1854年出生在英国，两岁时随家人一起移民到美国底特律。在15岁时就离开学校，到一家生产水管的工厂打工。后来大卫·别克突然对内燃机产生了兴趣。1899年，45岁的大卫·别克成立了别克汽车和动力公司。但这个时候他只是生产双缸侧置气门船用发动机。两年后，不善经营的大卫·别克就把投资花完了，却没有制造出一辆汽车。他的公司随之关闭。

不久，大卫·别克又成立了一家别克制造公司，准备制造汽车发动机并向其他汽车公司出售。然而，不到一年的时间，他的钱又花光了。正在这时候，大卫·别克的一位朋友愿意投资，他们在1903年合伙成立了一家公司。虽然仍叫别克汽车公司，但大卫·别克只占3%的股份。

1903年，大卫·别克研制出第一辆原型车（图6-1）。他在研制汽车的过程中，创新性地采用顶置气门（Over Head Valve, OHV）设计，并获得了发明专利（图6-2）。他将进气门和排气门都设置在气缸顶上，而此前都是将气门设置在气缸侧面，称为侧置气门（Side Valve, SV）。巧合的是，在同一年，德国戴姆勒开始在梅赛德斯Simplex车型上也采用顶置气门技术。

扫一扫，看四缸发动机构造视频

图6-1 第一辆别克汽车

扫一扫，听大卫·别克的故事

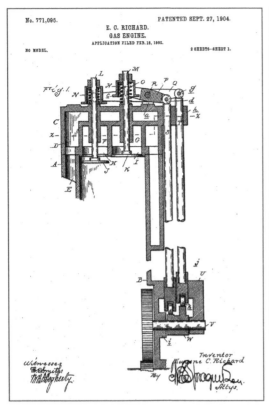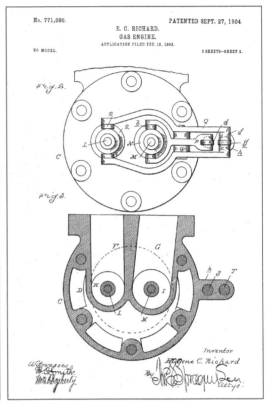

图6-2　大卫·别克获得顶置气门发明专利

相比侧置气门，顶置气门的升程量受到的限制较小，可以提升充气效率，增强发动机的动力。自从别克的顶置气门出现后，渐渐就看不到侧置气门发动机了。

虽然大卫·别克研发的汽车很先进，又冒雨做了一次公开路试，但推出一年后只卖出去37辆。此时前期投资也花光了，公司陷入困境。别克汽车公司的老板只好转让。正巧，马车制造商威廉·杜兰特正为进入汽车业而苦于无门，他有才、有钱、有销路，更有野心。1904年11月，杜兰特把别克汽车公司收入囊中，并以此为基础创立了通用汽车公司。

6.2　双顶置凸轮轴 / 欧内斯特·亨利

进入20世纪10年代，法国标致汽车是国际赛事的积极参与者，与法国的布加迪、意大利的阿尔法·罗密欧、德国的奔驰等争夺赛场霸主。然而，标致赛车在动力和车身设计上并无太大优势，自己的设计人员遇到了技术瓶颈，很难再有大的突破。于是，标致就聘请了瑞士一名27岁的机械工程师欧内斯特·亨利（图6-3），为标致赛车设计一款高转速、高功率的赛车发动机。

欧内斯特·亨利与三位赛车手合作，分析影响发动机转速和功率输出的原因。布加迪已在1910年率先采用单顶置凸轮轴（Single Overhead Camshaft，SOHC），如图6-4所示，在每个气缸组上都有一根顶置凸轮轴。凸轮轴通过驱动摇臂，控制进气门和排气门的打开和关闭。这种设计要比原来的摇臂式侧置凸轮轴的速度快了很多。为了进一步提升气门开关速度，欧内斯特·亨利创新性地采用两根凸轮轴，分别控制进气门和排气门，这样就省去了摇臂，由凸轮顶压气门挺柱，直接驱动气门的运动。实行双顶置凸轮轴（Double Overhead Camshaft，DOHC）控制（图6-5），进气门和排气门各使用一根凸轮轴独立控制，没有了摇臂这个中间环节，发动机转速自然得到提高。

图6-3　欧内斯特·亨利

图6-4　单顶置凸轮轴

果不其然，搭载7.6L直列4缸DOHC发动机的标致L76赛车（图6-6），如愿获得了1912年法国大奖赛的冠军，并在1913年使标致成为有史以来第一个赢得美国印第安纳波利斯大奖赛的外国汽车制造商。如今，除了一些美国的汽车制造商仍采用V8发动机外，几乎所有汽车发动机都采用了双顶置凸轮轴设计。

图6-5　双顶置凸轮轴

图6-6　标致L76赛车

6.3　每缸4气门设计 / 奔驰、布加迪

1910年，德国奔驰率先在"海因里希王子"（Prince Heinrich）赛车的发动机上采用每缸4气门设计。在每个气缸顶上以一定角度倾斜安装4个气门。到了1919年，埃托雷·布加迪（图6-7）又在布加迪新13型赛车（图6-8）上采用垂直式顶置4气门设计，在每个气缸顶上垂直安装4个气门，并获得了技术专利（图6-9）。

图6-7 埃托雷·布加迪（1881—1947）

图6-8 布加迪新13型赛车

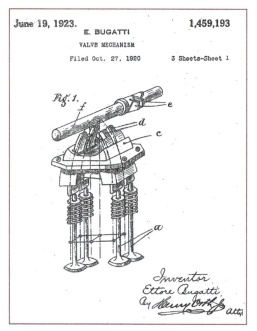

图6-9 埃托雷·布加迪每缸4气门技术专利图

扫一扫，听埃托雷·布加迪的故事

1909年，决心自主创业造车的埃托雷·布加迪，来到德国的阿尔萨斯地区莫尔斯海姆镇，买下一家倒闭的印染厂后将它改建，专门生产高级轿车和赛车。当年，第一款布加迪汽车正式推出，这就是布加迪13型。

1911年，布加迪13型参加了在法国举行的勒芒汽车大奖赛。13型的个头看上去比对手小了很多，但最后竟然获得了亚军，震惊了在场的所有人。然而，正当布加迪公司蓬勃发展的时候，第一次世界大战爆发了，布加迪只好停止汽车生产。埃托雷·布加迪带着2辆13型汽车转移去了米兰，而把那些未来得及组装的13型赛车的零部件都埋在了工厂附近。

1919年，第一次世界大战结束，埃托雷·布加迪回到了莫尔斯海姆镇。虽然工厂完好无损，但整个阿尔萨斯地区不再是德国领土，这个地区又还给了法国（此前在普法战争中阿尔萨斯地区曾被割让给了德国）。就这样，经过一场战争后，布加迪公司成为一家法国企业。从那时起，布加迪赛车都被刷成"法国蓝"（欧洲赛车界传统：英国赛车绿色、德国赛车白色、意大利赛车红色、法国赛车蓝色）。

埃托雷·布加迪挖出埋在地下的 13 型赛车的零部件，准备组装成车。然而，他看着这些战前设计制造的零部件，自感心虚，觉得拿它们上赛场很难取胜，必须进行技术升级。

埃托雷·布加迪在战前就发明了当时极罕见的每缸 4 气门技术，即 2 个进气门和 2 个排气门，可以在不增加排量的前提下提高发动机动力，但一直没有机会投入实际应用，现在正好可以一试身手。就这样，1919 年，全新设计的布加迪 13 型成为最早应用 4 气门技术的汽车之一。

每缸 4 气门设计虽然增大了制造成本，但它能增大发动机的气门面积，使进气和排气更加通畅和高效，在急加速和高速运转时，动力输出更强劲，尤其是适合高速发动机或赛车发动机。布加迪 4 气门发动机的先进性在赛场上得到了充分体现。在 1920 年勒芒大奖赛中，新布加迪 13 型赛车一举获得冠军。更成功的是，在 1921 年意大利布雷西亚大奖赛中，布加迪 13 型囊括前四名。每缸 4 气门技术助力布加迪登上赛车高峰。为了纪念这一难忘的胜利，此后所有搭载每缸 4 气门发动机的布加迪赛车，都被命名为"布雷西亚"。

20 世纪 80 年代玛莎拉蒂曾在一款 2.0L V6 涡轮增压发动机上采用每缸 6 气门技术。大众汽车曾将 5 气门设计应用在一汽-大众捷达轿车上，俗称"五阀"捷达。但后来发现，5 气门对发动机性能的提升与 4 气门设计相差无几，发动机的构造却复杂了不少，使得制造和使用成本增加不少。现在轿车发动机基本采用每缸 4 气门设计。

6.4　可变气门 / 本田 VTEC

当人快速奔跑时，氧气消耗量就会增大。为了吸进更多的空气，人会自然地张大嘴巴；反之，当平常走路时，人的嘴巴不会张得太大。对于发动机来讲，也是如此，当高转速时，也需要吸入更多的空气（混合气），因此如果能把气门提得更高些（改变升程）或延长气门的打开时间（改变正时），便能满足需求，从而提高动力；反之低转速时，则可以降低气门的升程或缩短打开时间，少吸入混合气，从而节省燃料。但是，传统发动机的气门升程和正时都是固定的，所以当发动机运行工况变化时，进气量并不能随之发生改变，这对节油和提高动力都不利。因此，各种各样的可变气门便应运而生。虽然各厂家所采用的执行机构不尽相同，但其基本原理都是控制气门的升程或正时，或对气门正时和升程同时进行控制。

1989 年，本田推出第一代"可变气门正时及升程电子控制"（Variable Valve Timing and Lift Electronic Control，VTEC）技术，最早应用在本田 Integra XSi 车型上。VTEC 是世界第一个可改变气门升程和正时的控制系统。

VTEC 在常规只有两个凸轮的地方设计了三个凸轮：一个高转角凸轮在中间，两个高度相同的低转角凸轮在两侧（图 6-10）。当发动机低转速运转时，三个摇臂相互独立运动，其中高转角凸轮对应的摇臂悬空不工作，低转角凸轮正常工作，发动机的气门升程很小，进气量减少。转速升高后，高转角凸轮的摇臂和低转角凸轮的摇臂"串"为一体，此时变成低转角凸轮不起作用了，而是由高转角凸轮来带动摇臂控制气门升程。此时，气门升程也就自然而然地变大了，进气量增大。

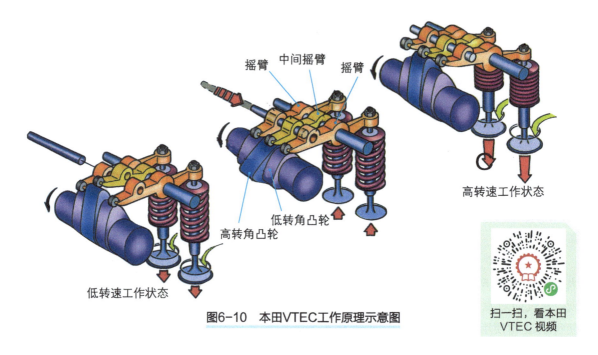

图 6-10　本田 VTEC 工作原理示意图

扫一扫，看本田 VTEC 视频

6.5　电子气门 / 宝马 Valvetronic

　　1959 年 12 月 9 日，宝马公司年度股东大会正在召开。会上的一项提议引起激烈争议。此项提议竟然是将陷入困境的宝马公司卖给戴姆勒 – 奔驰公司。此时宝马因开发豪华轿车 501 及系列车型而负债累累，公司经营举步维艰。然而，宝马公司的小股东们在会上强烈反对这项提议。如果提议被通过，小股东们的股份要么被贱卖，要么被严重稀释。幸亏大股东赫伯特·昆特在最后一刻否定了提议。相反，他还拿出大笔投资，组建新的管理团队，调整宝马汽车的定位，宝马从此不再追求豪华产品，不再与奔驰在豪华轿车市场上正面竞争，而是找到并建立一个新的细分市场——注重驾驶感受的高品质轿车。

　　1962 年，宝马推出了以 1500 型为代表的"新系列"运动型汽车并获得巨大成功。从此，提高驾驶乐趣成为宝马研发人员的努力方向，而提高动力响应速度，则成了重点攻关项目。为此，宝马研制出电子气门（Valvetronic）技术（图 6-11），并在 1993 年 8 月 19 日获得技术专利。此技术率先在 2001 年推出的宝马 316i 上应用，不仅动力响应迅猛，而且油耗还降低了约 10%。

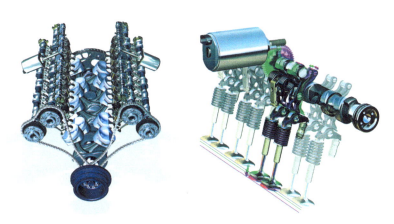

图6-11　宝马Valvetronic结构图

发动机的动力与喷油量成正比，而喷油量又是根据进气量计算的，因此，调节进气量即可调节发动机的动力输出。驾驶人踩加速踏板时就是通过调节节气门的开度来调节进气量。带 Valvetronic 的宝马发动机，它的节气门通常保持全开状态，进气歧管一直充满空气。它通过一套巧妙的机械机构和伺服电动机，可以让加速踏板直接控制进气门的升程，直接调节进气量，进而调节动力输出。省去了中间环节后，对动力调节的控制就非常直接，动力响应速度也更迅猛。而这正是驾驶乐趣中最重要的感受。

宝马 Valvetronic 的具体工作原理（图6-12）：使用一个伺服电动机控制一个偏心轴，再由它控制一个异形中间臂，中间臂的运行轨迹同时也受凸轮轴运动的影响。中间臂带动进气门摇臂动作，从而实现对进气门升程的无级调节。当驾驶人踩加速踏板时，伺服电动机便会根据所收集的信号适当运转，然后驱动偏心轴、异形中间臂和气门摇臂，对进气门升程进行无级调节。据称，早期的 Valvetronic，可以在 0.3s 内完成从最深 9.7mm 到最浅 0.3mm 气门升程的无级调节，后来又进步到在最深 9.9mm 到最浅 0.18mm 之间的无级调节。

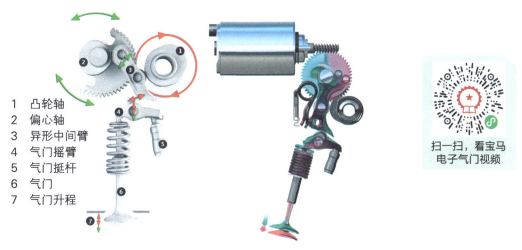

1　凸轮轴
2　偏心轴
3　异形中间臂
4　气门摇臂
5　气门挺杆
6　气门
7　气门升程

扫一扫，看宝马电子气门视频

图6-12　宝马Valvetronic的具体工作原理图

第 7 章 Chapter 7

进气控制：从机械增压到电动涡轮

7.1 机械增压器 / 罗茨兄弟、奔驰

在燃油汽车发明之前的 1860 年，菲兰德·罗茨和弗朗西斯·罗茨两兄弟就发明了机械增压器（Supercharger）（图 7-1）并申请了专利，后称为"罗茨式"或"鲁氏"机械增压器。当时机械增压器主要用于矿井通风以及为高炉和工业锅炉吹入空气。除了罗茨式机械增压器外，还有离心式、螺旋式机械增压器等。

图7-1 机械增压器构造图

1921 年，戴姆勒汽车在柏林车展上发布了两款机械增压发动机车型：梅赛德斯 6/25HP（图 7-2）和梅赛德斯 10/40HP。它们分别搭载 1.6L 和 2.6L 排量机械增压发动机（图 7-3），最高功率分别为 38 马力和 65 马力，相比没有安装机械增压器的发动机，它们的最高功率提升了 50%。这两款车型于 1923 年投入生产。这是最早采用机械增压发动机的轿车。据称，戴姆勒的机械增压技术是由公司的技术总监保罗·戴姆勒主导设计的，他是戈特利布·戴姆勒的儿子。

图7-2 梅赛德斯6/25HP　　　　图7-3 机械增压发动机构造图

机械增压器不是依靠废气来压缩进气，而是利用发动机的动力带动空气压缩机直接压缩进气。压缩机的两个转子在相对旋转时对即将流入气缸的空气进行压缩。正因为需

要发动机的动力，因此机械增压器会消耗发动机的输出能量。

机械增压器的特性与涡轮增压相反。机械增压器始终在"增压"，因此在发动机低转速时其转矩输出十分出色。另外，由于空气压缩量完全随发动机转速线性上升，因此整个发动机运转过程与自然吸气发动机极为相似，加速十分线性，没有涡轮增压发动机在涡轮介入那一刻的突兀感，也没有涡轮增压发动机在低速时的迟滞响应问题。但由于高转速时机械增压器对发动机动力的损耗增大，因此在高转速时其作用就不太明显。

7.2 涡轮增压器 / 阿尔弗雷德·布黑、桑福德·莫斯

你见过鼓风机向煤炉中吹风而使炉火更旺的情景吗？涡轮增压发动机原理与其非常类似，都是向燃烧室压缩进更多的空气，让更多的氧气参与燃烧，提升燃烧强度。

通过压缩进气就能提升动力的原理，在发动机发明初期就被注意到了，只是戈特利布·戴姆勒（1885年）和鲁道夫·狄赛尔（1896年）都没能成功。直到1905年11月6日，瑞士工程师阿尔弗雷德·布黑在德国获得"高增压复合发动机"专利，涡轮增压技术才算真正浮出水面（图7-4）。阿尔弗雷德·布黑巧妙地利用发动机排气驱动压缩机来压缩进气，从而提高发动机的动力和燃烧效率。然而，他花费了将近20年才制造出第一台涡轮增压发动机的样机。

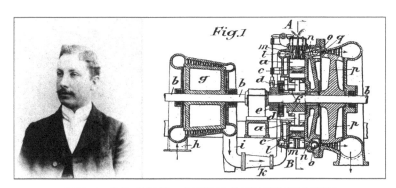

图7-4　阿尔弗雷德·布黑和他的涡轮增压器专利图

阿尔弗雷德·布黑于1879年7月11日生于瑞士的温特图尔，他的父亲是瑞士苏尔泽工业制造公司的首席执行官。布黑于1903年在联邦理工学院获得机械工程学位。这个时期他对降低排气热量损失的技术非常感兴趣。布黑的初衷是收集排气中的能量并将其利用起来。

在获得涡轮增压技术专利四年后，即1909年，布黑加入了父亲的苏尔泽公司，继续研究他的涡轮增压发动机，并希望能实际应用在船舶柴油发动机上。然而，布黑遇到巨大挑战，苦心研究多年而无法将涡轮增压器投入使用。正当此时，涡轮增压器却率先应用到了飞机上，而且是在遥远的美国。

当时的飞机都使用星形活塞式发动机，靠燃油燃烧提供动力，而燃烧需要空气中的

氧。但空气密度随高度上升而降低，含氧量也随之减少。据称每升高1000m，含氧量就降低10%。发动机动力随高度提升而变弱，导致飞机爬升到一定高度后就再也爬不动了。

1920年前后，美国通用电气公司的总工程师桑福德·莫斯想到了用涡轮增压的办法强制增加进气量，即使在高空也能使气缸吸入足够的氧气，保证发动机的正常燃烧，提升飞机的最大飞行高度。

莫斯先是在搭载12缸发动机的LaPere双翼飞机上进行测试，结果成功地将飞机升高到3.3万ft（约1万m），创下飞行高度新纪录。第二年又提升到4万ft（约1.2万m），再次证明涡轮增压技术确实能提升飞行高度。从此，涡轮增压技术在飞机上得到广泛应用。1925年，桑福德·莫斯注册了"用于内燃机的增压器"专利，1927年又注册了"增压器的结构和控制"等多项专利（图7-5）。

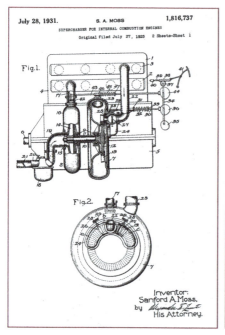
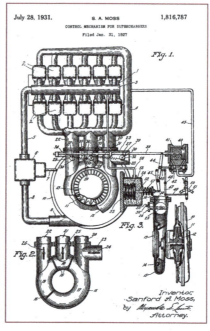

扫一扫，看涡轮增压器视频

图7-5 桑福德·莫斯内燃机增压器专利图

第二次世界大战期间，涡轮增压器设计和制造技术得到突飞猛进的发展，许多战斗机和轰炸机都安装了涡轮增压器，以至于"无涡轮不上天"。正因如此，至今仍有很多人认为涡轮增压技术源自航空发动机。

与此同时，瑞士的工程师布黑也没停止研究，他一直很努力，在1924年研制出使用涡轮增压器的重型柴油发动机原型机。1926年，涡轮增压器终于"入海"了，成功地应用在两艘新建客轮的柴油发动机上（图7-6），发动机的功率因此而提高了40%。1927年，布黑又注册了"布黑复合涡轮增压系统"专利（图7-7）。

与"上天入海"不同，涡轮增压器应用到汽车上时却遇到了巨大的挑战，此后数十年竟没在汽车上出现。直到1962年，美国通用汽车公司率先在奥兹莫比尔的"喷火"（Jetfire）车型和雪佛兰"科维尔蒙扎"（Corvair Monza）车型上配备了涡轮增压发动机。

然而，这台涡轮增压发动机的压缩比高达 10.25：1，很容易产生爆燃。为了防止爆燃，就增加了一套喷水系统，而喷水系统需要驾驶人经常补水。驾驶人常常忘记补水而导致涡轮和发动机损坏，因此怨声载道。没多久，这种不成熟的涡轮增压器就被"赶"下了车。涡轮增压器在汽车上出师不利。

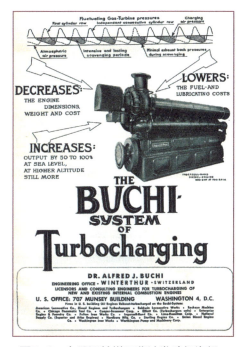

图7-6 布黑涡轮增压柴油发动机海报

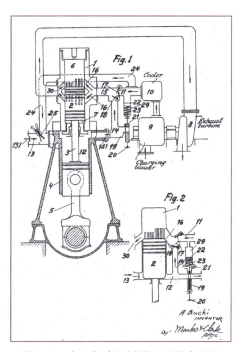

图7-7 布黑复合涡轮增压系统专利图

既然在普通汽车上不好使，那不如先在赛车上试试。1965 年，英国赛车（BRM）车队率先在赛车发动机上装上涡轮增压器。而后，美国 STP-Paxton 的涡轮增压赛车登场，并有不错的表现。此时，涡轮增压器已成赛场上的热门话题，促使汽车上的涡轮增压技术迅速进步。

1973 年，宝马成为第一个将涡轮增压器应用到民用汽车上的厂商。宝马 2002 Turbo 车型搭载 2.0L 涡轮增压发动机（图 7-8），为了防止爆燃，发动机的压缩比只有 6.9：1。它的最大功率为 170 马力，最高车速达到 211km/h，0-100km/h 加速时间仅为 7s。虽然动力性能卓越，但因当时的涡轮增压技术还不是很成熟，可靠性不高，加上燃油消耗较高，又很不幸是在 1973 年世界石油危机爆发前夕推出的，这款车型只卖出去 1672 辆就草草退出市场。这是涡轮增压器在汽车上的又一次挫败。

1977年，瑞典萨博（SAAB）在涡轮增压技术上有了巨大突破，配合博世的燃油喷射技术，使用一个非常小巧的涡轮增压器，即使在低转速下也能迅速响应起动。同时还增设了一个泄压阀，在缸内压力过大时可自动停止增压，从而使涡轮增压器的可靠性大幅提高。就这样，萨博99 Turbo 成为第一款使用涡轮增压发动机的大批量生产的汽车（图 7-9）。此后几乎所有萨博汽车都采用涡轮增压发动机。

图7-8　宝马2002 Turbo涡轮增压发动机轿车

图7-9　萨博99 Turbo涡轮增压发动机轿车

7.3　涡轮增压器中冷器 / 保时捷 911

1977年，改款的保时捷 911 Turbo 上市，主要改进是增添了涡轮增压器中冷器（图 7-10）。中冷器源自赛车运动，这是中冷器首次出现在量产车型上。

气体有这样一个特性：当它受到压缩时，随着它的密度增加，它的温度也会上升，从而影响发动机的充气效率。如果想要进一步提高增压发动机的充气效率，就要降低进气温度。另外，如果未经冷却的增压空气进入燃烧室，除了会影响发动机的充气效率外，还很容易导致发动机燃烧温度过高，造成爆燃等非正常燃烧，而且会增加废气中氮氧化物的含量，加重排放污染。在增压器与发动机进气系统之间安装中冷器，它可以对压缩后的进气进行降温（图 7-11）。

中冷器实际上就是个散热器，它被放置在通风良好的位置，吸收进气被压缩时产生的热量，从而降低进气温度。

图7-10　1977款保时捷911 Turbo

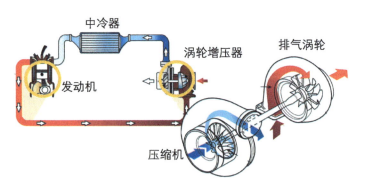

图7-11　带中冷器的涡轮增压发动机原理示意图

7.4　涡轮增压器独立冷却 / 大众

传统的涡轮增压发动机在运转时，机油泵除了润滑其他零部件外，还会源源不断地为涡轮轴承输送低温润滑油，带走涡轮轴承上的热量。但如果发动机停止转动，机油泵跟着停止工作，涡轮增压器就会被残留的高温烘烤。这时候涡轮增压器的转子仍在惯性作用下高速旋转，这样就会因增压器转轴与轴承间瞬间产生的高温而损坏轴承和轴。同时，停留在涡轮增压器内部不流动的机油也会被烘烤成积炭，阻塞进油口，导致轴套缺油，加速涡轮转轴与轴套之间的磨损。因此，为了防止涡轮增压器损坏，只能在高速行驶停车后，继续让发动机怠速运转几分钟，否则就容易"烧坏"涡轮增压器。

2006年，大众在量产车上装备的EA2111型1.4TSI发动机（图7-12）中采用了两套独立的冷却系统：一套发动机自身冷却循环系统（主冷却系统），另一套用于对涡轮增压器和增压进气进行冷却（副冷却系统）。

图7-12　大众汽车EA2111型1.4TSI发动机构造

副冷却系统包括两个循环通道，一个是经过涡轮增压器，对涡轮增压器转轴和轴承进行冷却；另一个是经过进气歧管内的冷却器，对增压进气冷却。

副冷却系统的冷却液泵由电脑控制，即使发动机不工作，冷却液泵在一些特定时候也会开启，例如停车熄火后涡轮依然高温时，冷却液泵最长可以独立运转6min。从此，涡轮增压发动机汽车再不用停车后仍要怠速运转几分钟了，涡轮增压器的寿命可与汽车等同了。

7.5　可变涡轮几何叶片 / 保时捷

使用较大型的涡轮能输出较大的功率，但涡轮增大后其惯性也增大，随之而来的涡轮迟滞现象也会严重；使用较小型的涡轮，其运转惯性小，反应更快，达到最佳旋转速度的时间也更短，涡轮迟滞现象就更不明显。但使用较小型涡轮不仅增压效果较弱，而且在较高发动机速度下产生的回压会明显削弱性能。

2006年，为克服这个两难的问题，保时捷在911 Turbo车型上推出可变涡轮几何叶片技术（Variable Turbine Geometry，VTG）。发动机排出的气体通过电子式调整的可旋转导引叶片导送至涡轮上，当发动机转速较低时，排气压力较低，导流叶片成小角度打开，当气压增大到使排气涡轮运转时，即推动涡轮敏锐地转动，实现小涡轮快速反应的效果；当发动机转速上升时，排气压力逐渐变大，导流叶片的角度也随之变大，在到达全负载的情况下，导流叶片全开，与主体的涡轮叶片形成一个更大型的叶片，能够接收最大的排气量，达到一般大涡轮的高输出效果（图7-13）。所以，通过变更叶片的角度，系统可随时改变涡轮的几何值（大涡轮或小涡轮），从而实现大小涡轮的增压效应。因此，即使在发动机低转速下也能获得高涡轮转速，从而获得更高的增压压力。由于提供了更多的空气，改善了燃烧，最终能够产生更大的功率和转矩。最大转矩可以在较低转速下获得，并且能够在更大的转速区间保持这一水平。

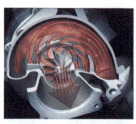

当发动机转速低时，排气压力较低，导流叶片成小角度打开；当气压增大到使排气涡轮运转时，即推动涡轮敏锐地转动，实现小涡轮的快速反应的效果

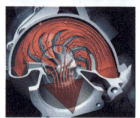

当发动机转速上升时，排气压力逐渐变大，导流叶片的角度也随之变大；在达到全负载的情况下，导流叶片全开，与主体的涡轮叶片形成一个更大型的叶片，能够接收最大的排气量，达到一般大涡轮的高输出效果

图7-13　保时捷可变涡轮几何叶片技术原理图

7.6　双涡流增压器 / 宝马

2009年之前，宝马只在3.0L及以上排量发动机上采用涡轮增压技术，并且基本采用双涡轮增压器，把气缸分成两组，每组配备一个涡轮增压器（图7-14）。然而从2009年起，宝马开始在3.0L直列6缸发动机上改用单涡轮双涡管增压器（图7-15），名为TwinPower Turbo，也称双涡流增压（Twin Scroll Turbo Charger）技术。后来这项技术还普及应用到宝马4缸发动机上。

在宝马3.0L直列6缸发动机上，三缸一组，每组在排气歧管和涡轮增压器中都有单独的气道，两组气缸废气共同吹动同一个涡轮，驱动涡轮对进入到气缸中的空气进行压缩。

与原来采用双涡轮增压器相比，采用单涡轮双涡管增压的3.0L直列6缸发动机最大转矩出现更早、衰减更慢，但最大转矩和最大功率都有所下降。比如，原来配备在宝马740Li上的3.0L直列6缸双涡轮增压汽油发动机，在1500～4500r/min时涡轮介入工作，最大转矩达到450N·m。而改为单涡轮双涡管后，最大转矩的转速范围扩展为1200～5000r/min，但最大转矩值却降为400N·m，最大功率值也由原来的240kW变为225kW。

图7-14 直列6缸双涡轮增压发动机

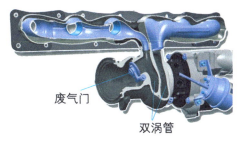

图7-15 单涡轮双涡管增压器

7.7 机械和涡轮双增压器／大众

2006年，大众双增压发动机1.4TSI开始应用于高尔夫GT车型上。这台发动机采用机械增压+涡轮增压的双增压器（图7-16），从而解决了涡轮增压器的迟滞反应和机械增压器高速时效率低的两大问题。当发动机转速在2500r/min以下时，机械增压器工作；当发动机转速达到2500r/min以后，机械增压器自动断开，涡轮增压器开始介入，这样能保持持续压力的供给。这款1.4L排量缸内直喷双增压发动机，其输出功率与2.0L自然吸气发动机相当。

扫一扫，看单涡轮双涡管增压器视频

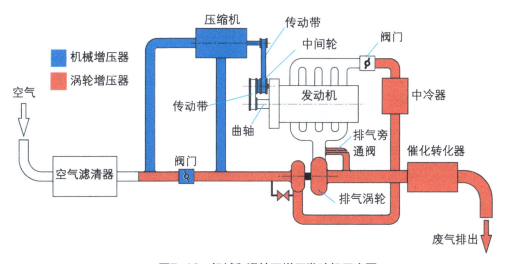

图7-16 机械和涡轮双增压发动机示意图

7.8 电动涡轮增压器／奥迪、奔驰

针对涡轮增压发动机的反应迟滞问题，曾采用过多种方法，其中比较有效的是采用小惯量涡轮，也就是小涡轮，利用轻量化材料和减小叶片的直径来降低涡轮的转动惯量，使涡轮更轻、更容易转动。当发动机在较低转速时，废气就能将涡轮吹转，从而让涡轮

能迅速起动。

随着电子技术的进步,为了更有效地减少涡轮迟滞现象,2016年,奥迪在SQ7的4.0TDI柴油发动机上,首次采用了48V电动增压技术(图7-17),名为"电动增压器"(Electric Powered Compressor,EPC)。电动增压器集成在进气管路中,在较低转速时,关闭一个阀门,使进气"绕道"从电动增压器中通过,电动增压器参与工作,将进气压缩,保证发动机提早输出较大转矩,彻底消除涡轮增压器的迟滞反应问题;中高转速时,电动增压器关闭,排气涡轮增压器开始工作,保证发动机动力能持续高转矩输出。

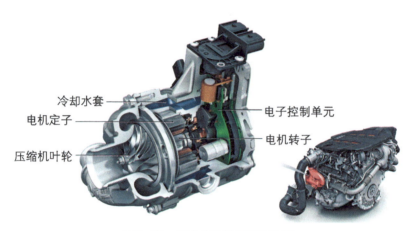

图7-17 奥迪电动增压器构造图

2022年,奔驰推出配备电动涡轮增压器(图7-18)的M1391型发动机,安装在AMG C63 S等车型上。一个大约4cm厚的电机直接集成在涡轮增压器的转轴上,并由电子控制单元控制其运行。这个电动涡轮由400V车载电气系统提供电力,从怠速开始就可以起动,可以大幅减少涡轮迟滞现象,提高动力响应及改善驾驶感受。电动涡轮的最高运行转速可达15万r/min。涡轮增压器、电机和电力电子设备连接到内燃机的冷却电路上,以确保始终保持理想的温度环境。据称,这项技术是从奔驰F1赛车上引进的。

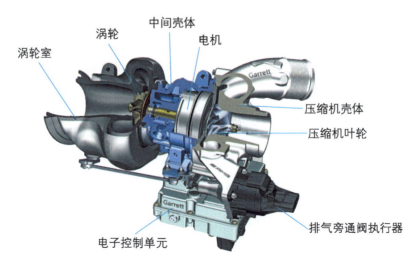

图7-18 奔驰电动涡轮增压器

7.9 连续可变长度进气歧管 / 宝马

发动机转速高时,如果进气流速比较低,就不利于保证高速时的动力输出。如果能将进气歧管的长度变短一些,便可提高进气速度,从而将进气流速控制在一个合理的范围内。低转速时亦然。具体做法是关闭或打开进气道中的一些阀门,让气流走捷径或绕远便可达到改变进气歧管长度的目的。比如,奔驰的可变长度进气歧管发动机(图7-19)的原理:当发动机低转速运转时,控制阀关闭,气流被迫从长歧管流入气缸,此时,进气速度得以降低,以适应低转速时的进气情况;当发动机转速上升到一定程度时,如5000r/min,此时控制阀开启,气流绕开下部歧管直接注入气缸,这样更利于高速进气。

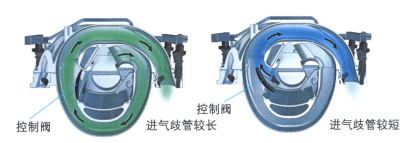

图7-19 可变长度进气歧管发动机原理图

2001年,宝马率先推出连续可变长度进气歧管发动机(图7-20),并将其首先应用在第四代宝马7系轿车上。宝马没有采用控制阀来切换进气歧管的长度,而是在进气歧管中间设置了一个可以旋转的转子,当转子旋转一定角度,可以调节空气进入螺旋形歧管的进入点,这样进气歧管的长度就发生改变,达到优化进气的目的。当发动机转速在3500r/min工作时,进气歧管最长。随着发动机转速升高,进气歧管的有效长度逐渐缩短,从而逐步提高进入气缸的气流速度。

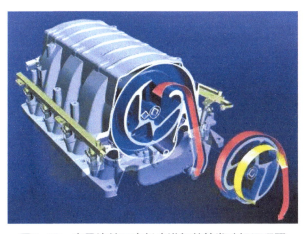

图7-20 宝马连续可变长度进气歧管发动机原理图

第 8 章 Chapter 8

燃油喷射：从化油器到电控双喷

8.1 化油器 / 查尔斯·杜里埃

1892 年，德国人威廉·迈巴赫曾发明了一种喷嘴式化油器。但美国人查尔斯·杜里埃（图 8-1）在 1892 年发明的喉管型喷雾化油器，才是后来汽车化油器的开端。喉管型化油器的原理源自意大利人文杜里的一个发现。他发现缩小管子的直径可以使液体的流速加大，甚至可以使它雾化成细小的微粒，因此，这种喉管也称文杜里管或文氏管，这种现象也称文杜里效应。

文杜里效应是指：当管道中流动的气体或液体途中遇到突然收径的狭窄处时，流速会急剧加快，内部压力减小。"楼宇风"就是文杜里效应造成的，当风穿过大楼间的通道时，风力会明显增强。

查尔斯·杜里埃发明的喉管型化油器，是纯粹依靠物理原理而吸入汽油并将其雾化的装置（图 8-2）。利用活塞下行时气缸内产生的负压，就可把燃油吸到进气歧管里。当加速踏板踩得越深，节气门的开度就越大，进入进气歧管的空气流速就越快，气压就越低，吸出的燃油就越多，发动机的动力就越强。

图8-1 查尔斯·杜里埃

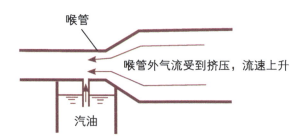

图8-2 喉管式化油器原理示意图

化油器的制造成本较低，可靠性高，但对空燃比的控制能力较差，导致油耗较高、排放污染大。

直到 20 世纪 90 年代，我国公路上还有很多使用化油器的汽车。这种汽车在起动时必须一边转动点火钥匙，一边踩加速踏板，以增加混合气的浓度，否则就不容易点火。尤其是在天冷的时候，还必须多踩几下加速踏板，让混合气浓度高一些。然而，这样也容易造成因混合气浓度过高而冒黑烟，甚至无法起动。后来我国出台法规，要求从 2001 年 9 月 1 日起，禁止销售使用化油器的汽车，所有汽车必须采用电子燃油喷射发动机。

8.2 机械式燃油喷射 / 博世

在化油器进步到电子燃油喷射之前,还有机械式燃油喷射。机械式燃油喷射在第二次世界大战末期曾在飞机上试用。因为浮子式化油器在高空中有时会失灵,很容易导致发动机停机,不得不采用燃油喷射。机械式燃油喷射系统依靠发动机曲轴的动力驱动油泵工作,当燃油的压力达到一定值后就由喷油嘴喷出。

柴油发动机从诞生那天起就采用机械式燃油喷射,但汽油发动机使用的机械式燃油喷射系统,直到1951年才由德国博世(Bosch)公司发明,它是由柴油发动机上的燃油喷射技术改造而来的。由于要加装一个燃油泵,因此制造成本较高,当时只能安装在赛车和跑车上。

1954年,梅赛德斯-奔驰300SL成为第一辆装备机械式燃油喷射系统的跑车(图8-3)。机械式燃油喷射比化油器供油在性能上并没有提升多少,因此它诞生后就一直与化油器共存,直到20世纪70年代才逐渐被电子式燃油喷射系统替代。

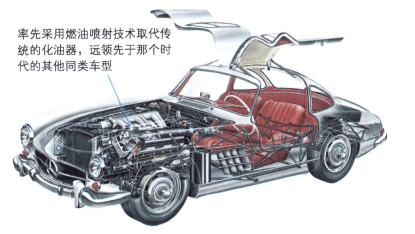

扫一扫,看燃油喷射视频

图8-3 1954年梅赛德斯-奔驰300SL

8.3 电子式燃油喷射 / 博世

1957年,美国芝加哥一家公司本迪克斯率先开发出电子控制燃油喷射系统(Electrojector),最先安装在美国汽车公司(AMC)的一款试装车上,后来又在35辆克莱斯勒300D汽车上试用。当时还没有数字计算机,连晶体管还只是刚刚发明出来,且成本较高,可靠性也差,因此本迪克斯只能使用真空管制作电子控制单元。

最初的电子控制燃油喷射系统(简称电子燃油喷射系统)不仅体积大,而且结构复杂,可靠性差,故障频发。车主们对这种不成熟的电子喷射系统很恼火,只好把它拆下来又换回化油器。本迪克斯感觉电子喷射技术前途渺茫，一狠心就把这项还不成熟的电子技术卖给了一直在研制燃油喷射技术的德国博世（Bosch）公司。

博世公司感觉自己捡了个大便宜，认准电子燃油喷射就是未来，就投入更大精力继续开发，并取得了很多发明专利，而且采用晶体管制作电子控制单元（ECU）。历经10年，博世公司终于在1967年将电子燃油喷射系统研制成功并开始大批量生产，并率先应用在大众1600车型（图8-4）上。

图8-4　大众1600车型

博世的第一款电子燃油喷射系统称为D型电子喷射（图8-5）。名字中的"D"源自德语"Druck"，意思是"压力"，因为它是根据一个压力传感器测量进气歧管中的压力而计算燃油喷射量的。ECU只要调控喷油器的喷油时间，就能喷射出所需要的燃油量。

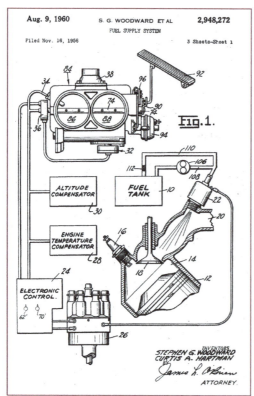
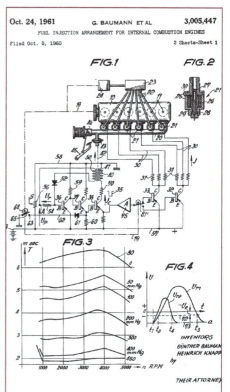

图8-5　博世D型电子喷射技术专利图

D型电子喷射与机械式燃油喷射相比，仍然存在结构复杂、成本高、不稳定的缺点。针对这些缺点，1973年，博世在D型电子喷射的基础上又开发出L型电子喷射系统。名字中的"L"源自德语"Luft"，意思是"空气"。在该系统中，由一个运动叶片式的空气流量计测量空气流量，再根据发动机转速就可以计算出进气量，进而根据理想空燃比计算出所需燃油量。其对空燃比的控制精度比D型电子喷射又提高了不少。

8.4 燃油缸内直喷 / 乔纳斯·赫塞尔曼

对于传统的进气歧管燃油喷射发动机来说，由于设计上的局限，进气歧管燃油喷射方式不可能完全适应发动机的复杂工况，必然导致热能转换效率的降低。这不仅影响到发动机的动力性能，更增加了油耗和排放量。如果能根据发动机不断变化的工况，精确控制燃油的喷射量，并直接喷射进燃烧室，则可以明显提高燃烧效率，减少排放量和油耗。这正是采用燃油缸内直喷（Gasoline Direct Injection，GDI）（图8-6）技术的最主要原因。

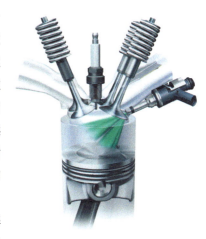

图8-6　燃油缸内直喷示意图

1925年，瑞典工程师乔纳斯·赫塞尔曼研制的赫塞尔曼发动机上，第一次使用了燃油缸内直喷技术。乔纳斯·赫塞尔曼采用稀薄燃烧技术，在压缩冲程后端开始喷油，然后由火花塞点燃。据称，赫塞尔曼发动机既可以使用汽油，也可以使用柴油。赫斯曼发动机在20世纪二三十年代曾被应用在瑞典的公共汽车和其他服务车辆上。

第二次世界大战期间，GDI技术被应用到活塞式飞机发动机上。在早期的GDI系统中，由于只能在进气过程中喷油，所以喷油量很有限。随着转速的攀升，进气行程的时间不断缩短，在高转速中喷油量会变得更少，导致发动机不能输出更大的动力。

1952年，博世研制的GDI系统率先应用在德国的盖特博德（Gutbrod）Superior 600（图8-7）和哥利亚（Goliath）GP 700（图8-8）两款车型上。

图8-7　盖特博德（Gutbrod）Superior 600

图8-8　哥利亚（Goliath）GP 700

由于缺乏先进的控制技术，早期的GDI发动机喷油量不精准，加上成本也比较高，就一直没能得到普及。

1996年，日本三菱率先推出使用电子控制技术的汽油缸内直喷发动机。这款名为4G93 GDI的发动机，排量1.8L，采用顶置双凸轮轴、16气门设计，被引进中国生产，广泛应用于我国多个品牌的轿车、MPV和SUV等车型上。

8.5 氧传感器 / 博世

1976年，博世公司研制出第一个汽车用氧传感器，可以测量排气中的氧含量，进而计算出实际的空燃比。更重要的是，将实际空燃比与理想空燃比之间的差值再反馈给输入端作为输入信号，这样就实现了闭环控制，可以自动控制混合气的空燃比，使之一直趋向理想比值，从而进一步完善了电子控制燃油喷射技术。同年，博世的闭环控制电子燃油喷射系统首次应用在沃尔沃和萨博汽车上，并很快普及到其他品牌车型。

随着电子技术的快速进步，博世L型电子喷射系统的电子控制单元从1979年起开始采用集成电路设计，实现了数字电子控制，在氧传感器的助力下，可实现更高精度的燃油喷射控制。

现在汽车发动机上都装有氧传感器，能自动控制混合气的浓度，在起动时不需要踩加速踏板来增加浓度，因此即使在严寒天气也能顺利让车起动。

8.6 汽油缸内直喷 + 涡轮增压 / 奥迪TFSI

2002年，奥迪推出"燃油分层喷射"（Fuel Stratified Injection，FSI）发动机。FSI发动机的共轨高压喷射系统可形成10MPa左右的工作压力，汽油被直接喷入燃烧室。FSI发动机可以根据负荷工况自动选择两种运行模式：在低负荷时分层稀薄燃烧；在高负荷时均质燃烧。

在低负荷时，节气门为半开状态，燃油系统在发动机压缩行程时喷注燃油，特别的活塞顶设计使吸入的空气和喷入的燃油形成滚流，仅在火花塞周围形成达到理论空燃比的混合气，来引燃整个燃烧室内的混合气；而在燃烧室的其他地方则为富含空气的高空燃比的混合气，可以形成稀薄燃烧。

在高负荷时，节气门全开，根据吸入空气量精确控制燃油的喷射量，燃油与空气同步注入气缸并充分雾化混合，使符合理论空燃比的混合气均匀地充满燃烧室，形成均质燃烧，充分燃烧使发动机动力得到淋漓尽致地发挥。

2004年夏，奥迪在FSI的基础上创新开发出了"涡轮增压燃油分层喷射"（Turbo Fuel Stratified Injection，TFSI）技术（图8-9）。这主要得益于奥迪的高效柴油发动机（TDI）技术。在奥迪看来，既然FSI与TDI同为"缸内直喷"，何不将TDI的涡轮增压技术也运用到FSI上呢？奥迪A3 Sportback车型上率先应用TFSI发动机。奥迪成为全球首家在量产车型上集成汽油缸内直喷与涡轮增压技术的汽车制造商。

缸内直喷与涡轮增压的完美结合，使得汽油发动机的油耗和排放量都得到降低。以奥迪A4为例，1998年生产的1.8L发动机的最大功率为110kW，百千米平均油耗为8.1L；而后来配备2.0 TFSI发动机的A4L的最大功率为132kW，百千米平均油耗仅为7.1L。

图8-9 奥迪TFSI发动机构造图

8.7 燃油双喷射发动机 / 丰田

2005 年，丰田汽车的工程师为了应对当年美国的超低排放法规，在当时直喷发动机 D-4 的基础上增加了进气道燃油喷射（SRI），首次提出了燃油双喷射概念。经过一系列的开发和验证，双喷射系统对提升发动机燃油经济性和降低排放都有帮助。丰田将双喷射发动机命名为 D-4S 并投入批量生产，最早应用在雷克萨斯 GS 轿车上。

双喷射发动机配有两套燃油喷射装置，除了燃油缸内直喷系统外，还在进气道内设计了一个喷油器。根据行驶状况，缸内喷射与缸外喷射之间可以进行切换或共同混合喷射，确保高效的动力输出和最佳的燃油经济性。例如，发动机冷起动时，采用缸外喷射；低中负荷时，采用混合喷射，提升转矩，降低油耗；高负荷时，采用缸内直喷，提升功率。

2011 年，大众在 EA888 发动机上开始使用双喷射系统（图 8-10）。现在，丰田、奥迪和大众的多款发动机上，都采用燃油双喷射技术。

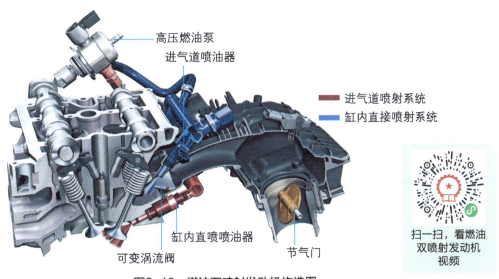

图8-10 燃油双喷射发动机构造图

第 9 章 Chapter 9

点火起动：从手摇起动到自动起停

9.1 火花塞点火系统 / 罗伯特·博世

1901年12月末的一个寒冷的日子，在德国一家小作坊里，有几位敬业埋头苦干的工人正在干活。老板罗伯特·博世是一位30岁的男子，胡子好几天没修剪了，头发也乱，发际线很靠后，看样子他很疲惫。他弯着腰盯着实验台上的实验，旁边站着他那才华横溢的助手戈特洛布·霍诺德。霍诺德的父亲与博世的父亲都是朋友，霍诺德加入博世的小公司还不到一年，但已是这里的首席工程师。这个实验也是由霍诺德主导的。

突然，眼前一闪，实验台上爆发出一个强烈的火花。转眼间，时间静止了，一项改变汽车业的发明出现了，世界上第一个可以商业应用的火花塞诞生了。1902年，罗伯特·博世就为他们发明的火花塞和高压磁电机点火系统申请了专利。

1861年，罗伯特·博世出生在德国西南部的一个小村庄，在12个孩子中排行第11。1884年春，罗伯特·博世漂洋过海前往美国，曾在爱迪生的工厂干过一段时间。两年后，博世回到了德国，他利用继承的一份遗产为启动资金，在斯图加特创办了自己的公司，名为"精密机械和电气工程工作室"。这实际上就是个修理铺，修理从电话到电报的一切电器和机械工具等。罗伯特·博世的修理铺开始时仅有两名员工，随着业务的增加，其规模不断扩大。

1897年的一天，一位客户上门求助，询问能否制造一种可靠的内燃机点火系统。这对博世的小公司是一项巨大的挑战，他们还没有自己的产品，甚至连个商标都没有。罗伯特·博世认为这是提升自己公司的极佳机会，于是斗胆接下了这个挑战。他们借鉴道依茨公司一种还不太成熟的内燃机点火系统，并做了突破性的改进，最终发明了低压磁电机点火系统（图9-1），并成功地安装在一辆法国布通（De Dion Bouton）三轮汽车上（图9-2），就此解决了这个曾被卡尔·本茨称为"难题中的难题"的内燃机点火问题。

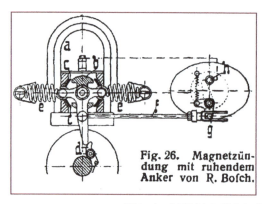 

图9-1 博世低压磁电机点火系统

随后博世公司的低压磁电机点火系统被一些发动机制造商采用，包括戴姆勒发动机。

博世公司正是借助低压磁电机点火系统，开始走上了企业帝国之路。至今博世的商标就是由磁电机中的横切面结构演绎而来。然而，随着发动机的转速越来越高以及多缸发动机的出现，采用断路触点方式的低压磁电机点火系统已不能满足内燃机的技术要求，必须将高压稳定地引入燃烧室，作为点燃混合气的热源。这就必须使用一种既有绝缘部分又有导电部分的装置，这就是前面介绍的博世发明的火花塞。

罗伯特·博世和戈特利布·霍诺德共同发明的高压磁电机和火花塞点火系统（图9-3），是最先商业化的稳定可靠的内燃机点火系统。现在的发动机只不过是将磁电机换成了高压点火线圈而已。

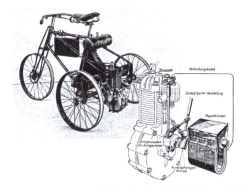

图9-2 采用低压磁电机点火系统的布通三轮汽车

图9-3 博世高压磁电机和火花塞点火系统

罗伯特·博世的公司从汽车点火系统起家，不仅在电动工具、家用电器等行业成为佼佼者，而且在汽车行业的发动机电控技术、燃油喷射技术、电子安全技术等方面都是领导者。罗伯特·博世于1942年去世，享年81岁。他的生命之火虽已熄灭，但从博世作坊爆发的一个火花却依然明亮，仍是点燃亿万辆汽车的动力之源。

9.2 电动起动 / 查尔斯·凯特林

1908年冬天，美国密歇根州贝尔岛，寒风刺骨，一位妇女驾驶凯迪拉克汽车在一座木桥上抛锚了。由于冬天异常寒冷，冻得手脚僵硬的这位妇女无法用手摇曲柄起动发动机。这时拜伦·卡特驾驶凯迪拉克汽车恰好路过木桥。拜伦·卡特是美国汽车工业的先驱之一，他曾创立了两家汽车公司，他也是凯迪拉克汽车公司总裁亨利·利兰的朋友。拜伦·卡特看到这位女士在那手足无措，就赶紧停车，热情地前去帮忙。

当时起动汽车都需要使用一个手摇曲柄，俗称"摇把"，用它摇转发动机曲轴，进而带动活塞上下运动，使气缸慢慢开始工作，最终起动发动机。这种摇动操作的危险性比较高，摇动失败时发动机会产生回火现象，发动机曲轴反转。如果这时摇把不能及时脱离，反转的曲轴就会带动摇把反转，往往会打伤人的手、手腕，甚至其他部位。事实上，当亨利·福特普及他的T型车时，美国医生为这些摇把伤害创造了一个新术语"福特骨折"。

拜伦·卡特这次就出事了，摇把反转打在他的脸上，当即脸破血流，送医院后抢救无效死亡。这消息一传出，振动极大，使得凯迪拉克汽车的声誉一落千丈。凯迪拉克公司的总裁亨利·利兰非常着急，他为此召集技术人员开会，要求全力研制汽车自动起动器。

然而，搞科技发明是不能按计划来的。两年过去了，凯迪拉克仍没有技术突破。亨利·利兰在万般无奈之下，决定将目光转向公司之外的研发力量。亨利·利兰打听一圈后认为，德尔科电气公司的查尔斯·凯特林最有可能研制出自动起动器。凯特林曾开发出第一部配有电机的收银机，可以电动打开收银机的抽屉。后来凯特林又与人合伙成立了研究室，专注于汽车电气技术的研发，并曾研制出汽车电池点火系统，此系统包括蓄电池、稳压器、发电机等。

凯特林接到亨利·利兰的重托后，很快就在1911年2月开发出实用有效的自动起动器。自动起动器由一个电机和一个电磁离合器组成。当驾驶人转动点火钥匙时，就接通了起动电机和电磁离合器的电源，电机开始转动，电磁离合器则推动电机的小齿轮与发动机飞轮接合，飞轮带动曲轴转动，进而带动活塞上下运动，使发动机点火起动。然后，驾驶人松开点火钥匙，电磁离合器和电机断电，电机小齿轮在复位弹簧作用下与飞轮脱离。

这种自动起动器率先安装在1912年款的凯迪拉克30型汽车上，只要转动钥匙就能起动发动机，再也不需要摇把了。凯迪拉克趁机在报纸上大肆宣传这项发明，它的广告语也非常简单："此车不用摇把"（图9-4）。1915年，查尔斯·凯特林获得"发动机起动装置"的技术专利（图9-5）。

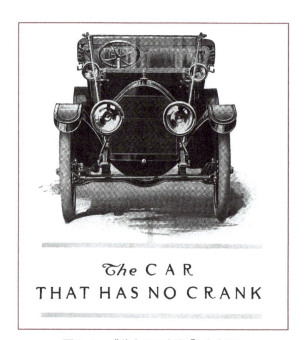

扫一扫，听自动起动器的故事

扫一扫，看发动机起动装置视频

图9-4 "此车不用摇把"广告语

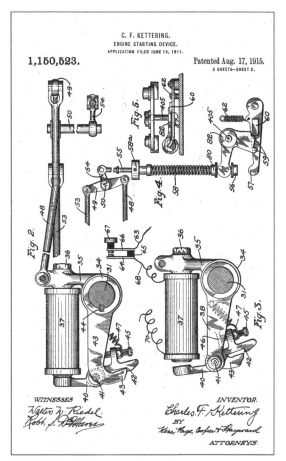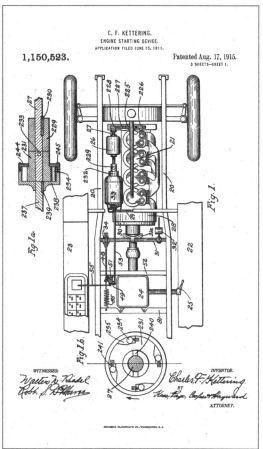

图9-5　查尔斯·凯特林发明发动机起动装置专利图

9.3　自动起停功能 / 丰田

1974年,丰田汽车在第四代皇冠轿车(图9-6)上装备了发动机自动起停系统(Engine Automatic Stop and Start System, EASS)。这是世界上第一款具有自动起停功能的量产轿车。EASS的操作开关安装在转向柱下,当驾驶人打开EASS开关后系统即可进入工作状态。在行驶途中停车时,电子控制单元收集发动机的温度信息、道路倾斜信息和蓄电池的电压信息,在1.5s内计算、判断和执行是否关闭发动机。经测试,这个自动起停系统在当时可节省10%的汽油。

现在的自动起停功能在中高级轿车上已经普及。自动起停功能在每次起动发动机时默认开启,一旦发动机的机油达到所需要的工作温度就可以进入工作状态。出于安全性和驾乘舒适性的考虑,在一些情况下自动起停功能将不会启用,例如:蓄电池几乎无电量;外界温度非常高(超过30℃)或者非常低(低于3℃);车内温度没有达到空调的预置温度;加热器需要能量除冰或者除去风窗玻璃表面上的雾。另外,在任何时候驾驶人都可以关闭自动起停功能。

图9-6 1974年第四代丰田皇冠轿车

自动起停的控制单元会"记住"发动机停止时刻的曲轴相位角,而且燃油管路内的压力保持不变,当重新起动时不需要耗费额外的时间重新建立燃油压力,这样发动机可迅速平稳地再次起动。

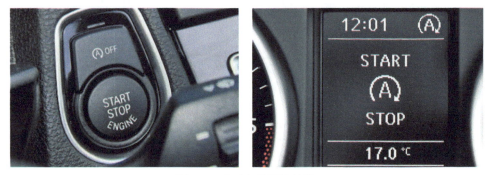

图9-7 自动起停操作按钮

第 10 章　Chapter 10

燃烧控制：从预燃烧室到阿特金森

10.1　复合涡流可控燃烧 / 本田 CVCC

扫一扫，听本田宗一郎的故事

1970 年，美国参议员埃德温·马斯基向国会提交了他的清洁空气法案，即《马斯基法案》，要求 1975 年及以后生产汽车的一氧化碳和碳氢化合物的排放量，以及 1976 年后生产汽车的氮氧化物（NO_x）的排放量，都不许超过当时车型的 1/10。这是一个非常严峻的挑战，几乎所有汽车制造商都认为，要达到如此严格的标准根本不可能。但美国国会还是于 1970 年 12 月 31 日通过了新的《清洁空气法》（Clean Air Act）。

正准备进军美国市场的日本本田汽车，在 1965 年专门成立了一个实验室，研究开发符合美国环保新规的发动机和车型。本田汽车公司老板本田宗一郎（图 10-1）亲自督战，他认为，"本田是汽车工业的最新成员，这是一个与竞争对手重新站在起跑线上的好机会。"

图10-1　本田宗一郎（1906—1991）

要在短时间内将发动机排放污染物降低 90%，如果从发动机本身技术上来改进，难度堪比登天。因此，绝大多数汽车制造商都选择使用排放后处理方案，也就是使用催化转化器，在排放污染物扩散到大气中之前，对其进行净化处理。催化转化器从此成为汽车上的一个必不可少的新部件。

催化转化器最早用于工厂的空气净化，是一种大型的固定装置，可以处理烟雾排放。汽车上使用的催化转化器通常由一根管组成，管中含有颗粒形式的催化剂，将汽车尾气排放转换为无害物，可以使汽车轻松满足《清洁空气法》。但是，如果将催化转化器安装在汽车上，根据燃烧质量的不同，该装置会因振动而损坏，性能还会逐渐衰减。本田的研究人员还发现，当尾气中存在没有完全燃烧的汽油时，在排放阶段还可能重新点燃它们，从而影响发动机的性能。使用催化转化器是一个治标不治本的办法，一定还有别的办法能从根本上减少污染物的排放。

本田宗一郎为实验室提出了许多建议，其中包括使用一种新技术促进进气过程中的燃油汽化。本田实验室最后得出结论：只有实现稀薄燃烧才能大幅减少有害排放物，因为稀薄燃烧可以使燃油燃烧得更彻底。

往复式汽油发动机的工作原理是：空气和汽油的混合气被压缩进燃烧室并被点燃，由此产生的爆炸迫使活塞向下运动，通过连杆推动曲轴旋转。这个运动被循环重复，从而输出旋转动力。空燃比约为 14.7:1，即 1g 的汽油需要 14.7g 的空气才能完全燃烧。

如果汽油含量较多,空气较少,虽然容易被点燃,但汽油不能完全燃烧,多余的汽油就会从排放中排出;如果空气含量较多,燃油较少,组成比理想混合比更"稀薄"的混合气,形成"稀薄燃烧",就能促进燃油充分燃烧,但这样不易被点燃或引起不稳定的燃烧。为此,必须找到一种技术,既能维持稀薄燃烧,又能容易被点燃和稳定燃烧。

本田实验室测试了所有可以想象到的方案,包括加热混合气、加强气体在气缸中的流动、增加点火能量、使用多个火花塞、多次点火等,但没有一种方案能令人满意。最后,他们决定尝试利用预燃烧室来创造稀薄燃烧的可能性。

当时一些柴油发动机有预燃烧室。苏联也正在研究预燃烧室技术在汽油发动机上的应用,以便使用低等级燃料或提高燃油经济性。但当时还没有为了控制空气污染而进行预燃烧室技术的研究。本田研究人员以本田 N600 发动机为基础,开始了预燃烧室技术的研究。后来在本田宗一郎的提议下,又对本田 GD90 柴油发动机进行改造,在预燃烧室中安装了火花塞和汽油喷嘴。使用两个化油器分别向预燃烧室和主燃烧室喷射汽油,用火花塞先点燃预燃烧室内的燃油,预燃烧室燃烧的火焰像是火焰喷射器那样,以一定角度猛烈喷向主燃烧室,迫使主燃烧室内的"稀薄"可燃混合气旋转滚动并被快速点燃。

从 1969 年 12 月到 1970 年 2 月,使用改装后的 GD90 型发动机进行了测试,结果表明汽油发动机实现稀薄燃烧的可能性非常大。后来本田宗一郎又提出建议,"为什么不使用我们前几天开发的机械式燃油喷射系统呢?"经测试,在机械式燃油喷射技术的助力下,预燃烧室技术取得了不错的效果,曙光初现。

本田宗一郎看差不多有一个降低排放污染物的解决方案后,就迫不及待地在 1971 年 2 月举行新闻发布会,他公开宣布:"我们现在有希望开发出符合美国将于 1975 年开始执行的排放法规标准的往复式汽油发动机,并且将在 1973 年开始这款发动机的商业生产。"

研究团队当时还为这项创新技术起了一个不会泄露它确切工作原理的名字:复合涡流可控燃烧(Compound Vortex Controlled Combustion,CVCC)。"涡流"是指预燃烧室的火焰迫使主燃烧室内的可燃混合气旋转滚动;"可控燃烧"是指发动机控制燃烧速度的能力。本田 CVCC 发动机工作原理示意图及发动机构造图分别如图 10-2 和图 10-3 所示。

为什么要在还没有研制完成之前就宣布消息呢?本田宗一郎回答说:"通过公开宣布这一消息,可以迫使实验室无论付出多么高的代价都要坚持下去。"

本田的 CVCC 发动机又花了 20 个月的时间才准备就绪,但却是安装在日产 Sunnys 车型上送到美国环保署进行排放测试的,因为当时本田还没有足够大的汽车能装得下 CVCC 发动机。

1972 年 12 月 14 日,在经过一周的测试后,搭载本田 CVCC 发动机的汽车,成为第一辆通过美国 1975 年排放法规要求的汽车,而且没有使用催化转化器。消息传出后,本田很快与丰田、福特、克莱斯勒和五十铃等汽车制造商签署了技术转让协议。

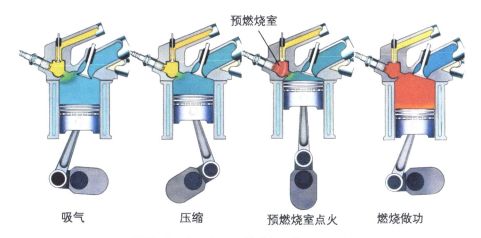

图10-2 本田CVCC发动机工作原理示意图

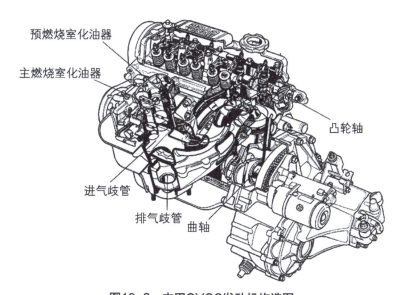

图10-3 本田CVCC发动机构造图

搭载CVCC发动机的本田思域轿车（图10-4），于1973年7月在日本上市，1975年在美国首次亮相，并在1975—1978年连续四年被评为美国最省油的汽车。

有意思的是，博世公司在1973年开发出成熟可靠的L型电子控制燃油喷射系统，它使燃油喷射更精准，燃烧更充分，排放污染物大幅下降，因此逐渐得到应用普及。而本田的CVCC技术是建立在化油器的基础之上，随着化油器被电子燃油喷射技术淘汰，本田CVCC技术也就不见了踪影。

图10-4 第一款应用CVCC技术的车型本田思域

10.2 预燃烧室燃烧技术 / 奔驰、玛莎拉蒂

在 2014 年 F1 赛季开始前,国际汽联对 F1 赛车规则做出重大修改,要求 F1 赛车的平均燃油流速不能超过 100kg/h,以避免车队利用高油耗获得强动力。这就迫使 F1 赛车队想方设法提高燃烧效率,用较少的燃油获得较大的动力。

要想提高燃烧效率,最好的途径是采用稀薄燃烧技术,用过量的空气与燃油混合,形成更稀薄的混合气并被迅速点燃和完全燃烧。然而,与本田当年研发 CVCC 技术时遇到的问题一样,稀薄燃烧技术必须解决两大难题:一是混合气过稀不易被点燃;二是燃烧时容易出现爆燃现象。

梅赛德斯-奔驰 F1 车队针对突如其来的燃油限流规则,采用了预燃烧室燃烧(Prechamber)技术(图 10-5),也称湍流喷射点火(Turbulent Jet Injection,TJI)技术。采用此技术的发动机,它的火花塞没有直接布置在燃烧室顶端,而是放在燃烧室正上方一个密闭小空间中,这个空间被称为预燃烧室。在一次喷油动作中,喷油嘴会将 3% 的燃油喷射到预燃烧室中,在预燃烧室的火花塞周围充满足量的混合气。火花塞只点燃预燃烧室内的混合气并形成喷射火焰,再通过专门设计的多个细小微孔,像湍流一样从预燃烧室喷薄而出,形成火焰冲击波,点燃主燃烧室内各个角落的可燃混合气,从而实现高压稀薄燃烧,空燃比甚至可以超过 29∶1,释放更大能量,实现更低的排放,还能避免爆燃现象。

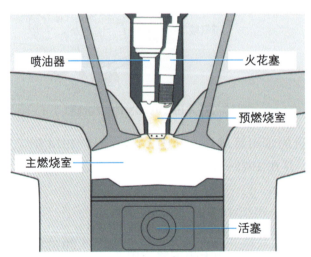

图10-5 奔驰预燃烧室燃烧技术示意图

在预燃烧室燃烧技术中,预燃烧室充当了传统发动机中的火花塞,因此将主燃烧室中的火花塞取消,仅依靠预燃烧室喷射出的冲击波火焰完成主燃烧室的点火。

2014 年赛季,奔驰 F1 车队凭借预燃烧室燃烧技术获得车队和车手双料总冠军。随后,法拉利、雷诺和本田车队的 F1 赛车,分别从 2015 年、2016 年、2017 年开始使用这项技术。

该技术的应用可以让一台 1.6T 发动机在国际汽车联合会（FIA）的燃料限流规则下输出 700～900 马力的最大功率。

2020 年，预燃烧室燃烧技术开始应用到民用车型上。玛莎拉蒂 MC20 跑车的 3.0L V6 涡轮增压发动机率先采用这项技术。只不过它的预燃烧室更小，而且为了保证在低负荷时能稳定工作，在主燃烧室上又配备一个火花塞，形成"双燃烧室、双火花塞"的结构设计（图 10-6、图 10-7）。其预燃烧室发动机结构如图 10-8 所示。当发动机处于高负载时，混合气会在压缩行程中被推入预燃烧室，在活塞临近上止点时，预燃烧室中的火花塞点燃预燃烧室中的混合气，燃烧的火焰通过 3 个不同角度的喷射孔，像火焰喷射器那样冲向主燃烧室，产生多个高湍流火焰锋面，形成火焰冲击波，因此点火效率和燃烧效率都会更高，同时还能有效避免因缸内压力过高、混合气燃烧速度慢而产生的爆燃现象。在低负载的工况下，预燃烧室系统无须起动，而是由主燃烧室的火花塞直接点燃缸内可燃混合气。

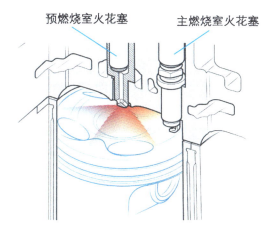

图10-6　玛莎拉蒂预燃烧室示意图

图10-7　玛莎拉蒂预燃烧室结构图

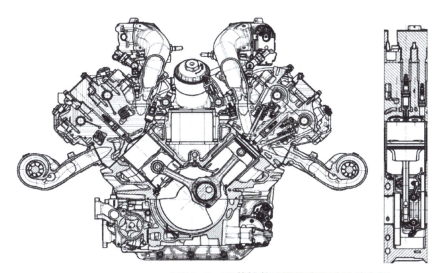

图10-8　玛莎拉蒂预燃烧室发动机结构图

扫一扫，听玛莎拉蒂的故事

10.3 火花控制压燃点火 / 马自达 SPCCI

2019 年，马自达推出火花控制压燃点火（Spark Controlled Compresssion Ignition，SPCCI）汽油发动机。它采用超稀薄燃烧方式。它在一个压缩行程中多次燃油喷射，第一次喷射是在压缩行程开始阶段，第二次喷射是在点火前，这样就形成两个不同空燃比的混合气区域。在火花塞附近，混合气的空燃比最大为 29.4 : 1，也就是理想空燃比的 2 倍，使混合气的浓度刚好能够点火；在远离火花塞的地方，混合气的空燃比最高可达 36.8 : 1，形成超稀薄混合气。压燃式汽油发动机的具体点火燃烧过程可分两步（图 10-9、图 10-10）：

1）首先通过活塞压缩，使混合气体的温度上升至接近燃点温度，然后利用火花塞点火，使火花塞附近的可燃混合气先被点燃、迅速膨胀。

2）膨胀的火焰球就像是第二个活塞，以火焰冲击波的形式对混合气体进一步压缩，使之瞬间达到燃点温度而自燃、膨胀做功。

压燃式汽油发动机可以使汽油燃烧更充分，提高燃烧效率，节省燃油，但目前存在结构复杂、制造成本高、自重较大等缺点。压燃点火与火花点火性能比较如图 10-11 所示。

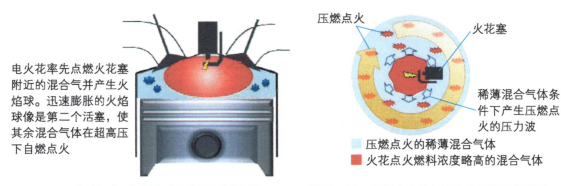

图10-9　压燃点火工作原理示意图　　图10-10　压燃点火从气缸上部看到的示意图

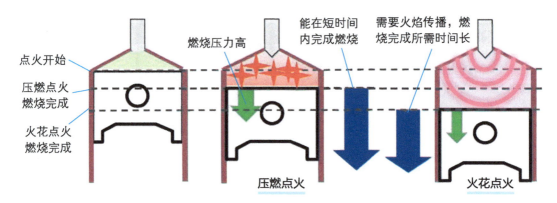

图10-11　压燃点火与火花点火性能比较图

10.4 阿特金森循环 / 詹姆斯·阿特金森

1882年，英国工程师詹姆斯·阿特金森在奥托循环的基础上发明了一种新的发动机工作循环方式，膨胀做功行程大于压缩行程，称为阿特金森循环。

奥托四冲程循环的吸气、压缩、膨胀做功、排气四个行程，理论上都是等长的。而阿特金森循环的膨胀做功行程却比压缩行程更长，这是为了尽可能完全释放所有做功能量，从而提高热效率。然而，阿特金森不是真的"延长"膨胀做功行程，而是通过缩短压缩行程来实现膨胀做功行程大于压缩行程。

1887年，阿特金森制作了一台对置2缸阿特金森循环发动机，并申请了发明专利（图10-12）。

早期的阿特金森循环发动机有个特点，它通过一套复杂的机械连杆机构来实现缩短压缩行程。虽然这样可以节省燃料，但结构复杂，旋转速度有限，因此并没有流行起来。直到1997年丰田推出普锐斯（Prius）混合动力车型，以电子控制气门正时为手段，才使阿特金森循环技术复活。

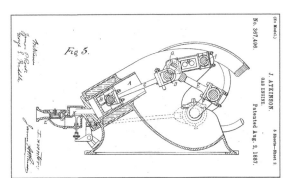 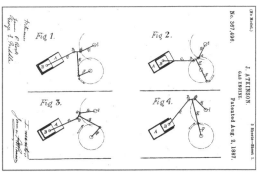

图10-12　詹姆斯·阿特金森发明阿特金森循环技术专利图

10.5 阿特金森循环发动机 / 丰田

在四冲程发动机中，汽油与空气的混合气被点燃膨胀后，推动活塞下行做功，当活塞到达下止点时，这时气缸中仍有膨胀力，或者说气缸内压力仍大于大气压，活塞仍会受到一定的推力。这时候，如果活塞从下止点往上运行开始排气行程，那么相当于将气缸内残余的推力浪费掉了，或者说没有将燃烧膨胀产生的力量充分完全吸收掉。

这就像出拳打人，还没将拳头打到尽头就往回收缩，那是不是就会显得出拳无力、浪费力量呢？只有继续往前打拳，把拳头上的力量完全释放出来，一丝推力也不剩下，然后再往回缩，这样才是力尽其用。对于发动机来说，最好是能延长膨胀做功的行程，让活塞继续往下行，一直到气缸内的压力等于大气压，没有一丝推力施加在活塞上为止。

可气缸就那么长,已经到底了,总不能再接出一截来吧。于是阿特金森就想出了一个主意,那就是缩短压缩行程,减少受压缩的混合气量,不产生那么大的推力,那么在膨胀做功行程中活塞到达下止点时就能完全释放所有推力,从而实现不浪费一丝推力的目的。

最初的阿特金森循环是利用一套复杂的机械连杆机构,在压缩行程开始阶段继续保持进气门打开,直到活塞上行一段距离后再关闭进气门,然后才开始真正的压缩行程,从而缩短压缩行程,使膨胀做功行程大于压缩行程。

当电子控制技术、可变气门正时技术出现后,利用电控技术将进气门再晚关一会儿,让压缩行程延迟开始,就可以轻松缩短压缩行程,从而实现阿特金森循环,而且不需要增加任何机械部件。为什么说是再晚关一会儿?因为实际应用中发动机的进气门并不是正好在下止点关闭的,而是到了下止点再往上运行一段距离后才关闭的。因为活塞在进气冲程下止点时,缸内压力小于大气压,而且进气存在一定的惯性,此时在压力差和惯性的作用下,一些进气仍然能继续进入气缸,哪怕活塞已开始往上运行。因此,为了多进一些空气,现在所有发动机的进气门都会晚关闭一会儿,当活塞向上运行到 1/9~1/3 行程时,才会关闭进气门。

现代版的阿特金森循环发动机,要将活塞向上运行的距离再增大一些,至少上行到 2/5 行程时再关闭进气门,此时发动机就进入了阿特金森循环工作状态(图10-13)。虽然这时候可能把一些进气推回进气道,但这也有利于下一次的进气,可以减少进气时的功率损失。如果利用增压器保持进气压力,减少进气损失,那就是米勒循环了。

扫一扫,看阿特金森循环视频

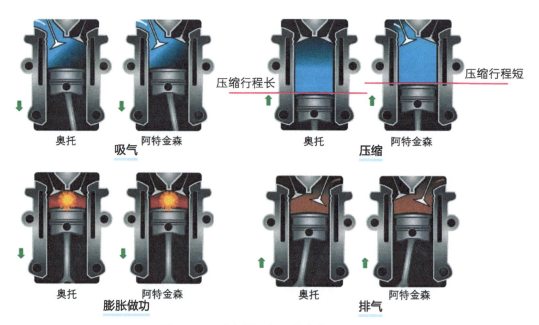

图10-13 奥托循环与阿特金森循环比较

当活塞向上运行 2/5 行程后再关闭进气门,开始压缩行程,致使压缩行程只有 3/5 行程,即只有 60% 行程,而膨胀做功行程仍为 100%,从而将膨胀推力充分吸收利用,做到力尽其用，减少能量浪费，提高燃烧效率，最终实现节省燃油的目的。

阿特金森循环的压缩行程变短，被压缩的混合气量减少，压缩比降低，致使它的升功率（即每升排量产生的功率）也相对降低了。就是说，它以减小输出功率为代价，达到了更节省燃油的目的。用一个不太准确的比喻：一台 1.8L 排量的阿特金森循环发动机，功率与 1.6L 发动机相当，油耗与 1.4L 发动机相当。

阿特金森循环发动机的最大特点是节省燃油、功率稍弱。节省燃油正是混合动力的最大诉求，而功率稍弱则可以由电驱动来弥补。阿特金森循环与电机搭档，堪称珠联璧合。这种混合动力系统最早应用在 1997 年丰田推出的第一代普锐斯上。现在几乎所有混合动力车型上的发动机，都采用阿特金森循环设计，并且可以与奥托循环进行无缝切换。

10.6 米勒循环 / 拉尔夫·米勒

1947 年，美国工程师拉尔夫·米勒通过延迟关闭进气门的办法实现膨胀做功行程大于压缩行程，并利用机械增压器对进气损失进行补偿，以此提高发动机的热效率。这种发动机工作循环方式被称为米勒循环。拉尔夫·米勒将其发明应用在一台四冲程增压发动机上，并且获得了发明专利（图 10-14）。

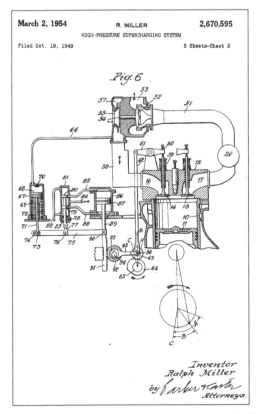 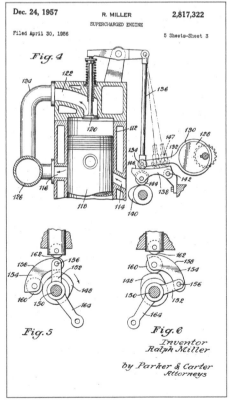

图 10-14 拉尔夫·米勒发明米勒循环技术专利图

米勒循环结构复杂，还要依赖机械增压技术，投入产出比低，致使米勒循环发动机并没有大批量投入应用，最后还是马自达购买了米勒循环的技术专利，才将米勒循环技术投入实际应用。1995年，马自达推出2.3L V6缸机械增压米勒循环发动机KJ-ZEM型，并应用在马自达的米莱尼亚（Millenia）轿车上。虽然号称能够省油15%～20%，还曾于1995年至1998年连续四年获得华德十大最佳汽车发动机（Ward's 10 Best Engines）荣誉，但因为需要安装机械增压器，提升了制造成本，导致售价较高，最后只有米莱尼亚这一款车型搭载了米勒循环发动机。

2005年，马自达推出1.3L自然吸气米勒循环发动机。通过延迟进气门的关闭时间，提升进气效率，减少泵压损失，从而提高发动机的燃烧效率，而且不需要机械增压器，既提高了热效率，又没增加制造成本。这款发动机曾应用在第三代马自达2车型上。

2016年4月，大众汽车推出应用米勒循环技术设计的EA211 TSI evo型发动机，后来又在第三代EA888型发动机上应用米勒循环技术。但让人想不到的是，大众汽车采用提前关闭进气门的方法实现缩短压缩行程。在进气行程中，活塞还没运行到下止点就关闭进气门，等活塞通过下止点后再往上运行到与关闭进气门时的同样高度时，此时气缸内压力与进气门关闭时的压力相等，自然就开始了压缩行程，从而缩短了压缩行程。由于提前关闭进气门会造成进气不足，因此它必须配备增压器。

大众汽车的米勒循环发动机可以根据运行负荷在米勒循环与奥托循环之间自动切换。中低负荷时，采用米勒循环以节省燃油；高负荷时采用奥托循环以增强动力。有意思的是，大众将自己的米勒循环技术称为"布达可"（Budach）循环，简称B循环（图10-15）。

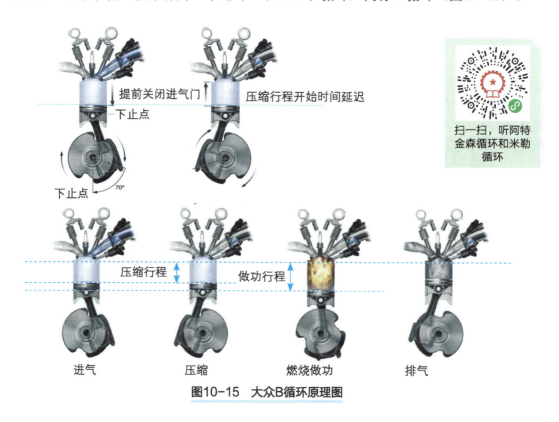

图10-15 大众B循环原理图

10.7 可变压缩比 / 萨博、日产

从 20 世纪 80 年代末，瑞典萨博（SAAB）公司就开始研究可变压缩比发动机，并将此技术称为"萨博可变压缩比"（Saab Variable Compression，SVC）。在 2000 年日内瓦车展上，萨博展出一台 1.6L 5 缸可变压缩比发动机（图 10-16）。它采用改变曲轴与气缸顶端间距的方法调节压缩比，其压缩比可在 8：1 到 14：1 之间连续变化。

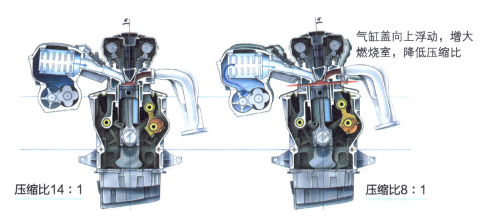

图10-16　萨博可变压缩比发动机

为了实现压缩比可变，发动机的缸盖结构经过重新设计，采用了一种全新的集成式缸盖方案，将缸盖与缸体通过液压控制构件连接在一起，而不是螺栓。发动机的上半部分还可以进行偏转。当负载较低时，液压机构提升气缸盖，增大燃烧室，此时压缩比变小；反之，压缩比变大。由于其结构太复杂，可靠性差，成本高，萨博一直没能将可变压缩比发动机量产化。在通用汽车收购萨博后，此项技术被彻底废弃。

2005 年，日产汽车发布了可变压缩比（Variable Compression Ratio，VCR）技术（图 10-17）。2019 年，英菲尼迪 XQ50 成为第一款采用可变压缩比发动机的量产车型。在这台 2.0L 4 缸涡轮增压发动机上，曲轴没有与活塞连杆直接连接，而是通过一套多连杆机构连接。而曲轴的另一侧，则与执行器的控制臂相连。当执行器动作时，控制臂会带动曲轴、多连杆机构运动，从而改变活塞的上止点位置，也就是改变活塞行程。通过活塞行程的改变，不仅可以实现奥托循环与阿特金森循环的切换，而且可以调整压缩比。

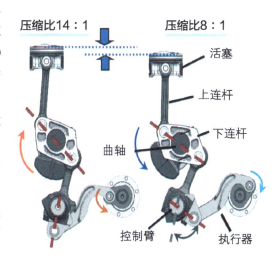

图10-17　日产可变压缩比技术

10.8 可变缸技术 / 通用

1981年,通用汽车率先推出可以实现8缸、6缸、4缸工作模式切换的V8发动机,并应用在凯迪拉克DeVille轿车上。这是汽车史上首次在量产车型上应用可变缸技术。

通用汽车早期称可变缸技术为"按需调整排量"(Displacement on Demand,DoD)。这是通用汽车与供应商美国伊顿(Eaton)公司合作开发的成果。然而,由于当时发动机电子控制单元芯片的实际算力与预期差别较大,结果出现两大问题:一是摇臂控制系统的反应速度不够快,导致动力输出延迟;二是闭缸系统和燃油喷射系统产生矛盾,导致喷油量不准。后来这项可变缸技术并没有得到持续广泛性应用。

日常行驶中,多数情况下并不需要大功率的输出,特别是在越来越拥堵的城市,大排量与多气缸就显得有点浪费,而小排量又无法满足人们对驾驶乐趣的需求。可变缸技术(或称可变排量技术)正是为了解决这一矛盾而生——在日常使用的低负载条件下,关闭一部分气缸的工作,以减少燃油的消耗;当需要加速而深踩加速踏板时,便会自动开启更多或全部气缸开始工作,以提高动力输出。

每个厂商的可变缸技术并不完全相同,但基本都是采用关闭气门和停止喷油的方式来关闭气缸工作。比如,奥迪汽车的气缸按需运行系统(Cylinder on Demand)(图10-18),在发动机冷却液处于30℃以上、变速器处于3档以上、车辆对转矩的需求处于发动机最大转矩的25%~40%时,会自动将发动机由8缸切换至4缸工作状态。切换的工作原理是:在进排气凸轮轴上安装一套零行程的凸轮(图10-19),当需要关闭部分气缸的工作时,只要指挥步进电机使凸轮轴左右移动,就可以使这部分气门处于零行程的状态,也就是关闭气门,同时停止该气缸的燃油喷射,只有活塞在被动地上下移动。

扫一扫,看可变缸技术视频

图10-18 奥迪汽车气缸按需运行系统示意图　　图10-19 零行程的凸轮(红色)

2006年,德国大众推出采用主动气缸管理技术(Active Cylinder Management Technology,ACT)的直列4缸发动机1.4TSI,内部代号EA211。这是汽车史上第一款采用可变缸技术的4缸发动机,在此之前,可变缸技术一般用于6缸、8缸、10缸和12缸发动机上。

10.9　排气再循环（EGR）/ 大众

排气再循环（Exhaust Gas Recirculation，EGR）是在 20 世纪 70 年代因汽油发动机无法使用氧化催化方法来净化氮氧化物而发明的。EGR 阀门与进气歧管和排气系统相连，通过真空管控制阀门的开启程度，决定传到进气歧管中的废气量，排气再循环系统示意图如图 10-20 所示。

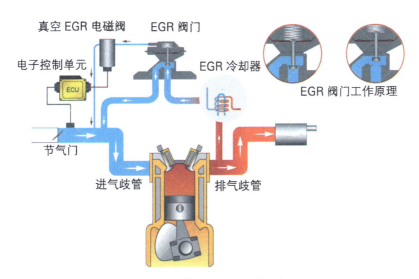

图10-20　排气再循环系统示意图

第一个排气再循环系统非常简单，每当发动机运行时，它就允许废气进入进气道，对发动机起动和燃油经济性都没有帮助。1973 年，开始出现由进气歧管真空控制 EGR 阀门的打开或关闭，仅在特定条件下才允许废气进入进气道。随着经验的积累，EGR 阀门的控制系统也变得越来越复杂。比如，大众汽车 1973 年推出的"冷却液控制排气再循环"系统，在发动机达到正常工作温度之前，冷却液温度传感器将阻断真空进入 EGR 阀门，从而避免了由不必要的排气感应而导致的问题。后来，EGR 阀门控制系统中加入了压力传感器，进一步根据发动机负载条件调整 EGR 流量。

大多数现代发动机仍然需要排气再循环，以满足氮氧化物排放标准。发动机燃烧产生的有害成分氮氧化物，是由进气中的氮气与氧气在高温、富氧条件下因燃烧室内的燃烧而产生的。燃烧室内的燃烧温度越高、混合气越稀，排出的氮氧化物的量就越多。若能适当降低燃烧时的温度，就可以减少氮氧化物的排放量。排气再循环系统的原理是：将适量的发动机废气引入气缸内参与燃烧，从而降低气缸内的最高温度，避免发动机过热燃烧，最终达到减少氮氧化物排放量的效果。

过量的废气引入将使发动机的燃烧恶化以及动力性、燃油经济性下降。为了保证发动机正常工作和性能不受过多影响，必须根据发动机工况的变化，控制排气再循环的量，一般是将 5%～15% 的废气引入气缸，在某些特殊工况下甚至关闭排气再循环系统。

第 11 章 Chapter 11

奇思妙想：从转子发动机到氢动力

11.1 转子发动机 / 菲利克斯·汪克尔

菲利克斯·汪克尔（图 11-1）于 1902 年出生在德国巴登州的拉尔，他的父亲是一名护林员。由于家里不富裕，他中学还没有毕业就被迫去工作挣钱来贴补家用。他一生没有上过大学，更没有获得什么学位，完全是一位自学成才的卓越工程师。据报道，汪克尔在 17 岁时就告诉朋友说，他将用一种新型的发动机来制造一种新型的汽车，这种发动机使用"半涡轮、半往复"的技术。这可能就是他脑中最早出现的转子发动机的概念。

图11-1 菲利克斯·汪克尔

扫一扫，听汪克尔的故事

1926 年 6 月，24 岁的汪克尔从一家出版社辞职，和朋友共同开设了一家汽修店。汪克尔利用开汽修店的便利条件，发明了独特的转子发动机，并在 1929 年获得技术专利。转子发动机没有传统的活塞和气缸，只有一个三角形转子和一个椭圆形燃烧室，但它比往复式活塞发动机可以在更小的空间内产生更多的能量，关键是振动非常小。

1933 年，在他人的资助下，菲利克斯·汪克尔成立了汪克尔实验室。在第二次世界大战期间，汪克尔实验室专注于密封技术研究，并将其成果用于空军飞机、海军鱼雷和奔驰汽车上。第二次世界大战后，汪克尔实验室被法国占领军关闭，人也被关押了好几个月。被放出来后，汪克尔被限制从事相关技术研发工作。然而到了 1951 年，有一家公司资助汪克尔继续转子发动机的研究。1954 年，汪克尔与 NSU 公司（奥迪前身之一）合作，完成了第一个转子发动机的设计，在 1957 年获得了转子发动机设计专利（图 11-2），同时制造出第一台转子发动机的原型机，并开始进行各种专业测试。

1960 年 1 月 19 日，在德国工程师学会会议上，菲利克斯·汪克尔正式宣布转子发动机研制成功。从此，"汪克尔发动机"成为转子发动机的别名。1963 年，由德国 NSU 公司与汪克尔共同研制开发的转子发动机汽车 NSU Spider 亮相，并从 1964 年开始批量生产。NSU Spider 是第一款采用转子发动机的量产汽车。

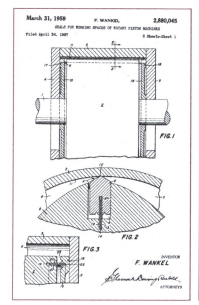 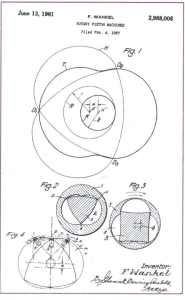 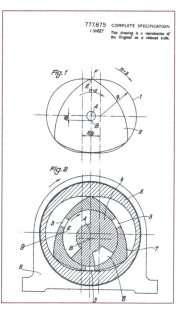

图11-2 菲利克斯·汪克尔转子发动机专利图

1967年，NSU又推出转子发动机豪华轿车Ro 80。此车装备双转子发动机（图11-3），虽然动力性表现不俗，但有一个致命缺陷，就是不耐用。由于转子发动机的结构问题，转子磨损非常严重，行驶2万多千米后发动机就要出毛病。行驶5万多千米后发动机就要大修。与此同时，转子发动机天生的高油耗问题，以及经销商和汽修师对转子发动机的技术知识了解甚少，导致消费者信心丧失，其销量越来越少。到1977年，NSU Ro 80彻底停产。10年期间，NSU Ro 80共生产了37406辆。

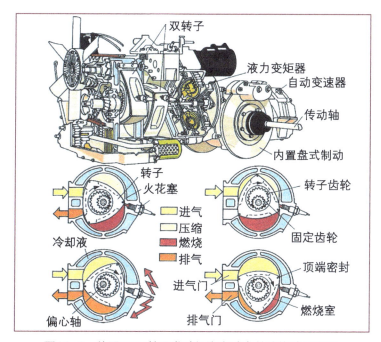

扫一扫，看转子发动机视频

图11-3 德国NSU转子发动机汽车动力总成构造示意图

1986 年，汪克尔将自己的实验室以 1 亿马克的价格卖给了戴姆勒 – 奔驰汽车公司。1988 年，汪克尔因病去世，终年 86 岁。

11.2 转子发动机跑车 / 马自达

20 世纪 60 年代早期，马自达（当时名为东洋实业）面临巨大的挑战，技术落后，产品竞争力低。时任马自达总裁的松田恒二认为，要想生存下去，就必须拥有一项独门技术。正巧当时转子发动机在全球是热门话题，马自达通过关系与 NSU 公司搭上了线，在 1961 年 2 月获得转子发动机专利授权。同年 7 月，马自达指派 8 位技术人员远赴 NSU 公司接受技术培训。NSU 公司在展示转子发动机的卓越性能时，在高速运转的转子发动机上立放一枚硬币，这枚硬币竟然屹立不倒。这个表演一下子震惊了当时在场的技术人员。

日本技术人员学成回国后却发现，转子发动机在运转一段时间后，转子室内壁会出现波状刮痕，被戏称为"恶魔的爪痕"（图 11-4）。这个问题不解决就无法实现量产。1963 年马自达成立转子发动机研究部，并任命山本健一率领 46 位工程师攻关。

由于转子发动机的构造独特，转子以偏心圆的方式在椭圆形空间里回转。为了让它的三个面与缸壁之间保有一定的气密性，其三个顶端装设一种菱形密封件，简称顶封或菱封（图 11-5）。顶封在内部弹簧片的作用下像活塞环那样起到密封作用。经过日积月累的偏心圆方式的运转，顶封对燃烧室内壁会造成波状刮伤。经过不断地测试发现，波状刮痕的间隙与顶封固有振动频率相同，于是他们改变顶封的形状，在接近顶端处横向开孔，在交叉方向纵向开孔，改变它们的振动频率。1964 年夏天，马自达又以新型的铝合金取代原先的顶封材质，这才总算消除了"恶魔的爪痕"。

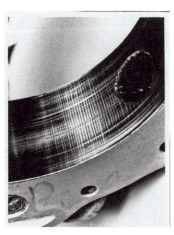

图11-4 转子室内壁"恶魔的爪痕"

图11-5 马自达转子发动机构造

1967 年 5 月 30 日，马自达第一款转子发动机汽车 Cosmo Sport（图 11-6）亮相，一时轰动了世界车坛。当时，日本正处于经济高速增长时期，国民收入增长迅速，高速公路网开始扩大，光明的未来正等待着马自达。1968 年，马自达又推出第二款转子发动机汽车 Familia Rotary Coupe。

图11-6　马自达第一款转子发动机汽车Cosmo Sport

为了通过美国的废气排放标准，进军美国市场，马自达采用温控反应器将废气中残余的碳氢化合物与空气混合后再度燃烧，从而减少排放污染，终于使得转子发动机汽车于 1969 年 10 月正式登陆美国市场。

然而，转子发动机的运气实在是差，在进军美国市场的第二年即 1970 年，美国国会通过了《清洁空气法》。该法案要求从 1975 年起，汽车尾气中的碳氢化合物含量至少降低 90%。因转子发动机的特殊构造，虽然产生的氮氧化物相对较少，但排放的碳氢化合物较多。因此，《清洁空气法》的施行是对转子发动机汽车的重大打击。马自达立刻着手解决排放问题。经不懈努力，1973 年，马自达的转子发动机汽车终于通过了美国的《清洁空气法》测试，开始在美国市场推出第二代转子发动机汽车 Luce。

除了排放问题之外，转子发动机还要克服油耗较高、低速转矩不足等问题。先前量产的转子发动机的进、排气口都在转子外壳的圆周上，造成可燃混合气在低转速时无法充分燃爆，甚至不易点燃，因此在低速时性能表现较差。后来马自达将进气门、排气门移到转子外壳的侧面，进气和排气都更加顺畅。同时，点火系统也改为双火花塞设计，以提升点火效率。改进后，转子发动机油耗较高、低速转矩不足等问题得到改善。

然而，在转子发动机通过美国《清洁空气法》测试的第二年即 1974 年，石油危机爆发。这对转子发动机汽车又是一个巨大打击。由于先天原因，转子发动机的燃烧不够充分，燃烧效率相对较低，所以转子发动机汽车被称为"油老虎"。为了重振转子发动机汽车，马自达在 1974 年启动了凤凰计划，旨在五年内将转子发动机的燃烧效率比原来提高 40%。后来，马自达开发出一套创新的热交换系统，使燃烧效率提高了 50%。

1978 年，在美国拉斯维加斯，马自达首次推出了大规模生产的转子发动机跑车 RX-7（图 11-7），标志着转子发动机新时代的到来。1982 年，RX-7 第一次完成了勒芒 24

图11-7　马自达转子发动机跑车RX-7

扫一扫，听马自达转子发动机跑车的故事

小时耐力赛。此后马自达一直不屈不挠地参加这项最考验汽车性能的大赛。1991年，马自达使用一款700马力的四转子发动机赛车787B型，终于夺得勒芒大赛冠军。这是日本汽车制造商第一次在勒芒赛道上取得冠军。一直到2018年，丰田才成为第二家夺得勒芒大赛冠军的日本车厂。

转子发动机太不走运了。正当马自达借助勒芒冠军头衔乘胜推广RX-7跑车的时候，又遇到了20世纪90年代的日本经济泡沫破裂，随之而来的是经济大衰退，加上日元升值的影响，人们对日本跑车的需求锐减，导致RX-7销量急剧下降，到2002年就停产了。

马自达仍在不懈努力，继续提高转子发动机的热效率。他们又攻克了很多技术难题，显著改善了燃烧效率和排放。2003年，配备新型转子发动机的RX-8跑车上市了，转子发动机汽车又迎来了一次复兴。然而不幸的是，转子发动机的技术进步，却赶不上排放标准的升级速度，RX-8跑车销量连年下降，到2012年6月只好完全停产。

11.3 氢动力发动机 / 宝马

2006年，宝马推出一款基于第四代宝马7系的氢动力车型Hydrogen 7，它对宝马的V12发动机进行改造，可以使用液氢和汽油两种燃料。这是全球首款能够满足用户日常使用的氢动力汽车（图11-8）。

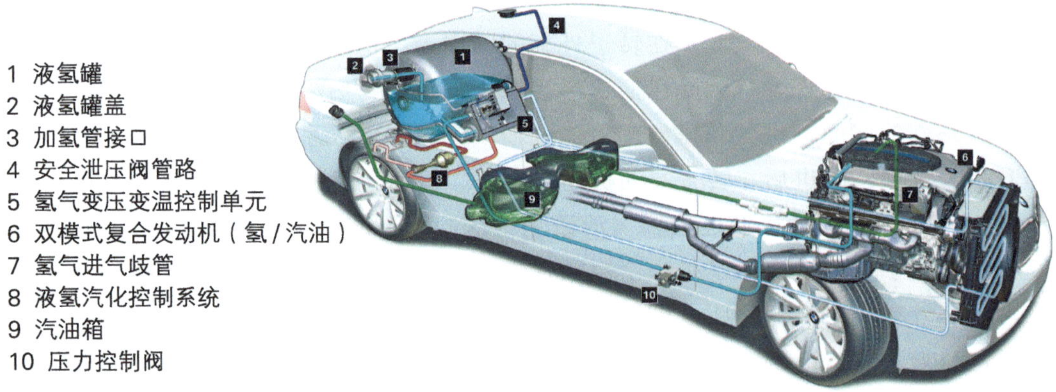

1 液氢罐
2 液氢罐盖
3 加氢管接口
4 安全泄压阀管路
5 氢气变压变温控制单元
6 双模式复合发动机（氢/汽油）
7 氢气进气歧管
8 液氢汽化控制系统
9 汽油箱
10 压力控制阀

图11-8　宝马氢动力车型Hydrogen 7

宝马氢动力7系有氢动力与汽油动力两种运行模式，起动时默认氢动力模式。起步后如想转换运行模式，只要轻按方向盘上的"H_2"按钮，即可随时转换。当为氢动力模式时，仪表显示剩余氢量可行驶里程。行车电脑显示氢燃料的百千米消耗量，单位是"千克"而不是"升"。宝马氢动力7系总续驶里程超过700km，其中氢驱动200km以上，汽油驱动500km以上。

可惜的是，经在世界多地试驾运行，市场对宝马氢动力7系轿车的反馈并不积极，几年后宝马只好终止氢燃料内燃机项目，转而开发纯电动汽车和氢燃料电池汽车。

11.4 动能回收系统 / 马自达

动能回收系统（Kinetic Energy Recovery Systems，KERS）最早应用在F1赛车上，将制动能量暂储在超级电容中，当需要时再释放出来，增强动力。2012年，马自达开始在量产车上采用i-ELOOP动能回收系统（图11-9），也用电容作为中间储能器。

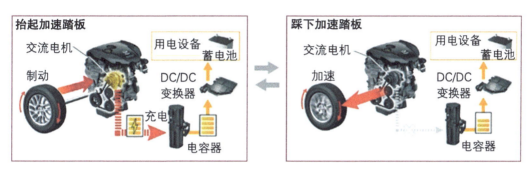

图11-9　马自达i-ELOOP动能回收系统示意图

动能回收系统的原理是，在车辆减速的过程中，汽车上的动能通过车轮、传动机构和发动机，驱动发电机产生电能，然后直接使用或充入蓄电池。由于12V铅酸蓄电池的充电电压和充电电流不算高，限制了发电端的功率也不能过高，从而影响了动能转换电能的效率。

马自达借鉴F1赛车的KERS技术，在i-ELOOP系统中使用电容器作为储能中转装置，将发电机产生的电能以25V的电压以及较大的电流，快速充入电容器，然后经过变压及DC/DC变换模块，将电容器中一部分电能缓慢释放充入蓄电池，另一部分或可直接供发动机的电气系统以及空调系统、音响系统、照明系统等车载用电设备使用。

i-ELOOP系统与传统的混合动力或制动能量回收系统的最大不同是，它以电容器取代蓄电池，暂先储存车辆减速和制动时回收的动能。i-ELOOP系统配合自动起停系统，可辅助延长熄火时间，据称可降低燃油消耗约10%。

11.5 催化转化器 / 尤金·胡德里

1952年，法国人尤金·胡德里在美国注册了催化转化器的发明专利，他因此被认为是催化转化器之父。

尤金·胡德里在1911年加入家族金属加工企业之前，在法国获得了机械工程学位。第一次世界大战期间，尤金·胡德里在坦克部队服役，并因表现非凡而获得荣誉。之后，他对汽车尤其是赛车和发动机产生了兴趣。在一次美国之行中，他参观了福特汽车工厂，并观看了印第安纳波利斯500比赛。他的兴趣范围很快缩小到改进汽车燃料上。

由于法国几乎不生产石油,而全世界的石油供应被认为已接近枯竭,尤金·胡德里与许多其他化学家和工程师一样,积极寻找一种从法国丰富的褐煤中生产汽油的方法。在测试了数百种催化剂以实现预期的分子重排之后,尤金·胡德里开始使用硅氧化铝,并将提取原料从褐煤改为重质液体焦油。到1930年,他已经提取出了汽油的小样本,显示出提取汽车燃料的前景。此后,尤金·胡德里又移居美国,并与美国两家炼油厂合作,利用自己的专业技术,协助生产高辛烷值的汽油。

大约在1950年,当媒体开始报道洛杉矶的空气污染时,尤金·胡德里开始关注汽车尾气在空气污染中的作用,并成立了一家公司,专业开发适用于汽油发动机的催化转化器。他的这个做法很超前,因为那时的催化转化器只用于工厂的排放污染,而且都是固定式的。

1952年,尤金·胡德里研制出了汽车用催化转化器并注册了发明专利。但是,为了提高汽油的辛烷值,早在20世纪20年代就开始在汽油中加入铅,而铅会毒害任何催化剂,致使任何催化转化器在汽车上都难有作为。

到20世纪70年代初,尤金·胡德里迎来了转机,美国政府先是展开了一项"净化空气"行动,即通过了新的《清洁空气法》,其中规定,从1975年起,机动车的污染物排放必须减少90%。同时,1973年开始的含铅汽油淘汰计划,也从侧面推动了催化转化器的发展。1973年,世界上第一款量产的催化转化器诞生。1975年,美国法规要求所有汽油车都必须加装催化转化器。

当时的催化转化器还都是二元催化转化器,只有铂和钯两种金属组成的氧化催化剂,可以把尾气中的一氧化碳和未燃烧的碳氢化合物,进行氧化反应后生成二氧化碳和水。到1981年,增加了金属铑的三元催化转化器开始在汽车上应用。它可将汽车尾气中的一氧化碳、碳氢化合物和氮氧化物等有害气体,通过氧化和还原作用转化为无害的二氧化碳、氮气和水,其原理示意图如图11-10所示。

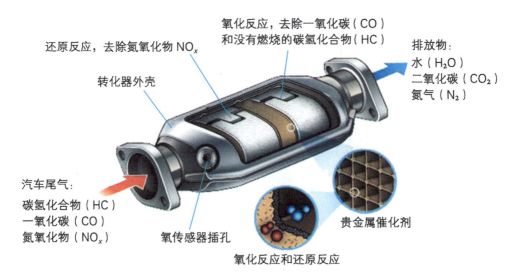

图11-10 三元催化转化器原理示意图

Section 3
第 3 篇

底盘结构百年进化
The Chassis Structure Evolved over the Centuries

正如马斯洛五大层次需求理论：生理需求、安全需求、社交需求、尊重需求和自我实现，人们对汽车性能的需求大致也是如此。早期要求汽车可靠耐用，跑起来别散架或半路抛锚就行，因此汽车的底盘差不多都是钢板弹簧加粗壮大梁的形式，就像载货车的底盘那样，要求结实、可靠、易维修、制作工艺简单。

当可靠性的问题解决后，人们开始对汽车的安全性提出需求，盘式制动、液压助力制动、安全带、安全气囊和防抱死制动系统（ABS）等开始出现；然后就是对汽车的舒适性提出更高要求，这才出现独立式悬架、前置前驱、四轮驱动、承载式车身、液压助力转向、自动变速器、车载空调、车载收音机、电动车窗等创新技术；再后来，人们又提出获得尊重和自我价值实现的需求，在电子和信息技术的加持下，电子稳定程序（ESP）、电控空气悬架、电磁悬架、电子随速助力转向、四轮转向、自适应巡航控制系统、车道保持系统、泊车辅助系统、滑板底盘等电子化、智能化的底盘技术，开始纷纷应用到汽车上。

图03-1　1936年梅赛德斯-奔驰170V底盘结构

图03-2　大众汽车PASSAT轿车底盘结构

图03-3　奥迪e-tron纯电动汽车底盘结构

汽车创新名人堂（三）

同步器和自动变速器发明人
厄尔·汤普森

手动变速器发明人
埃米利·勒索瓦

手动变速器发明人
路易斯·潘哈德

微型汽车 mini 设计师
阿莱克·伊西戈尼斯

盘式制动器发明人
弗雷德里克·兰彻斯特

麦弗逊式悬架发明人
厄尔·麦弗逊

防抱死制动系统发明人
汉斯·舍仁伯格

充气轮胎发明人
约翰·邓禄普

直接传动和鼓式制动发明人
路易斯·雷诺

雪铁龙汽车公司创始人
安德烈·雪铁龙

液压制动系统发明人
马尔科姆·洛克希德

奥迪 quattro 工程师
乔格·本辛格

无级变速器发明人
米尔顿·里维斯

无级变速器发明人
范·道尔纳

液压气动悬架发明人
保罗·马盖斯

液压助力转向系统发明人
弗朗西斯·戴维斯

第 12 章　Chapter 12

变速器：从手动变速到无级变速

12.1　同步器式手动变速器 / 厄尔·汤普森

法国人路易斯·潘哈德和埃米利·勒索瓦在 1894 年发明并公开演示手动变速器后，变速器就一直没有安装同步器，为此要求驾驶人必须精准掌握换档时机和操控加速踏板，以便让准备啮合的齿轮以大致相同的速度旋转，否则它们会拒绝啮合并发生撞击，还会发出刺耳的金属摩擦声响。

1922 年，美国人厄尔·汤普森巧妙地发明了同步器式手动变速器，换档时同步器引导齿轮顺利啮合，避免发生相互撞击和摩擦，还能延长变速器的寿命。然而，厄尔·汤普森在向几家汽车制造商推销发明专利时，竟然没人感兴趣。因为要想达到较好的变速效果，最好是每个档位都要安装同步器，包括倒档，这样必然增加不少制造成本。当时人们认为换档时发出金属摩擦声响很正常，很少有人对此抱怨。同步器的发明当时对车企的吸引力不大，厄尔·汤普森对此非常失望。

厄尔·汤普森于 1891 年 7 月 1 日出生在美国俄勒冈州。他曾就读于俄勒冈州立大学，主修机械和电气工程，毕业后成为当地的一名工程师。他很讨厌汽车换档时发出的噪声，就从 1918 年开始，独自研制防止变速齿轮碰撞的同步器并申请技术专利，他在 1922 年 3 月获得了同步器的发明专利（图 12-1、图 12-2）。原想这东西一定受人们喜爱，却没想到无人问津。

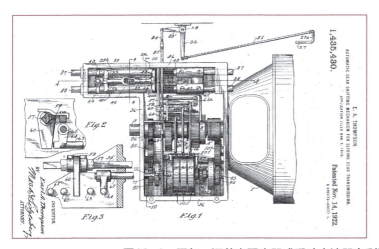 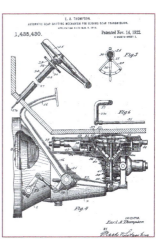

图12-1　厄尔·汤普森同步器式手动变速器专利图（一）

他反思其中问题，可能是自己的发明还不够完美，不能让人非常满意，舍弃不得。于是他努力改进并又申请了两项专利。感觉他的同步器确实够好后，才带着资料和样品，又去底特律城找汽车制造商洽谈合作。

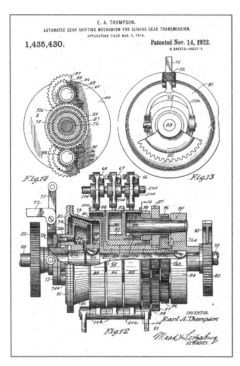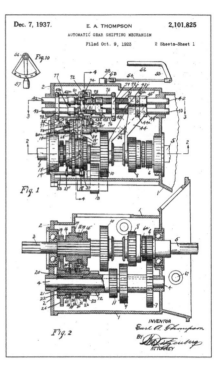

图12-2　厄尔·汤普森同步器式手动变速器专利图（二）

1924年的一天，厄尔·汤普森来到通用汽车公司，见到了凯迪拉克部的总经理劳伦斯·费舍尔和总工程师欧内斯特·西霍姆。那两人慧眼识珠，认为"这是第一次让驾驶人在不发生齿轮撞击的情况下换档"，确认同步器对提高凯迪拉克汽车的豪华性和舒适性非常有用，安装同步器虽然增加了成本，但对豪华轿车来说非常值得。随后，他们就说服通用汽车公司购买了同步器专利，并聘请厄尔·汤普森为技术顾问，开始制造同步器式手动变速器。

第一辆使用同步器式手动变速器的汽车是1929年生产的凯迪拉克。而其他大多数汽车至少在20世纪50年代之前仍在使用没有同步器的手动变速器。

1929年9月1日，厄尔·汤普森正式加入凯迪拉克汽车部，此后他又带领团队，先后成功研制出半自动变速器和汽车史上第一台自动变速器。

12.2　自动变速器 / 厄尔·汤普森

汽车发明后的很长时间内都采用手动变速器，那时候汽车起动和操作都非常复杂，往往要操作10多道程序后才能上路。同时对驾驶技术的要求也很高，驾驶人换档时必须一手扶方向盘、一手扳动变速杆，同时还要掌握"两脚离合"的动作才能顺利换档。这种非常复杂的操作方式阻碍了很多人成为汽车驾驶人，因此一直有人试图发明能够自动换档的汽车。

最早获得自动变速器发明专利的是加拿大人阿尔弗雷德·霍纳·门罗。他是一位蒸汽工程师,在 1923 年就获得了自动变速器的专利。他采用一种压缩空气系统作为传动装置,但这种自动变速器的输出动力非常小,在商业上根本不适用,也没能投入生产。其后还有英国、巴西的工程师获得过自动变速器的发明专利,但都因不实用而不了了之。最终还是美国人厄尔·汤普森,就是发明了同步器的那位工程师,他领导团队研制成功了世界第一款大批量生产的自动变速器。

1932 年,通用汽车公司技术中心的厄尔·汤普森受命领导一个四人团队,着手设计一种能够自动换档的变速器。历经四年努力,汤普森的团队才拿出一种半自动变速器勉强交差。这种变速器采用离心式离合器+行星式齿轮组设计,共有 4 个前进档和 1 个倒档。前进档中包括两个"低档"和两个"高档"。起步时,需要踩下离合器踏板,先选择"低档",然后才能在"低档"中的两个档位间自动换档;如果想变换到高档位,也要踩下离合器踏板,先选择"高档",然后才能在"高档"中的两个档位间自动换档。这种半自动变速器应用在 1937—1939 年的奥兹莫比尔和 1938 年的别克车型上。

半自动变速器仍然需要踩离合器踏板和手动选择档位,显然不能令人满意。从 1936 年起,汤普森的团队开始重新设计,目标是设计一款"全自动"的变速器。正在这时,团队来了一位新成员奥利弗·凯利。他之前在通用汽车的载货汽车部门工作过十几年,曾开发并掌握了液力传动技术。他加入团队后,就提出用液力耦合器替代离心式离合器的建议。汤普森采纳了这个建议,他们终于在 1939 年 5 月推出世界第一款大批量生产的全自动变速器(Hydra-Matic)。在 Hydra-Matic 所应用的 15 项最主要专利中,有 9 项都是厄尔·汤普森贡献的(图 12-3),他也因此被誉为"自动变速器之父"。

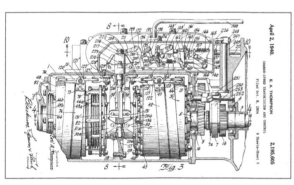
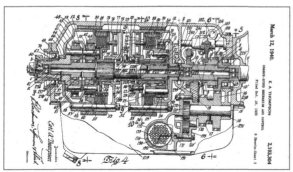
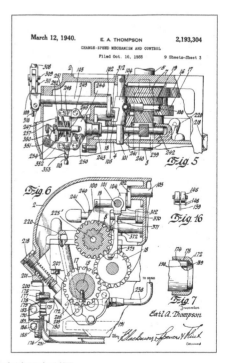

图 12-3　厄尔·汤普森自动变速器专利图

Hydra-Matic 采用液力耦合器和行星式齿轮组合结构，3 套液压控制的行星齿轮组负责变速，可产生 4 个前进档和 1 个倒档。它可以根据汽车速度、加速踏板位置等信息，不需要踩离合器踏板，就能自动完成升档和降档。这是一款真正完全的自动变速器。

Hydra-Matic 率先安装在 1940 年款的奥兹莫比尔汽车上（图 12-4）。据说这样做是出于两大原因：一是规模经济，奥兹莫比尔的产量在当时比凯迪拉克和别克都大，从而提供了更好的测试基础；二是防止新变速器出现故障后损害豪华汽车凯迪拉克和别克的声誉。

图12-4　奥兹莫比尔汽车Hydra-Matic海报

Hydra-Matic 在实际应用中的性能表现非常好，被誉为"自动起动器以来最伟大的汽车技术进步"。很快它也被用在凯迪拉克、旁蒂亚克、哈德森、林肯、劳斯莱斯、宾利等汽车上。在第二次世界大战期间，Hydra-Matic 还被用在一些军用汽车和 M5、M24 坦克上。Hydra-Matic 的生命周期很长，一直生产到 1956 年才被替换，总产量高达 1300 万多台。

扫一扫，看自动变速器视频

功成名就的厄尔·汤普森在完成自动变速器的设计任务后，于 1940 年离开通用汽车公司开始自主创业。1967 年 4 月 20 日，厄尔·汤普森去世，享年 85 岁。

12.3　无级变速器 / 米尔顿·里维斯

1879 年，美国人米尔顿·里维斯在一家锯木厂工作。他注意到工人们无法控制驱动锯滑轮的速度，导致木材大量浪费。经过几个月的研究和实验，里维斯发明了一种可以无级调节速度的传动装置来控制锯子的速度。

1896 年，米尔顿·里维斯开始制造汽车，他设计了一个基于皮带和滑轮的无级变速器（Continuously Variable Transmission，CVT）安装在他的汽车上，并自信其性能要优于亨利·福特设计的只有一个速度的"四轮"汽车。米尔顿·里维斯后来还获得了汽车无级变速器的发明专利（图 12-5）。

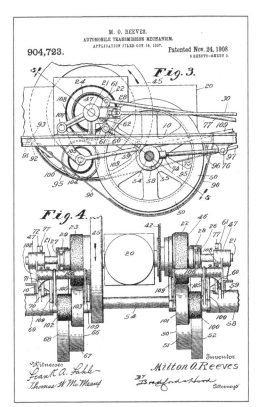
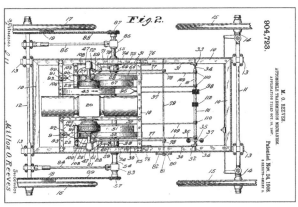
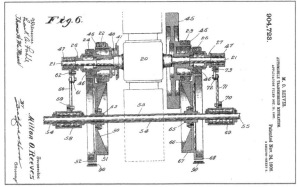

图12-5　米尔顿·里维斯无级变速器专利图

1934 年，英国的奥斯汀 18 型汽车上也安装了类似可以连续调节转速的无级变速器。但真正让 CVT 批量应用到汽车上的是荷兰达夫（DAF）汽车公司的范·道尔纳博士，他在 1958 年研制出双 V 形橡胶带式 CVT，名为 Variomatic，并安装在达夫 600 轿车上（图 12-6）。由于橡胶带式 CVT 存在一些缺陷，它只能应用在小功率场合，转矩输出不能超过 135N·m，加上液压泵、传动带和夹紧机构的能量损失较大等问题，直到 20 世纪 80 年代，CVT 也只是应用在 DAF 和沃尔沃的一些车型上。

1987 年，第一款电控钢带式 CVT 作为选装配置被引入斯巴鲁 Justy 车型（图 12-7）。同年，福特和菲亚特也推出 CVT 汽车，都是应用在不超过 1.6L 排量的小型车上。

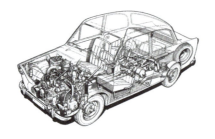
图12-6　达夫600轿车

图12-7　1987年斯巴鲁Justy车型

1999 年，奥迪在 A6(C5) 轿车上使用 Multitronic 无级变速器，才开始将 CVT 应用到大功率车型上。奥迪 Multitronic 无级变速器采用链式传动，增大了传动力矩。它的传动钢链由 1000 多个钢片和 75 副链销构成（图 12-8），保证了发动机转矩输出的稳定传递。系统通过两个锥形带轮表面的接合或分离，来改变传动链的运转半径，从而调节传动比，实现无级变速。

由于链式 CVT 的传动效率在 85%～92% 之间，比自动变速器（AT）还要低一些，因此现在一般都采用钢带式 CVT，所应用车型的发动机排量最高达到 3.5L，比如日产楼兰（Murano）3.5L 车型。

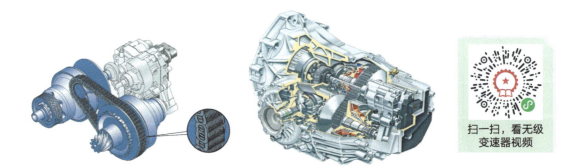
图12-8　奥迪Multitronic无级变速器

扫一扫，看无级变速器视频

12.4　手自一体式变速器 / 保时捷 Tiptronic

保时捷在研发 964 系列 911 车型时，准备以采埃孚提供的全自动变速器为基础进行性能提升，使其更能兼顾舒适性和运动性。他们创新性地改进了电子控制单元的算法，使其具有手动控制功能，可以操纵变速杆直接切换档位，也就是具有手动模式。这款名为 Tiptronic 的手自一体式变速器，于 1991 年被引入到保时捷 911 车型中。

Tiptronic 除了具有自动换档模式外，在手动模式时，向前"推"变速杆为升档，向后"拉"为降档，只要在发动机转速限制范围之内即可。手动驾驶模式对提升驾驶乐趣非常有用。在手动模式时，如果该升档时忘记手动升档，则 Tiptronic 变速器会在到达当前档位的发动机最高转速时自动升一个档位。同理，手动模式时如果该降档时忘记手动降档，Tiptronic 变速器也会适时自动降低档位。

12.5　双离合变速器 / 大众

　　1940 年，德国的鲁道夫·弗兰克申请了双离合变速器（Double Clutch Transmission，DCT）的发明专利。该变速器曾经在载货车上试用，但没有批量生产。20 世纪 70 年代石油危机期间，德国联邦政府组织了一场名为"Vehicle 2000"的汽车工业竞赛，鼓励车企研发创新技术。保时捷在比较了不同的变速器后认为，双离合变速器或许是未来发展方向，于是，着手研制名为保时捷双离合（Porsche Doppel Kupplungen，PDK）的变速器。

　　1981 年，PDK 变速器在一台保时捷 924 车型上试用成功。1984 年，使用 PDK 变速器的保时捷 956 在纽博格林赛道上测试成功。但保时捷后来并没有将 PDK 应用在民用车型上。1985 年，奥迪曾将双离合变速器技术应用在奥迪 Sport quattro S1 拉力赛车上。

　　到了 20 世纪 90 年代，大众汽车和博格华纳着手研发民用的双离合变速器，并将其称为直接换档变速器（Direct Shift Gearbox，DSG）（图 12-9）。2002 年，首款搭载 DSG 的高尔夫 R32 车型亮相。同年，使用双离合变速器的奥迪 TT 问世。世界第一款大批量应用的双离合变速器就此诞生。保时捷直到 2008 年才在中期改款的 997 上配备了 PDK 变速器。

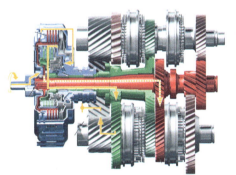

扫一扫，看双离合变速器视频

图12-9　大众汽车6速双离合变速器——DSG

　　双离合变速器是从手动变速器进化来的，它的变速结构及原理与手动变速器基本一样，只不过比手动变速器多了一个离合器，因此称为双离合变速器。或者说，双离合变速器相当于把两个手动变速器整合在一起，在电控技术的辅助下交替传递动力。两个离合器就像是两个"驾驶人"，分别控制奇数档位和偶数档位。当一位"驾驶人"用某个档位行驶时，另一位"驾驶人"控制另一个离合器，一旦要换档，即刻让另一个离合器接合，从而实现直接换档，而不需要再踩离合器踏板、摘档、挂档等动作。可以说，换档只是换离合器，因此换档速度较快。

12.6 自动离合变速器（AMT）/ 法拉利

1986年，法拉利的F1赛车率先使用自动离合变速器（Automated Manual Transmission，AMT）（图12-10）。后来AMT被应用在菲亚特的多款轿车以及依维柯轻型客车上。

扫一扫，看自动离合变速器视频

图12-10　自动离合变速器（AMT）

自动离合变速器是在手动变速器的基础上加装一套自动换档装置，它可以替代驾驶人进行离合器分离及更换档位的动作。它的基本变速结构和手动变速器是一样的，但它可以利用电子控制单元收集驾驶人的操作信息和车辆运行信息，指挥电子液压机构来操纵离合器和换档拨叉，从而实现自动换档。

12.7　7速手动变速器 / 保时捷

2011年，第7代保时捷911跑车上配备了全球首款7速手动变速器（图12-11）。这款变速器赋予911全新的换档特性。其设计理念源于保时捷的7速双离合（PDK）变速器。车辆可在第6档达到最高车速。第7档的大传动比有助于节省燃油，可在较低的发动机转速下进行高速行驶。

由于7速手动变速器是在保时捷的PDK变速器的基础模块上设计完成的，很多部件及性能都和PDK变速器相同。然而，正是如此，7速手动变速器的各档位与普通手动变速器的"H"型档位设置并不一样，所以，保时捷专为此开发了改装版的换档执行器，可使传统的

图12-11　保时捷7速手动变速器

"H"型档位图能够适用于PDK变速器的档位设置，同时还配备了一个能够防止错误挂档的机构。例如，只有在第5档或第6档后才能直接挂入第7档。

第 13 章　Chapter 13

转向系统：从液压助力到线控转向

13.1　液压助力转向 / 弗朗西斯·戴维斯

美国人弗朗西斯·戴维斯（图 13-1）在 1926 年发明了液压助力转向系统，使人们可以轻松转动方向盘，即使在一只手换档时也能用另一只手从容转动方向盘。而在此之前，只能靠增大方向盘的直径来缓解驾车难度。但对于一辆大型载货汽车来说，即使大方向盘，女性也很难驾驭，导致昔日的载货汽车驾驶人都是壮硕的形象。

弗朗西斯·戴维斯是从哈佛大学毕业的机械工程师。

图13-1　弗朗西斯·戴维斯

1906 年他去了著名的皮尔斯 – 阿罗（Pierce-Arrow）汽车公司工作，并被安排到钣金模具组。由于这些模具都是由液压技术控制的，他很快就成了液压技术专家。

20 世纪 20 年代，汽车在美国开始普及，一些女性和老年人也希望驾驶汽车，但没有足够的力气很难胜任驾驶人的工作。汽车制造商们为了扩大销量，也很关注这个问题，许多人提出了助力转向解决方案，比如像制动那样采用真空助力，或采用电动力量帮助转向，还有人提出减小机械摩擦的办法，但都没能投入实用。然而，液压技术专家弗朗西斯·戴维斯却坚信，液压助力是最好的解决之道，并毅然从皮尔斯 – 阿罗公司辞职，独立研发液压助力转向系统。

液压机构产生动力的原理并不复杂，包括液压制动系统在内，都是根据液体内压强相等的帕斯卡定律，将力量放大。因此，只要将转动方向盘的力量，通过液压系统放大即可。然而，液压系统组件却比较复杂，不仅需要一个液压油储存罐，而且还要设置油泵、卸载阀、蓄能器和大量软管等。这些组件要是放置在车间还可以，但要放在汽车上就必须小型化。这也成了最大的技术难点。在此期间，弗朗西斯·戴维斯经历了很多挫败，液压油泄漏、压力损失等问题差点让他放弃。最终，他利用反向思维想出了一个妙招。

一般液压系统的液压油都是储存起来，当需要压力时打开阀门让其流动，从而产生液压力。而弗朗西斯·戴维斯却是让液压油一直在系统中流动，相当于储存在系统中，这样就不需要大型的储存装置。当需要助力转向时，就关闭阀门停止流动，液压力就会增加。液压力是由转向油泵产生的，而转向油泵由连接在发动机上的皮带驱动的。这个设计既简单又有效，1926 年，弗朗西斯·戴维斯很快就做出了一套液压助力转向系统，并安装在他的皮尔斯 – 阿罗牌跑车上。

让弗朗西斯·戴维斯意想不到的是，他的液压助力转向系统不仅能提供转向助力，而且还能阻止道路振动通过方向盘传递到驾驶人手上。此前没有液压助力转向的汽车，在前轮撞到路面障碍物时，撞击力就会直接传递到方向盘上，甚至导致方向盘脱手。

弗朗西斯·戴维斯申请了液压助力转向系统发明专利（图13-2），并开始向汽车制造商推销和演示他的新发明，很快就与通用汽车公司签订了合同，共同合作改进和生产液压助力转向系统。本计划在凯迪拉克汽车上安装他设计的液压助力转向系统，很不幸当时正值经济大萧条，通用公司在1934年又与弗朗西斯·戴维斯解除了合约。

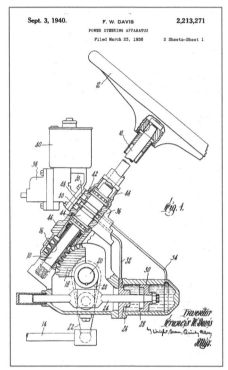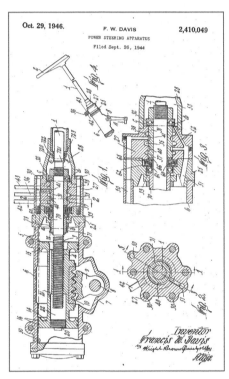

图13-2　弗朗西斯·戴维斯液压助力转向系统发明专利图

这么好的发明根本不用发愁买主。美国的本迪克斯（Bendix）公司一直关注戴维斯的进展，双方在1936年签订了生产合同，投产"本迪克斯-戴维斯"助力转向系统，并在3年内就有10款汽车安装此系统。1941年12月珍珠港遇袭，美国开始参战，液压助力转向系统更有了用武之地，迅速成为军用载货汽车和装甲车的必备配置。

第二次世界大战结束后，戴维斯的专利已经过期，克莱斯勒汽车公司开始自己模仿制造液压助力转向系统，并率先应用在克莱斯勒 Imperial 车型上。

如今，轿车上多采用电动助力转向系统，但仍有很多大型汽车采用电子液压助力转向系统。弗朗西斯·戴维斯的影响仍然存在。

13.2　电子液压随速助力转向 / 斯巴鲁

弗朗西斯·戴维斯发明的液压助力转向属于机械式液压助力转向，由发动机驱动转向泵，因此需要大幅消耗发动机动力。后来人们在此基础上进行改进，开发出了更低能耗的电子液压助力转向系统（Electro-Hydraulic Power Steering，EHPS）。它仍使用液压力作为转向助力，但液压泵不是由发动机驱动，而是由一个单独的电动机驱动，并加装了电控系统，可以根据转向角度或车速大小来调节转向助力。1988 年，斯巴鲁 XT6 车型（图 13-3）安装了混合型自适应电液转向系统（Cybrid Adaptive Electro-Hydraulic Steering System），它可以根据车速调节转向助力。这是第一个应用在量产车上的电子液压随速助力转向系统。

图13-3　1988年，斯巴鲁XT6车型

13.3　电动助力转向 (EPS) / 铃木

汽车助力转向系统现在主要有三种形式：液压助力转向、电子液压助力转向、电动助力转向（Electric Power Steering，EPS）。

液压助力转向是利用发动机的动力带动液压泵工作，使输出的液压力施加到转向齿轮上。这种转向的缺点是消耗发动机动力，增加燃油消耗。

电子液压助力转向是利用电机带动液压泵工作，将输出的液压力施加到转向齿轮上。

电动助力转向系统（EPS）直接使用电动机提供转向助力。EPS 结构如图 13-4 所示。由于转向电动机在转向时才会工作，在直线行驶时并不工作，所以与液压助力转向相比可以节省燃油。另外，它不存在液压泵工作时会出现的问题，停车时即使没有将方向盘回正，长时间停车也不会对转向系统造成伤害。

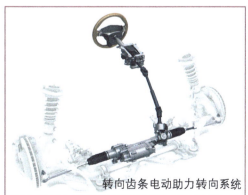

转向柱电动助力转向系统　　　　转向齿条电动助力转向系统

图13-4　电动助力转向系统结构图

1986年，日本精工（NSK）将世界第一个电动助力转向系统应用在一款电动叉车上。1988年，铃木 Cervo 车型上率先配备了电动助力转向系统，这是 EPS 在量产汽车上的首次应用。然而，在此后的数年内，其他车企并没有跟进，主要原因是电动助力转向技术当时还不太成熟，在低速转向时驾驶人对转向回馈力的感觉有点不自然；高速时为了防止助力过大而关闭了电动助力，导致重新回到了无助力模式。

现在轿车上普遍使用电动随速助力转向系统，也称电子助力转向系统。此系统由电子控制单元收集当前车速、发动机转速和方向盘角度等信息，运算后向转向电机发出指令，调整转向助力的大小。当车速较低时，比如倒入车位时，需要施加较大的转向助力，以保证转向的灵活性；当车速较高时，需要施加较小的转向助力，以保证高速行驶的稳定性。更重要的是，通过电控系统对转向电机的控制，EPS 可以实现更多的驾驶辅助功能，如泊车辅助、车道保持等。EPS 已是自动驾驶的主要基础技术。

13.4 可变齿比转向系统 / 本田

转向机的作用是将方向盘的旋转动作，转换成转向拉杆的横向直线运动，一般轿车都采用齿轮齿条式转向机构。为了使转向操作轻便，转向机被设计成减速传动机构，此减速比就称为转向机的传动比，也称转向齿比。

为了让驾驶人在低速行驶时转向更轻便、高速行驶时转向更沉稳，可将齿条上的齿比设计成可变的，即可变齿比转向系统。可变齿比转向系统采用两边稀疏、中间细密的齿比结构，齿条中间位置的转向齿比较小，而两端的转向齿比较大（图13-5）。

高速行驶时，一般转动方向盘的角度较小，此时只使用齿比较密的中间齿条段，这样转向就会精确、稳定；而在低速状态下，则往往要大幅度转动方向盘，此时则使用齿比较疏的两端齿条段，可以让转向更灵敏、更轻松。

2000年，本田 S2000V 车型率先采用可变齿比转向系统（Variable Gear Ratio Steering, VGRS）。2002年，丰田在雷克萨斯 LX470 车型上引入了可变齿比转向系统。

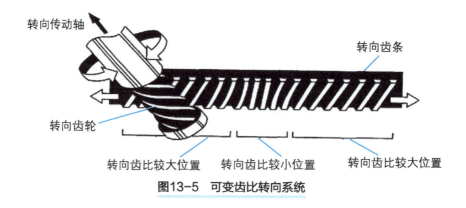

图13-5 可变齿比转向系统

13.5　主动转向系统 / 宝马

2003 年，宝马汽车推出主动转向系统（Active Steering）。它可以根据车速变化而不断改变转向传动比（简称转向比），使驾驶人在低速行驶时用较小的方向盘转动幅度实现较大角度的转向；在高速行驶时则相反（图 13-6）。

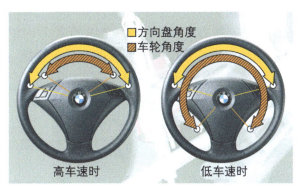

图13-6　宝马主动转向系统示意图

在传统的转向系统中，方向盘和前轮之间的转向传动比是严格固定的，驾驶人的指令总是以相同的方式传递。如果转向很直接，那么在低速状态下非常理想，但不适合高速状态，因为在高速时，由于物理原因转向灵敏性会增加，此时就需要转向反应更为间接些，否则对安全行车不利。但在低速时，如果转向反应太间接，那么转向动作就会变得很费力，驾驶人要大幅度地转动方向盘。因此，传统的转向系统通常是对两种极端情况进行妥协的结果。

未配备主动转向系统的车辆，通常需要转动方向盘三圈或三圈半才能把车轮从一个锁死位置打到另一端；而配备主动转向系统后，在低速时则可以把这个操作过程减少到一圈，在停车入位、掉头或转急弯时驾驶人会感到较为轻松省力。

在崎岖的山路上行驶时，驾驶人驾驶配备传统转向系统的车辆就不得不交叉双臂转动方向盘，而驾驶装备主动转向系统的宝马车则只需要把手臂保持原有恰当的位置，轻轻转动方向盘即可通过急弯，不仅提高了驾驶舒适性，而且还提高了行驶安全性。

宝马主动转向系统的技术核心能够为转向执行机构提供叠加 / 减转向效果。这种效果来自一个行星齿轮，这个齿轮包括两个输入轴和一个固定在转向柱上的输出轴。其中一个输入轴连接到方向盘，另一个由电动机通过一个自锁式蜗轮蜗杆驱动，从而达到降低转向传动比的目的。最终从输出轴传出的整体转向角度，是由驾驶人转动的方向盘角度和电动机附加的角度共同叠加而成的。

普通轿车的转向传动比是 16∶1 至 18∶1 之间，而宝马的主动转向系统的传动比可以在 10∶1 至 20∶1 间不断变化。在低速时，例如 50km/h，方向盘转动 10°前轮即可转动 1°，而普通轿车需要转动 16°～18°才能让前轮转动 1°。在高速时，例如，当车速达到 200km/h，方向盘转动 20°才能让前轮转动 1°，以增强其稳定性。

13.6 动态转向系统 / 奥迪

2008年上市的奥迪A4轿车率先采用动态转向系统（Dynamic Steering），使奥迪成为当时汽车转向技术的领先者。

奥迪动态转向系统（图13-7）可根据车速改变转向比，因而避免了传统机械转向系统选定恒定转向比时需要做出的妥协。汽车高速行驶时，间接的转向比使汽车操控更平稳，并能保持更好的直线行驶能力。反之，当汽车以低速或中速行驶在蜿蜒路面上时，该系统将提供一个更直接的转向比，以提高转向精准度和灵活性。直接的转向比使泊车更加方便。随速助力转向系统可以大大节省转向力。

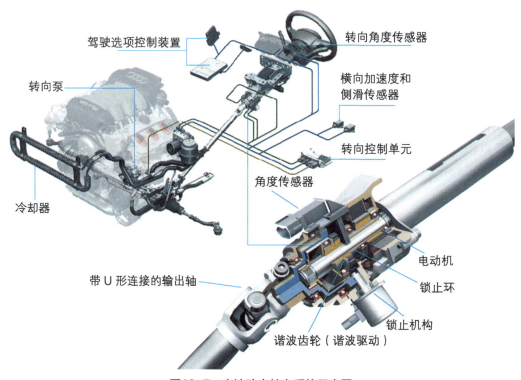

图13-7 奥迪动态转向系统示意图

整合于转向柱中的传动装置由一个配有位置感应器的电子交流电动机、谐波齿轮和一个互锁设备构成。该互锁设备可以在无电源时防止电动机转动，从而在方向盘和转向系统之间重新建立直接联系。

动态转向系统的核心机构之一是采用一个谐波齿轮机构来实现角度叠合传动作用。谐波齿轮主要由三个部件组成：一是最里面的波发生器（Wave Generator，WG），也就是最里面带轴承的内转子是椭圆形的；二是椭圆形内转子上可以产生变形的薄壁柔轮（Flex Spline，FS）；三是最外侧的钢轮（Circular Spline，CS）连接转向轴的输出端，驱动转向器机构。

13.7 四轮转向系统 / 本田

20世纪80年代后期,四轮转向系统(Four Wheel Steering,4WS)在日本突然成为热门技术,几乎每家车企都推出了自己的四轮转向技术。这可能与日本狭窄的街道有关,因为4WS在低速时可以减小转弯半径。

1985年底,日产率先在后轮驱动的轿跑车型"天际线"(Skyline)上推出高性能主动控制悬架系统(High Capacity Actively Controlled Suspension,HICAS),即后轮转向系统。此系统的初衷是减轻后驱车型特有的"变形转向"问题。后驱车型在过弯时,后悬架的橡胶衬套因荷载变化而受到压缩或偏转,会引起后轮前束变化,在突然抬起加速踏板时容易导致过度转向。为此,日产使用计算机控制一个液压活塞,有选择地压缩后副车架衬套,使后半拖曳臂能有效转向±0.5°,以提升高速行驶时的稳定性。

继日产之后,本田于1987年4月在第三代Prelude轿跑车上推出世界第一个量产的机械式四轮转向系统(图13-8)。该系统使用一根传动轴将前转向齿条与后转向系统上的行星齿轮机构连接起来,根据方向盘转向角度驱动后转向拉杆移动。在方向盘小角度转动时,后轮可与前轮同步转向1.5°;在较大角度转向时,后轮可与前轮相对转向5.3°,使转弯半径减小约10%。

图13-8　1987年本田Prelude轿跑车及四轮转向系统

仅仅几周后,马自达在Capella上推出四轮转向系统,结构和原理更加复杂。马自达使用一根后转向轴,将方向盘的转向角度传递给液压执行器,然后计算机根据转向角和汽车速度,算出后轮的前束角并执行后轮转向。低于35km/h,后轮转向与前轮转向方向相反,以减小转弯半径;高于35km/h,则切换到与前轮同向转向。

三菱公司的四轮转向系统于1987年底在Galant车型上亮相。它在后悬架连杆上采用电子液压结构,前后轮之间没有机械连接。在超过50km/h的速度下,后轮可与前轮同步转向1.5°。

2008年,第五代宝马7系开始配备四轮转向系统(图13-9)。此系统通过一个电动机,根据车轮速度、方向盘转角以及偏转率和横向加速度在内的传感器数据,调整前轮和后轮的转向角度,以确保在各种情况下最佳的转向特性。后轮上的转向锁止被限制在3°。低速时后轮的转向角度与前轮的转向角度方向相反,以显著提高车辆的灵活性和敏捷性。

根据车速减小车辆的转向直径,最多可达 70cm。高速时,后轮的转向角度方向与前轮相同,为车辆带来平稳的变道及转弯反应(图 13-10)。

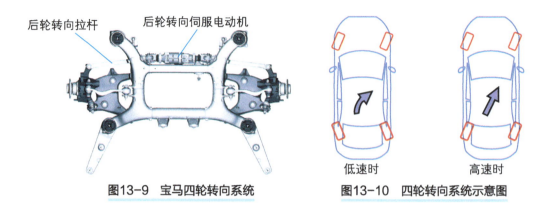

图13-9　宝马四轮转向系统　　　　图13-10　四轮转向系统示意图

13.8　线控转向系统 / 英菲尼迪

2014 年,英菲尼迪在 Q50 轿车上首次推出线控转向系统(Steering-by-wire)。该系统使用电信号来控制前轮转向。它没有转向柱,而是由转向控制器根据驾驶人的转向动作,通过电信号指挥转向执行电机、操纵转向机构。方向盘与转向机构之间没有硬连接,只有电信号连接,因此称为线控转向。如果发现转向故障,可以重新起动机械连接。线控转向系统由方向盘总成、转向控制器、转向执行总成三部分组成(图 13-11)。

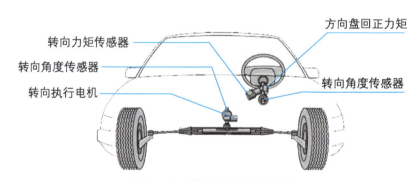

图13-11　线控转向系统示意图

方向盘总成:包括方向盘、转向角度传感器、转向力矩传感器、方向盘回正力矩电机等。

转向控制器:转向控制器是线控转向系统的"大脑",负责对转向和车速信号的分析处理,判断汽车的运行状态,控制回正电机和转向执行电机的工作。

转向执行总成:包括前轮转角传感器、转向执行电机、转向电机控制器和前轮转向机构等。当接到转向控制器的指令后,通过转向电机控制器来操纵转向动作。

由于该系统去除了将方向盘连接到转向器的机械装置,因此它的转向更加平稳,也腾出不少空间,减少了机械故障的可能性,减轻了汽车的重量。然而,转向系统与安全行车关系极为密切,因此极少将其应用到量产车型上。

第 14 章　Chapter 14

传动方式：从直接传动到智能四驱

14.1　前置后驱设计 / 潘哈德·勒瓦索

1887 年，法国潘哈德·勒瓦索（Panhard & Levassor）公司成立。1888 年，在法国巴黎国际博览会上，公司创始人路易斯·潘哈德和埃米利·勒索瓦（图 14-1）结识了德国人戈特利布·戴姆勒，他们对戴姆勒的发动机非常感兴趣，并在后来购买了戴姆勒发动机的生产技术许可，开始在法国制造戴姆勒 V2 缸发动机。

1890 年，潘哈德·勒瓦索用自己生产的发动机设计了一辆汽车（图 14-2），两排座椅背靠背分别朝前和朝后，V2 缸发动机放在两排座椅中间。1891 年，他们设计了第二辆汽车（图 14-3）。这次只有一排座，发动机移到了车前部，并使用一个前置散热器进行冷却，而不是像以往那样依靠自然风吹。他们又发明了一个变速装置（1894 年获得专利），与发动机曲轴相连，还安装了一个离合器踏板和一个变速杆来操作变速器。这样，发动机动力经变速器后，通过链条传递到后轴，最终驱动后轮。

图14-1　路易斯·潘哈德（左）和埃米利·勒索瓦（右）　　图14-2　第一款潘哈德·勒瓦索汽车

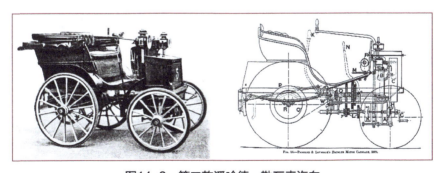

图14-3　第二款潘哈德·勒瓦索汽车

这种前置发动机、后轮驱动的布局方式，不仅可为乘客提供更宽敞的空间，而且可提供更好的车身平衡性和良好的转向特性。从此，前置后驱设计迅速成为几乎所有汽车的标准传动设计方式。

14.2 直接传动系统 / 路易斯·雷诺

扫一扫,听路易斯·雷诺的故事

1898年12月24日,在巴黎勒皮克街上,路易斯·雷诺正准备驾驶他自己设计的汽车参加比赛,看谁最先爬上蒙马特高地。蒙马特高地是巴黎的制高点,勒皮克街是通往高地的一条著名街道,它的坡度有13%之高,是巴黎最陡的一条路。雷诺自信满满,因为他的汽车装有他发明的"直接传动系统",使用齿轮变速器和传动轴传递动力,而其他汽车还在使用链条或带传动。雷诺驾驶的汽车依靠直接传动系统率先登顶。当时围观看热闹的人很多,当即就有12位下单购车。就这样,雷诺汽车在1898年诞生了,称为雷诺A型(图14-4)。

路易斯·雷诺于1877年出生在一个富裕人家。1898年,路易斯·雷诺对一辆二手的布通牌三轮汽车进行改造。他不仅将此车改成四轮汽车,而且设计了一个带倒档的3速变速器,发动机动力从变速器传出后,用一个带万向节的传动轴将动力传递到后轴差速器上,然后驱动后轴和后轮。

当时其他机动车仍在使用链条和带传动,属于"柔性传动",而路易斯·雷诺创新性地使用传动轴和差速器传动,相对就是"直接传动"了。"直接传动"是革命性的技术进步,不仅高效、紧凑,而且噪声小,可靠性高。

路易斯·雷诺以"汽车变速和离合机构"为名申请了专利(图14-5)。据称,到1914年专利权过期为止,这项专利技术总计为他带来了350万法郎的收入。路易斯·雷诺在接下来的几年里总计获得了174项发明专利。

图14-4 第一辆雷诺汽车

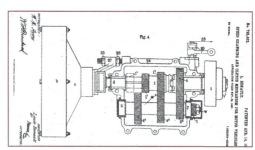
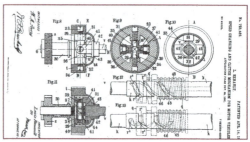

图14-5 路易斯·雷诺"汽车变速和离合机构"专利图

14.3 前纵置前驱设计 / 雪铁龙

1934 年,雪铁龙汽车公司投巨资开发的"前驱"(Traction Avant)轿车上市(图 14-6)。此车具有三大创新设计:

1)它将发动机纵置安放在车前部,采用前轮驱动。将变速器和差速器整合在一个壳体中,非常紧凑,占用空间小。车后部没有了传动轴和差速器,可以自如地安排制动器、燃油箱和排气管等,也使得车底部比较平整。而此前的汽车采用前置后驱方式,用传动轴将发动机动力从前部传递到后轮。这样不仅增加了车身重量,而且后排中间放脚的位置还会有一个凸起。

扫一扫,听安德烈·雪铁龙的故事

图14-6 1934年雪铁龙"前驱"(Traction Avant)轿车

2)采用承载式车身结构设计。它不再使用大梁来承载发动机、变速器等,而是由车身来承载。这样设计不仅可以降低车身地板高度,而且还减轻车重 70kg。

3)采用前轮双叉骨式独立悬架、后轮扭力梁式非独立悬架设计。这两种悬架形式都是创新设计。

雪铁龙公司创始人安德烈·雪铁龙非常看好"前驱",他把公司的未来都压在了这款创新车型上。结果是"前驱"车型成功了,而安德烈·雪铁龙却一败涂地。在"前驱"推出的前一年,即 1933 年,受世界经济危机的影响,法国汽车销量大降,库存积压严重,各车厂都是减产停产。而安德烈·雪铁龙却反其道而行,竟然坚持"多生产、降成本"的原则,产量不降反升,甚至冒险将日产量强行提高到 1000 辆。这一重大决策失误,为雪铁龙公司的发展埋下隐患。

"前驱"上市后好评如潮,销售也很不错,算是救了雪铁龙公司一命,但还是晚了。此时雪铁龙已负债累累,到 1934 年再无法支撑下去,只好卖给了米其林公司。第二年,1935 年,可能是为决策失误而自责过度吧,安德烈·雪铁龙不幸得了癌症并很快离世,终年 57 岁。

14.4 前横置前驱微型车设计 / 阿莱克·伊西戈尼斯

1956 年 9 月，苏伊士运河危机爆发，导致石油供应短缺，省油车开始受欢迎。欧洲各国的街道上出现了各种各样的超微型车，还有不少像是老人代步车那样的泡泡车。这些超微型车采用摩托车发动机，虽然可以省油，但噪声很大，安全性也差。1957 年 3 月，英国汽车公司（BMC）的老板找到设计师阿莱克·伊西戈尼斯（图 14-7）说："这些可怕的泡泡车太讨厌了，我们必须设计一种真正的微型车，将它们从街上赶走。"

扫一扫，听阿莱克·伊西戈尼斯的故事

设计小型和微型车一直是阿莱克最喜欢的工作，他觉得这比设计大型车更具有挑战性。虽然阿莱克是从一张白纸开始设计的，但他只用了 4 个月就完成了图纸设计工作。

他打破常规，破天荒地将发动机放置在前部，并且还横着放，采用前轮驱动。那个时候的微型汽车，无论是大众的甲壳虫，还是菲亚特 126，都流行把发动机放在车后部，采用后轮驱动。这是因为微型车空间本来就小，当时的技术还不能将发动机、变速器、传动系统和转向机构整合放置在一处。然而，阿莱克却来个前后颠倒，把动力系统、传动系统和转向系统都放在狭小的汽车前部空间。虽然早有雪铁龙率先采用前置前驱设计，但发动机都是纵置，而且是应用在中型车上，空间相对比较大，可以自如地安排这些系统。

阿莱克的独特创新设计主要有三个：首先，他巧妙地将发动机和变速器整合成一体（图 14-8），使用同一套润滑系统，从而节省很多空间。其次，他采用紧凑型的"橡胶锥"悬架设计，利用橡胶的反作用力达到减振和支撑作用。这种简单的"橡胶锥"悬架，不仅节省了侵入乘员舱的空间，而且也不需要维护，经久耐用。最后，阿莱克采用"四轮四角"设计，将四个车轮尽量靠近车身的四角，从而在 3.3m 长、1.4m 宽的车身内，竟然可以放下 4 张成人座椅。据称，汽车地板垂直面积的 80% 都作为驾乘和行李空间。

图14-7 阿莱克·伊西戈尼斯（1906—1988）

图14-8 发动机和变速器整合成一体

1957 年 10 月，阿莱克领导团队打造了两台原型车并开始跑路试。差不多经过近两年的测试、调整和试生产，到 1959 年 8 月，定名"mini"的微型车正式上市，而且一举成名，其结构和设计草图如图 14-9～图 14-11 所示。mini 实用、省油、可爱，销量越来越大，后来发展成与大众甲壳虫、雪铁龙 2CV、菲亚特 500 齐名的四大经典微型车之一，并且一直生产到 2000 年，生命期长达 41 年。

mini 的成功使阿莱克·伊西戈尼斯获得了很大荣誉，他被选为英国皇家学会会员，并被英国女王封为爵士。1988 年 10 月，阿莱克·伊西戈尼斯在家中去世，享年 82 岁。

图14-9　mini的发动机横置在车前部

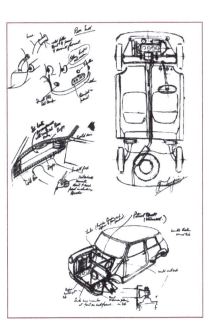

图14-10　mini微型车设计草图

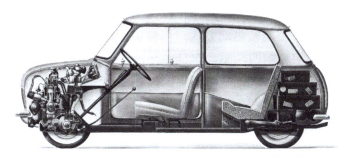

图14-11　mini采用前横置发动机、前轮驱动方式

14.5　四轮驱动设计 / 世爵 60HP

汽车刚发明后一直是两轮驱动，那时的汽车技术很不成熟，还处于与马车竞争的阶段，马车在许多方面要比汽车强很多，比汽车更实用。当时的道路都是为马车修建的，只要没有大坑而崴了马蹄，马车就可顺利前进。马能走的地方，马车就能过去。而汽车是依靠车轮与路面的附着力前进的，如果路面不平整或湿滑，汽车行驶起来比较困难，

一个车轮陷入泥中后就可能抛锚。因此，早期的汽车虽然很新潮，但并不实用，尤其是在冰雪季节，汽车就失去了实用价值。

为了让汽车更加实用，人们想到了让汽车像马一样用四条腿行走，也就是四轮驱动（简称四驱）。1903年巴黎车展上，荷兰世爵（Spyker）汽车公司展出世爵60HP（图14-12），这是汽车史上第一款四轮驱动的车型。它采用前、中、后三个差速器，全时四驱。它还是第一辆采用6缸发动机的汽车，发动机排量8.676L，最大功率60马力。可惜此车并没有投入批量生产。

图14-12　1903年世爵60HP是世界第一辆四驱汽车

其实，1901年费迪南德·保时捷研制的MIXTE，就是一款四轮驱动混动车型。因此，也有人将MIXTE称为世界第一辆四轮驱动汽车。

到20世纪初期，四驱汽车仍没有实用化，其根本原因是始终解决不了一个技术问题：怎样让前轮既能转向又能驱动？当时等速万向节还没有发明，左右车轮都是硬轴连接，无法让前轴"断开"。等速万向节发明后，可将前轴"断开"成两个半轴，装上等速万向节后，半轴可以在扭转一定角度的情况下实现等速旋转、传递动力。

四轮驱动汽车发明后一直无法实用化。在1914—1918年第一次世界大战期间，开始有极少量的载货汽车采用四轮驱动方式，以便运送军用物资。第一次世界大战末期坦克出现后，又激发了人们研制四轮驱动车辆的想法。

第二次世界大战中出现的美国威利斯"吉普"四驱汽车，开始让四驱汽车扬名世界。"吉普"采用当时少见的分时四驱系统，而以往其他四驱汽车都是采用中央差速器锁止式全时四驱系统。今天许多著名四驱汽车品牌，如英国路虎、日本三菱等，都是仿照"吉普"起家的。总之，是战争推动了四轮驱动汽车的发展。

14.6　前后双发动机设计 / 阿尔法·罗密欧

1935年推出的阿尔法·罗密欧16C Bimotore赛车（图14-13），空前绝后地采用了两台直列8缸发动机，成为车坛传奇。它虽然是阿尔法·罗密欧的赛车，但它也被称为第一辆法拉利汽车，至少是第一辆贴有法拉利"腾马"标志的汽车。当时它由法拉利车队设计，但采用的发动机等硬件都由阿尔法·罗密欧提供，并由阿尔法·罗密欧制造，因此这辆赛车同时挂有阿尔法·罗密欧和法拉利两个品牌的标志。

图14-13　阿尔法·罗密欧16C Bimotore赛车

这辆赛车采用两台直列 8 缸发动机，总排量达到 6.3L，总功率高达 540 马力。一台排量接近 3L 的直列 8 缸发动机放置在车前部，另一台排量 3.3L 的直列 8 缸发动机放置在车后部。两台发动机将动力集中在车辆中部，经过 3 速变速器和差速器后，利用两根呈"V"形传动轴再将动力分别输出到两个后轮（图 14-14）。

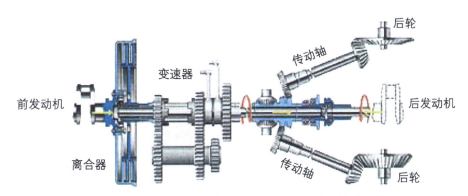

图14-14　阿尔法·罗密欧16C Bimotore赛车传动系统

这辆赛车虽没赢得什么重大赛事，但它在一场赛事中却创下了 321km/h 的陆上速度世界最高纪录。由于车身太重，在高速行驶时轮胎无法承受来自两台直列 8 缸发动机的强大驱动力，总是出现爆胎现象。此车虽然动力强大，但并不实用。

14.7　四轮驱动轿车设计 / 奥迪 quattro

1977 年 2 月，奥迪的底盘工程师乔格·本辛格（图 14-15）正和同事们在芬兰的深雪中测试大众的军用越野车 Iltis（图 14-16）。这是一款小型四轮驱动汽车，完全由奥迪开发。在冰天雪地里，乔格·本辛格发现，只有 56kW 的 Iltis 可以轻松击败 127kW 前轮驱动的奥迪 80 轿车，总能把奥迪 80 甩得很远。乔格·本辛格认为奥迪 80 的力量太浪费了，不如给两个后轮也分配力量，让奥迪 80 成为一款具有卓越牵引力和转弯能力的高性能四驱轿车。

图14-15　乔格·本辛格　　　　图14-16　大众Iltis军用越野车

其实在此之前已有人将四轮驱动系统应用于轿车上。1966年，英国詹森推出詹森FF型四驱轿跑车，但只生产了320辆就停产了。1972年，斯巴鲁推出四轮驱动的旅行轿车Leone，但这车根本谈不上高性能。乔格·本辛格是要将大众Iltis与奥迪80的优势结合起来，打造一款出众的高性能四驱轿车。

乔格·本辛格的设想很快获准立项。1977年3月，研发小团队用一辆奥迪80的车身和底盘，一台118kW 5缸涡轮增压发动机，以及来自大众Iltis越野车的一套四驱系统，开始了一款传奇车型的研发。

要想把四轮驱动技术从笨重的越野车成功地应用于轿车，所要做的工作并不是简单的移植和拼凑就可以完成的。在此之前的四轮驱动系统，一般都是利用分动器将动力分别传递到前轮和后轮。这种四驱系统不仅重量大，而且占用空间也大。由于奥迪80轿车空间的限制，四轮驱动系统必须满足体积小、结构简单的要求。如何在有限的空间内将动力分配给前轴和后轴，成为乔格·本辛格和同事们亟待解决的难题。

后来还是奥迪的变速器技术负责人弗朗茨·腾格勒想出了一个绝妙方案：全新设计一款变速器，在变速器内安装一根26.3cm长的空心轴，它可以双向传递动力：一个是向变速器后端的中央差速器传递动力，再通过传动轴将动力传到后差速器和后轮；另一个是向前差速器和前轮传递动力（图14-17）。

由于空心轴"嵌入"在变速器内，不用分动器，因此可以使底盘高度降低，结构紧凑，重量较轻，同时传动效率也很高。为了使奥迪四驱轿车能够应对更为苛刻的路况，奥迪工程师在第一代四轮驱动技术中使用了前、中、后三个开放式差速器，其中中央差速器和后轴差速器均带手动锁止功能。驾驶人可以根据不同路况需求，通过中控台上的锁止开关控制差速器的工作状态。

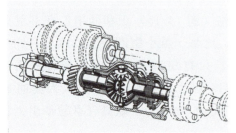 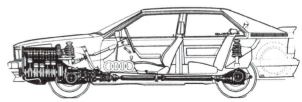

图14-17　奥迪四驱轿车传动系统

1978 年 1 月，乔格·本辛格驾驶新研制的四轮驱动奥迪轿车，在陡峭的冰雪覆盖的森林道路上，与后轮驱动（简称后驱）的奔驰 280E、宝马 528i 以及前轮驱动（简称前驱）的奥迪 100，进行了对比测试。结果四驱奥迪轿车在没有冬季轮胎的情况下完胜前驱和后驱的对手。

然而，这离"高性能四驱轿车"还有一定距离，它的外形还是奥迪 80，因此还要为它打造一套高性能的外衣。研发团队从黏土设计模型开始，重新设计车身，并在风洞中测试，不仅要传承奥迪车身造型的基因，而且还要看起来更具运动性、技术性和进取性。

1979 年初夏，大众终于批准生产四轮驱动奥迪车型，并将奥迪的四轮驱动系统命名为"quattro"，其意大利语的意思是数字"四"，恰好反映出四轮驱动的特点。

1980 年，奥迪 quattro 四驱轿车在日内瓦车展首次亮相（图 14-18），其创新性的设计引起极大关注，也因此开辟了高性能四驱轿车的新市场，一时间在欧洲掀起高性能四驱轿车热。

现在，"quattro"是奥迪汽车的四驱系统标识，但别忘了它曾是一款极具创新设计的四驱轿车。

图14-18　奥迪quattro四驱轿车构造图

14.8　前后双变速器四驱系统 / 法拉利 FF

2011 年，法拉利在 FF 型超级跑车上引入了一种全新的 4RM 四驱系统，这种系统为前轴和后轴分别配置了一个独立的变速器，并由发动机曲轴的两端向外传递驱动力，分别为后轴和前轴系统提供动力，从而实现了一种非常独特的四驱模式。

在这套系统中，法拉利 FF 大部分情况下只以后轮驱动（7 速双离合变速器也位于后轴作为主变速器），只有在全力加速以及在湿滑路面上时前轴才会分配到动力。前轴最多可以分配到发动机 20% 的转矩输出，而负责前轴驱动的是一台只有两个前进档和一个倒档的前变速器（图 14-19）。

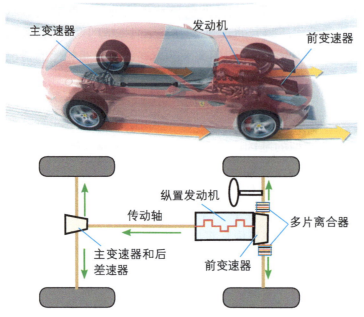

扫一扫，听恩佐·
法拉利的故事

图14-19 法拉利FF超级跑车4RM四驱系统示意图

前变速器与发动机巧妙地整合在一起。发动机的曲轴直接作用到变速器中（减少了传统变速器的机械部分，减重50%以上），然后通过整合在一起的两个电控多片离合器将动力分配给左右车轮，所以4RM四驱系统中不需要装前轴差速器。

前变速器依据主变速器的档位而自动切换档位。当主变速器处于1档或2档时，前变速器自动切换到1档；当主变速器为3档或4档时，前变速器自动切换到2档；当主变速器在5档或更高档位时，前变速器不再连接曲轴，自动断开动力。所以，车型只有在全力加速以及遇到湿滑路面并且主变速器降至5档以下的时候，前轮才参与驱动。这样的好处是汽车在起步以及过弯时可以获得四驱带来的超高稳定性，而在直线加速时又可以平衡发挥每个车轮的抓地力。在这套系统的帮助下，法拉利FF的0—100km/h加速时间仅为3.7s，真正发挥了四驱系统的优势。

14.9 电子限滑辅助 / 奔驰 4ETS

1999年起，奔驰四驱轿车上开始装备电子限滑辅助系统，即四轮驱动电子循迹系统（4 Wheel Drive Electronic Traction System，4ETS）。4ETS利用电子稳定程序（ESP）的制动力自动分配功能，可以对某个车轮进行单独制动，从而实现差动限制。

每个车轮上的制动器都由一个电磁阀来控制，电磁阀能在电子控制单元（ECU）的控制下处于三种状态：加压状态、平衡状态和减压状态，自动实施对某个车轮的独立制动。当有一个车轮打滑时，ECU可以通过ESP对这个打滑车轮进行制动，而差速器具有将动力传递给阻力最小车轮的本能，这样差速器就会停止将动力传递给这个打滑车轮，转而将动力传递给未打滑的其他车轮。

如果车辆有三个车轮都打滑，只有一个车轮能获得附着力的话，4ETS 也能对这三个车轮进行制动，在差速器的帮助下将动力传递给那个未打滑的车轮。

如果车轮没有完全打滑，四个车轮只是行驶在不同附着力的路面上，那么 4ETS 更有意义。因为 4ETS 可以通过制动力来补充车轮上的附着力，使四个车轮上的附着力达到平衡，让车辆平稳通过不同附着力的路面（图 14-20）。

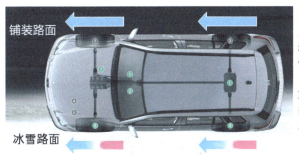

当一侧车轮行驶在铺装路面，附着力较大，而另一侧车轮行驶在冰雪路面，附着力较小，通常情况下车辆就会产生跑偏现象，甚至使车辆无法前进。然而，当对附着力较小的车轮进行适当制动后，就会使车轮的转动阻力增加，使左右车轮遇到的阻力达到平衡，这样就可以让车辆平稳前进

附着力　　制动力

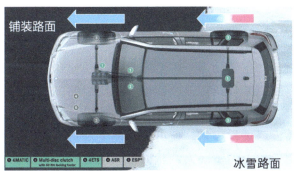

当两个前轮行驶在铺装路面，附着力较大，而两个后轮行驶在冰雪路面，附着力较小，通常情况下车辆就会产生甩尾或跑偏现象，甚至使车辆无法前进。然而，当对附着力较小的两个后轮进行适当制动后，就会使后轮的转动阻力增加，使前后车轮遇到的阻力达到平衡，这样就可以让车辆平稳前进

图14-20　4ETS功能示意图

14.10　轴间转矩控制系统 / 奥迪

2009 年，奥迪开始在运动车型 RS4 上采用轴间转矩控制系统，奥迪称其为"运动型差速器"（Sport Differential）。运动型差速器核心结构与普通锥齿轮差速器一样，都是由环齿轮、侧齿轮和行星齿轮组成。不同的是，运动型差速器的两端各加了一组多片离合器，并且由电子控制单元和电动机控制两端多片离合器的动作。当需要增大一侧的驱动力时，就把这侧的多片离合器接合，这样驱动力就会更多地向这侧车轮传递，从而起到调节左右车轮转矩分配的作用（图 14-21）。

运动型差速器的原理可以用单人划艇运动来形容。当划艇直线前进时，在两支桨上施加的力是相同的；而为了进入弯道，就需要在外侧桨上施加更多的力，这样就能够使划艇灵活地转向。如果出现转向过度的情况，则只需要在内侧桨上施加更多的力，划艇就能很容易回到正轨，从而保证了整体前进的稳定性。把两个后轮看成是那两支桨，后轴上的运动型差速器就是划桨的人。在需要时，这个"人"能够及时而有效地调节左右后轮上的转矩，从而让车辆行驶时更灵活和稳定。

与 ESP 相比，运动型差速器反应更快、控制更精确。奥迪的运动型差速器可以在几千分之一秒内起作用，并且可以将左右两个车轮的转矩差最高调整到 1800N·m。

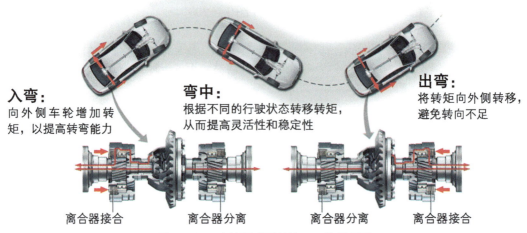

图14-21　奥迪运动型差速器工作原理图

宝马的轴间转矩控制系统称为"后轴动态驱动力分配系统"，其结构和原理与奥迪运动型差速器基本相同。在锥齿轮差速器两端各设置一个由电动机操控的多片离合器，通过控制多片离合器的压紧程度，就可以调节输出到左右半轴的驱动力。如需要增大某侧后轮上的驱动力，就将这侧的多片离合器进行压紧，便可使这侧半轴得到更大的驱动力。在通过弯道时，可以增大弯道外侧后轮上的驱动力，从而使车辆更顺畅、平稳地过弯，提高车辆的运动性能。

第 15 章 Chapter 15
制动系统：从鼓式制动到空气制动

15.1 鼓式制动器 / 路易斯·雷诺

早期汽车的制动系统，都是从蒸汽车和马车上继承来的木块制动器。这个制动系统由一个杠杆机构和一个木块组成，利用杠杆原理将木块压在钢制车轮的轮边上。只要驾驶人使劲扳动杠杆机构，让木块与钢轮边发生摩擦，就能阻止车轮转动。然而，当汽车从 19 世纪 90 年代开始使用橡胶轮胎时，木块制动器就不好使了。

最早的鼓式制动器出现在 1900 年威廉·迈巴赫制造的一款汽车上，但路易斯·雷诺（图 15-1）在 1902 年首次申请了鼓式制动器的发明专利。雷诺发明的鼓式制动器，是用钢丝包着编织石棉片，裹在一个与车轮连接的金属鼓上，靠摩擦鼓的外缘阻止车轮转动。使用石棉片的主要原因是它的散热性好。但这样的鼓式制动器是外包裹式的，日常暴露在水和灰尘中，很容易遭到损坏。

图15-1　路易斯·雷诺
（1877—1944）

为了解决这个问题，后来又开发了一种内鼓式制动系统，将蹄形制动器安置在与车轮连接的金属鼓内，利用制动蹄片与鼓内部摩擦而阻止车轮转动。

鼓式制动器构造分解图如图 15-2 所示。鼓式制动器有制动片磨损较少、成本较低和维修容易等优点，目前仍广泛应用在大型载货车和经济型轿车的后轮上。轿车上使用的驻车制动器基本都是采用鼓式制动方式。

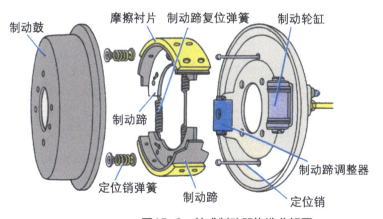

扫一扫，看鼓式
制动器视频

图15-2　鼓式制动器构造分解图

15.2 盘式制动器 / 弗雷德里克·兰彻斯特

在 1953 年的勒芒 24 小时耐力赛上,英国捷豹派出三辆 C 型战车上场,结果分获冠军、亚军和第四名,一时间震惊车坛。而在上一年的勒芒大赛中,捷豹派出的三辆赛车竟然全军覆没。是什么原因让捷豹赛车一步登天?对手们纷纷猜测,最后一致认为,盘式制动器是捷豹赛车的制胜法宝。

捷豹赛车上装备的盘式制动器,相比竞争对手的鼓式制动器,它的散热性更好,响应更快,制动力更强,在入弯前不用那么早踩制动踏板,可以让赛车再飞奔会儿,这样自然就会提高赛车的平均车速。没有制动就没有速度,制动性能越高,它允许的车速也越高,获胜的把握就越大。

早在 1902 年,英国汽车先驱弗雷德里克·兰彻斯特就获得了盘式制动器的发明专利(图 15-3)。但当时的制动盘很薄,由黄铜这样的软金属制成,不仅制动时会发出噪声,而且当时道路上尘土飞扬,它们的磨损也很快。虽然它的散热性能较好,但寿命并不长,而且是用钢丝拉线操作的,实用效果并不好,所以在汽车上从来没有广泛应用。但盘式制动器在火车、飞机、装甲车和坦克上开始应用,德国虎 I 重型坦克在 1942 年就曾使用过盘式制动器。

克莱斯勒汽车公司曾采用由兰伯特发明的一种很独特的盘式制动系统(图 15-4),并配备在两款 1950 年的车型上。这种制动器利用两个制动盘与制动鼓的内表面摩擦挤压制动盘,而不是使用制动卡钳来挤压。这种半盘半鼓式制动器的性能还不错,但结构

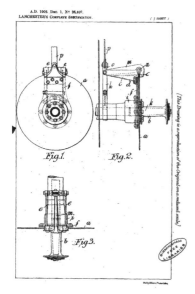

图15-3　弗雷德里克·兰彻斯特
　　　　盘式制动器专利图

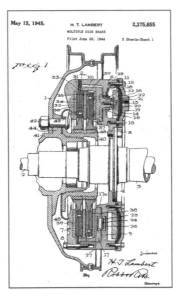

图15-4　兰伯特盘式制动器专利图

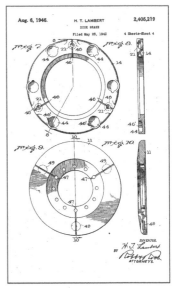

太复杂，制造成本过高，后来只好又换回了成熟可靠的鼓式制动器。

捷豹赛车在1953年勒芒24小时耐力赛上使用的盘式制动器，是由英国的邓禄普（Dunlop）公司打造的。在第二次世界大战期间，邓禄普公司曾在飞机上试验盘式制动器，并希望在战后能应用到汽车上。1946年邓禄普公司试制成功汽车用盘式制动器并申请了技术专利（图15-5），然而却一直没机会在汽车上实际应用。一直到1951年才与捷豹汽车公司合作，共同研发盘式制动器，并计划应用到捷豹赛车上试试。

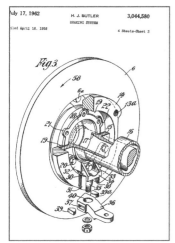 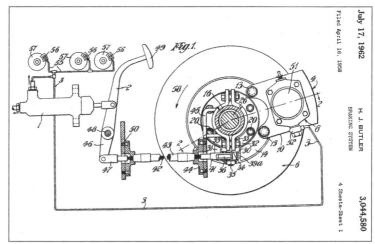

图15-5　邓禄普盘式制动器专利图

在1951年的一个小型汽车比赛中，安装了盘式制动器的捷豹赛车，小试身手就获得了第四名。1952年6月，一辆装备盘式制动器的捷豹C型赛车，在一场国际比赛中竟然获得了冠军。然而在赛后检查时发现制动片磨损严重，以这种状态无法应对来年举行的勒芒24小时耐力赛。在勒芒24小时耐力赛中不可能有时间更换制动片。邓禄普不得不重新开发足够厚的制动片，以便让捷豹赛车能够坚持跑完24h的比赛。

1953年，装备了盘式制动器的三辆捷豹赛车在勒芒24小时耐力赛中获得全面胜利。虽然很难说是盘式制动器起了决定性的作用，但是经媒体报道渲染后，那些对手们开始意识到，如果赛车上不装备盘式制动器，就很难赢得胜利。在1955年、1956年和1957年的勒芒大赛上，装备盘式制动器的捷豹赛车竟然取得三连冠的胜绩。这下人们对盘式制动器的威力就更加相信了，盘式制动器很快成为赛车的标配。

1957年，捷豹顺势在其量产车上开始装备盘式制动器，从而使捷豹品牌开始迈入高性能汽车行列。

现在盘式制动器已成轿车的标准配置，一些跑车的制动盘越来越大，卡钳活塞越来越多。然而，由于鼓式制动器的制造成本较低，因此一些经济型汽车的后轮上仍采用鼓式制动器，而对制动影响较大的前轮，一般都使用盘式制动器。

15.3 液压助力制动系统 / 马尔科姆·洛克希德

20世纪初期，汽车制动系统有一个通病，为了方便操作制动，减小制动操作所需的力，就将制动踏板的杠杆作用加大。这样固然可以产生足够有效的制动力，但踏板行程也变长了，让人很不习惯，并且随着制动片的磨损，踏板行程会变得更长。

美国人马尔科姆·洛克希德（图15-6）发明了液压制动器，并于1917年申请了专利（图15-7）。弗雷德·杜森伯格率先在赛车上使用了洛克希德公司设计的液压助力制动器，并在1921年上市的杜森博格A型车上（图15-8），首次采用四轮液压助力制动系统，从而使汽车制动变得更加轻松自如。

扫一扫，看液压盘式制动器视频

图15-6 马尔科姆·洛克希德

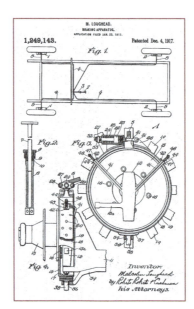

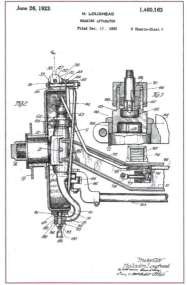

图15-7 马尔科姆·洛克希德液压制动专利图

图15-8 1921年杜森博格A型

汽车液压助力制动系统是根据帕斯卡定律设计的。帕斯卡定律是：加在密闭液体上的压强，能够大小不变地由液体向各个方向传递。而压强等于所受压力与受力面积之比，因此在压强相等的前提下，受力面积越大，所受压力也越大。将制动液压管一端的小直径活塞与制动踏板相连，液压管另一端与制动钳上的大直径活塞相连。这样，只用很小的力踩制动踏板，就可以在大直径制动钳活塞上产生数倍的压力。这个被放大的力将摩擦片紧紧地压向制动盘，从而使车轮减速。

15.4　通风式制动盘 / 保时捷

对于一款高性能跑车而言，制动器的有效降温至关重要，只有这样才能可靠、反复地对高速行驶的跑车进行制动。保时捷早在 1966 年就在 911 S 上引入了内部通风式制动盘（图 15-9）。这种制动盘采用双壁设计，因此空气可进行循环，并且可以减少摩擦产生的热量。此外，通风式制动盘还有一个优点，水雾可以很快地从圆盘上甩出去。为了进一步提高冷却效果，后续 911 车型的盘式制动系统还带有进气通道，能够从前扰流板进气口将新鲜空气通过进气通道导入制动盘，增强冷却效果（图 15-10）。

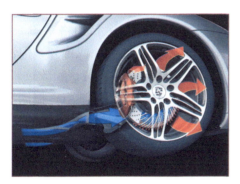
图 15-9　通风式制动盘示意图

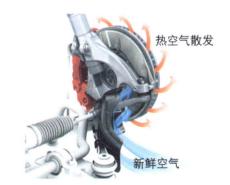
图 15-10　保时捷911制动热量管理示意图

15.5　陶瓷复合制动盘 / 保时捷

2001 年，保时捷率先采用陶瓷复合制动系统（Ceramic Composite Brakes）。保时捷是第一家将陶瓷复合制动盘（简称陶瓷制动盘）运用在量产车上的汽车商（图 15-11）。现在陶瓷复合制动系统更是保时捷 911 车系的标配。

保时捷陶瓷复合制动系统包括陶瓷制动盘和陶瓷制动钳，它们都是用碳纤维陶瓷化合物制成的。陶瓷制动盘直径为 350mm，比普通制动盘要大 20% 左右，但它的重量仅为金属制动盘的一半，这样可以大幅度降低悬架的簧下质量，从而提高车辆的操控性。更为重要的是，陶瓷制动盘比普通金属更耐高温、更耐磨，可以多次连续制动而不发生热衰减现象。陶瓷制动盘的使用寿命更是高达 25 万 km，是一般制动盘的 5 倍。保时捷陶瓷复合制动系统的最大缺点是制造成本过高。

图15-11　保时捷陶瓷复合制动盘

15.6　防抱死制动系统（ABS）/ 博世、奔驰

遇到紧急情况而猛踩制动踏板时，由于制动力过猛而有可能将车轮"锁死"，完全停止转动，此时在惯性作用下，停转的车轮只能滑动而失去抓地力，汽车也会失去转向能力并导致失控，可能冲出车道。有经验的驾驶人在湿滑路面上制动时往往会"点刹"，一踩一抬制动踏板，尽量维持车轮转动状态，使车轮保持一定的抓地力。防抱死制动系统（Anti-locked Braking System，ABS）能主动、精确地调节车轮上的制动力，相当于一踩一抬制动踏板，从而避免意外发生。

1953年，英国邓禄普公司开始生产一种机械式ABS（图15-12），并应用在飞机和火车上。虽然这一装置的制造成本非常高，但对飞机和火车来讲就不算什么了。更重要的是，飞机使用ABS后不仅可以缩短制动距离，而且可以减小轮胎磨损，节省使用费用，甚至还可让飞机承载更多的重量，从而搭载更多的乘客。

同样是在1953年，德国奔驰汽车公司的设计主管汉斯·舍仁伯格（图15-13）申请了一项技术专利，其内容是防止汽车的车轮在紧急制动时被锁住或抱死。但汉斯·舍仁伯格的专利技术仍不够成熟可靠，此后奔驰对这项技术一直进行调试和改进。1970年，基于模拟电子控制技术设计的ABS首次在奔驰S级（W115/114）上试用，但因没有达到预期的可靠性而无法量产。

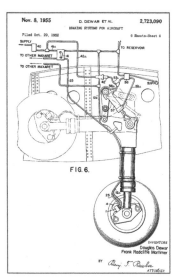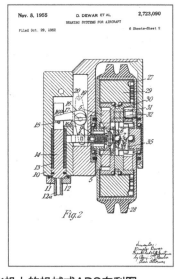

图15-12　邓禄普应用于飞机上的机械式ABS专利图　　图15-13　汉斯·舍仁伯格

其实，早在1966年，英国詹森（Jensen）汽车公司就抢先将机械式ABS装备在量产车上。当时詹森公司看到英国飞机上装备ABS后获益巨大，就决定在新款詹森FF型跑车上选装ABS。詹森FF是世界第一款可选装ABS的量产汽车。

虽然詹森FF从没在美国销售过，但ABS的名声却传到了美国。福特、克莱斯勒和通用汽车都立即行动起来，采用各种方式开始研发ABS。福特抢先在1969年的中期改

款车型雷鸟和林肯大陆上装备了ABS。通用汽车也于1970年在两个车型上引入ABS。

上述ABS基本都是机械式或模拟电子控制式的，性能都不是很理想，可靠性稍差。1971年，克莱斯勒取得了重大技术突破，推出了计算机控制的三通道、四传感器的全轮ABS（图15-14），其反应速度更快，制动力控制更精准，使用效果非常好。1971年款克莱斯勒Imperial车型成为第一个选装电子式ABS的量产汽车。但它的选装价格太高了，如果四个车轮都装备ABS，车主要多付351.5美元，而车价仅为6044美元。车主认为不值，因此选装者极少，致使克莱斯勒到1973年就放弃了ABS的选装业务。

从20世纪30年代就开始研发ABS的德国博世公司，眼看被英国人和美国人抢了先，决定加快ABS的研发速度。当时德国在ABS技术上的领先者是Teldix公司。它们开发的是一种很有前景的电子控制式ABS，可以独立控制每个车轮，并申请了ABS发明专利（图15-15）。博世研发的第一代ABS在测试中的表现不理想，于是就想出了一个走捷径的绝招，从1973年起陆续将Teldix公司全盘收购了。

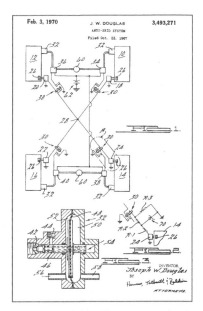

图15-14　克莱斯勒公司ABS专利图

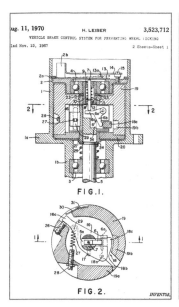
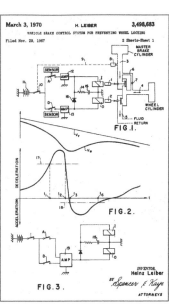

图15-15　Teldix公司ABS专利图

借助集成电路的出现及数字电子技术的迅速进步，博世公司在1978年研制成功了电子控制的多通道ABS。如果ECU检测到某个车轮在制动时锁死不转了，就指示降低这个车轮上的制动压力，使车轮重新转动；如果ECU检测到某个车轮的转速明显快于其他车轮，那么该车轮的制动压力就会增加，从而重新施加制动力。这个过程不断重复，其工作频率高达40次/s。投入量产前，博世加紧与奔驰合作，对ABS共进行了约3500万km的可靠性测试。1978年，实用可靠的数字电子式ABS正式量产，并率先应用在奔驰S级（W116）上，而且还是标准配置。

ABS是第一款汽车主动安全性配置，也是后来电子稳定程序（ESP）、制动力分配（EBD）、循迹防滑控制（TCS）等主动安全系统的基础，甚至胎压监测、自动驾驶等技术，都离不开ABS技术的支撑。

15.7 尾翼空气制动 / 布加迪威航

没有制动,就没有速度。布加迪的极限跑车威航(Veyron)(图15-16)从静止加速到100km/h仅需2.5s,这种令人难以置信的加速带来了一项挑战,那就是需要有史以来量产车中最强大的制动系统。如果一匹烈马没有一根结实有效的缰绳约束,那将是极其可怕的。

扫一扫,看尾翼空气制动视频

图15-16 布加迪威航极限跑车

威航拥有超大的制动盘,它由高技术的碳纤维、陶瓷和钛金属制成,每片制动盘都由专家手工打造而成。制作这种独特的制动盘,第一步便是将原材料由手工注入模具,然后在一个烤箱中烘烤,出来后再抛光打磨,并在第二个烤箱中再次烘烤,之后在制动盘上钻孔。即使威航使用如此巨大的制动盘,也不足以控制这辆汽车的巨大力量。要想迅速停下一辆以1/3声速巡航的汽车,必须为其增添其他制动措施——空气制动!利用威航的尾翼进行气动制动,就像飞机降落时要打开减速板那样。

尾翼在不同车速时的状态:

正常行驶时,威航的尾翼处于收回状态。

当车速达到220km/h,尾翼升起15°的角度,以增加下压力,使车辆保持稳定行驶。

当车速超过370km/h,尾翼收回,形成仅2°的夹角,调整尾部的下压力。

当车速超过200km/h,如果踩下制动踏板,尾翼升起,在0.25s内形成55°的夹角。尾翼产生的空气阻力相当于机械制动力的一半,与一辆普通汽车最大制动力的70%相当。当空气制动和机械制动同时作用时,威航的制动减速度几乎达到2g(g=9.8m/s^2)。威航从极速407km/h制动到完全停止,不到10s即可完成。

在强大动力和强大制动力的先后作用下,威航极限跑车在2.5s内就能从静止加速到100km/h,然后再用2.2s完全停下。

第 16 章　Chapter 16
悬架系统：从钢板弹簧到电磁悬架

16.1　四轮独立悬架 / 奔驰

1931 年巴黎国际车展上，奔驰 170 型轿车因采用四轮独立悬架（Four Wheel Independent Suspension）等创新技术而成为整个展会的焦点，并带动戴姆勒 - 奔驰公司迅速复苏。

奔驰 170 型轿车是世界上第一辆采用四轮独立悬架系统的汽车（图 16-1），它在前桥和后桥上都采用两根可以独立摆动的半轴，以取代之前两个车轮间的固定车轴。每个车轮悬架系统中的螺旋弹簧，负责各自车轮的减振工作。这套四轮独立悬架系统提高了汽车的操控性、稳定性及舒适性。

图16-1　奔驰170型轿车采用四轮独立悬架系统

16.2　双叉臂式悬架 / 雪铁龙

1934 年，雪铁龙推出的全新车型"前驱"（Traction Avant）由多项创新技术武装。除了是汽车史上第一台前纵置前驱车型外，它在前桥上采用的双叉臂式独立悬架设计（图 16-2、图 16-3），也是汽车史上首次应用。

双叉臂式悬架又称双叉骨式、双 A 臂式、双横臂式悬架。它的下部与麦弗逊式悬架一样，是一根叉臂。车轮上部由两根连杆组成叉臂，与车身相连，因此称为双叉臂式悬架。减振弹簧和减振器一般与下叉臂相连。减振支柱只承担支撑车体和减振任务，车轮的横向力和纵向力都由两个叉臂承担。

与其他类型的悬架相比，双叉臂式悬架可为设计师提供更多的设计选择，很容易计算出不同部件所承受的载荷，从而可以设计出更优化的部件和结构。

从构造上看，这种悬架系统的强度和耐冲击力都要比麦弗逊式悬架强很多。其强度高的特点被 SUV 设计师看中，这也是我们在大多数 SUV 上都能看到它身影的原因。另外由于车轮上下均有叉臂支撑，在悬架被压缩时，两组叉臂会形成反向力，可以很好地抑制侧倾和制动点头等问题。由于支撑力强，在弯道上也有利于轮胎定位的精准化，从而可以提高过弯极限。因此，双叉臂悬架也得到了高级别轿车和跑车设计师的青睐。

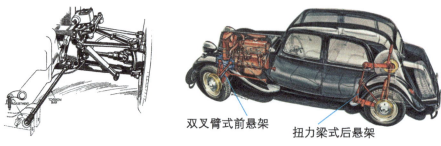

图16-2 雪铁龙"前驱"双叉臂式前悬架结构　　图16-3 雪铁龙"前驱"悬架系统

16.3 扭力梁式悬架 / 雪铁龙

1934年雪铁龙"前驱"（Traction Avant）车型上，后桥采用扭力梁式非独立悬架（图16-3）。这种扭力梁式悬架设计在汽车史上是首次应用。

扭力梁式悬架又称扭转梁式悬架等。扭力梁式后悬架的左右拖曳臂通过中间的扭力梁连接。悬架系统通过拖曳臂的前端与车身连接。当一侧车轮遇到不平整路面时，扭力梁既允许这侧车轮产生一定的跳动，同时也会对另一侧车轮产生一定的干涉。也有汽车商将它宣传为半独立悬架。

扭力梁式悬架系统结构简单，成本较低，维修方便，支撑强度高，可靠性好，但由于左右车轮之间仍有干涉，因此它的舒适性较差。现在一般都用在经济型轿车的后悬架系统上。

16.4 液压气动悬架 / 保罗·马盖斯

1942年1月的一天，雪铁龙公司的绘图员保罗·马盖斯（图16-4）得到一个调职通知，他被调到研发部工作，与那里的高手们一起解决悬架设计中的难题。保罗·马盖斯受宠若惊，他只是个绘图员，也没接受过正规的工程技术学习。他17岁时就开始找工作，非常幸运的是，他只是给雪铁龙公司寄了一份简历就被录取了。保罗·马盖斯负责维护保养生产设备。在这个岗位上他工作了11年。到1936年，他被派到技术部门帮工程师们画图纸。

保罗·马盖斯是个有心人，在技术部他学到了很多机械和汽车知识。可能是开发部实在是拿不出一个令人十分满意的悬架设计方案，雪铁龙公司的CEO就让保罗·马盖斯去试试。

图16-4 保罗·马盖斯

保罗·马盖斯研究了大量的悬架设计资料后发现，悬架系统对汽车的柔软性和操控性影响最大，而这两个性能是水火不相容。悬架设计必须根据车型定位、承载重量等选择一种合适的妥协方案，在柔软性和操控性之间做出取舍和平衡。即使这样，当汽车承载变重时，"柔软"的悬架就会令人感觉底盘不稳、乱晃、软绵绵的；反之，当承载变轻时，"硬朗"的悬架会令人感觉车身上下跳动、乱颠、硬邦邦的。

马盖斯仔细研究后意识到，最好设计一种性能可变的悬架，低承载时柔软些，高承载时硬朗些。传统的机械式悬架是无法做到的，它们的性能都是固定不变的。马盖斯巧妙地利用液压和气体的特性，设计出了一种可以随承载量变化而自动调节性能的液压气动悬架系统。

他将液压油与气体一起装入一个密封的液压球内，可压缩气体在上，不易被压缩的液压油在下，两者用隔膜隔离。液压球下是一个油缸和活塞，活塞与悬架连杆相连（图16-5）。当承载重时，悬架连杆推动活塞挤压液压油使气体被压缩，悬架性能变"硬"。反之，承载轻时，悬架性能就会变"软"。由于其是利用液压与气压的特性而设计的，因此，称这种悬架为液压气动悬架（Hydropneumatique Suspension）。

液压气动悬架还有一个神奇功能——自动调平（图16-6）。当车辆行驶在不平路面、过弯、制动、车上承载发生变化时（如前重后轻、左重右轻或相反），四个车轮上的承载重量都会发生变化，进而引起悬架的压缩行程也发生不同变化，但这种变化的趋势是始终保持车身平衡状态。从理论上讲，即使只有三个车轮，车身也能保持平衡。因此，也称这种悬架为自动调平悬架（Self-levelling Suspension）。这是汽车史上第一个主动式悬架系统。

图16-5 液压气动悬架原理示意图

图16-6 液压气动悬架自动调平功能示意图

液压气动悬架的另一个神奇功能——调节车身高度。液压球内的液压油由一个油泵供给，通过手动控制液压油的供给量，就能同时调节四个车轮上的悬架压缩行程，这样就能调节车身高度，使车身升降自如。其专利图如图16-7所示。

1954年，雪铁龙"前驱"（Traction Avant）15H车型率先采用液压气动悬架作为后悬架系统，反响极佳。1955年，雪铁龙DS车型的前悬架和后悬架都采用了液压气动悬架系统（图16-8、图16-9），并且还将它的液压系统扩展到转向助力、制动助力、离合器助力和车窗玻璃升降。一时间，雪铁龙的超级液压系统成为当时高精尖的独门技术，甚至吸引劳斯莱斯购买专利技术，装备在1965年款银影（Silver Shadow）上，实现自动调平和车身高度可调。

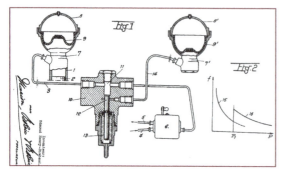 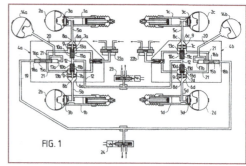

图16-7 液压气动悬架系统专利图

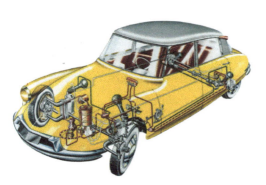 

图16-8 雪铁龙液压气动悬架系统　　　　图16-9 液压气动悬架系统结构图

16.5　麦弗逊式悬架 / 厄尔·麦弗逊

厄尔·麦弗逊（图16-10）于1891年7月6日出生在美国伊利诺伊州，1915年毕业于伊利诺伊大学。此时正值第一次世界大战期间，在一家汽车公司短暂工作后他就被派往欧洲，为美国陆军研究航空发动机。在那里他对先进复杂的工程技术有了接触和认识，从而决定了他在接下来的半个世纪里所做出的一切。

第一次世界大战结束后，厄尔·麦弗逊获得上尉军衔回到美国，先后在两家汽车公司工作后，于1934年加入通用汽车公司技术中心。仅仅一年后，厄尔·麦弗逊就成为通用汽车公司雪佛兰部的首席工程师。

1945年，通用汽车公司相信战后经济大发展，汽车销量将大增，对汽车的需求将出现多样化，于是就要求雪佛兰部尽快打造一款重量在900kg以内、轴距不超过2.74m、成本不超过1000美元的四座轿车，并把这个项目命名为凯迪德。厄尔·麦弗逊被任命为凯迪德项目总工程师。

图16-10 厄尔·麦弗逊

当时的轿车设计布局还以前置发动机、后轮驱动为主，悬架系统以板簧和扭力杆为主。这种悬架设计虽然坚固耐用，但舒适性不足，操控性也差。厄尔·麦弗逊考虑到轿车主要用于人们乘坐而不是货物运输,就决心设计一款舒适性更好的轿车。

要想提高汽车的舒适性当然要从悬架系统下手,最好的办法就是采用四轮独立悬架系统,也就是四个车轮之间相互独立,运动时不相互干扰,当一个车轮跳动时不会影响其他车轮的正常运动,这样才能保证汽车拥有较好的舒适性。但注重舒适性的悬架设计一般都比较复杂,制造成本也较高,一般都配备在豪华轿车上,比如当时的凯迪拉克轿车。厄尔·麦弗逊当时面对的最大挑战就是设计一种既注重舒适性又结构简单的独立式悬架。

厄尔·麦弗逊巧妙地将减振器放在螺旋弹簧中间,共同组成一个独特的支柱。支柱的顶端与车身相连,底端则与轮毂托架通过一个叉臂与车身相连。这样支柱不仅起到支撑车身的作用,而且还能吸收车轮上下跳动时产生的振动,保证车辆拥有较高的舒适性。四个车轮的悬架结构相互独立,组成四轮独立悬架系统。

据他的同事后来回忆说,厄尔·麦弗逊不喜欢仓促设计,他喜欢把事情想透彻后再开始动手。虽然起初看起来有点慢,但从长远来看这样更省钱。即使如此保守谨慎,厄尔·麦弗逊还是很快就完成了设计,并在1946年打造出了三辆凯迪德原型车,它们都是采用厄尔·麦弗逊设计的四轮独立悬架系统。

在原型车的测试中,凯迪德的舒适性表现不错,操控性表现更为突出。测试人员评价凯迪德的操控性甚至胜过当时的凯迪拉克轿车。然而不幸的是,凯迪德项目最后还是被取消了,因为它的制造成本超出了1000美元。据测算,凯迪德必须每年卖出30万辆才能盈利,而这在当时是不可能的。

厄尔·麦弗逊负责设计的新车型虽然没有投产,但他创新设计的独特悬架系统在1947年获得了发明专利(图16-11、图16-12),后称为麦弗逊式悬架。

厄尔·麦弗逊对取消凯迪德项目非常失望。正在他郁闷的时候,福特汽车公司伸出了"橄榄枝",厄尔·麦弗逊就在1947年加入福特,继续施展他的设计才华,尤其是要将他的独特悬架设计应用在量产汽车上。在此后的几年内,厄尔·麦弗逊致力于将他的设计融入福特的新车中。1950年,麦弗逊式悬架率先应用在福特英国子公司生产的Consul车型上,反响极好,随后迅速扩展到福特其他车型上。

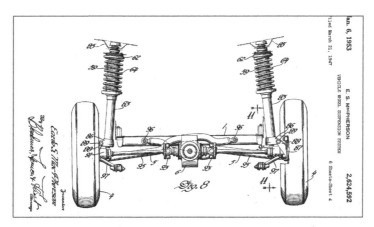

图16-11 厄尔·麦弗逊发明麦弗逊式悬架专利图(一)

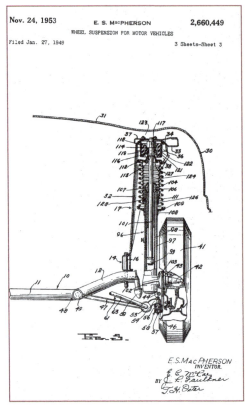
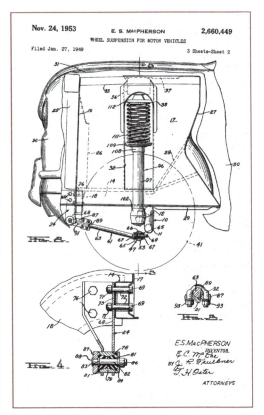

图16-12　厄尔·麦弗逊发明麦弗逊式悬架专利图（二）

麦弗逊式悬架结构简单，制造成本低，而且节省空间，这对于前置发动机、前轮驱动的车型非常有利。麦弗逊式悬架从20世纪70年代开始大放异彩，几乎所有经济型和中型轿车的前轮，都采用麦弗逊式悬架设计。至今麦弗逊式悬架仍是轿车上最常见的设计之一。

16.6　空气悬架 / 凯迪拉克、奔驰

1957年，凯迪拉克Eldorado Brougham成为第一款应用空气悬架的乘用车。1999年，奔驰CL级轿跑车成为第一款装备电子控制式空气悬架系统的车型（图16-13）。所谓空气悬架，是指采用空气减振器或空气弹簧的悬架系统。

空气减振器不像传统减振器那样充满油液，而是用一个空气泵向其充入空气，只要控制空气泵便可以调整空气减振器中的空气量或压力，从而调节空气减振器的硬度和弹性系数。空气量越多，弹性系数越大，越能提高行驶运动性和稳定性。

图16-13　1999年奔驰CL级轿跑车电子控制式空气悬架系统

空气弹簧是一个气囊,它要配合减振器一起工作。空气弹簧的空气量变化时,其弹性系数就会发生变化,从而可以调节悬架的软硬度。例如,高速行驶时,增加空气量,悬架性能变硬,提高车身稳定性;长时间低速行驶时,控制单元会认为正在经过颠簸路面,减少空气量,悬架性能变软,提高乘坐舒适性。

空气悬架是一种主动控制悬架,它的控制原理是:ECU 根据惯性传感器、车身高度、车速、转向角度及制动等信号,实时控制空气压缩机。根据每个悬架的需要,将高压空气输送到空气悬架中,调节每个悬架的行程、阻尼系数,从而使汽车具有良好的乘坐舒适性和操纵稳定性,让车身保持水平状态,或整体升降车身和底盘高度(图 16-14)。

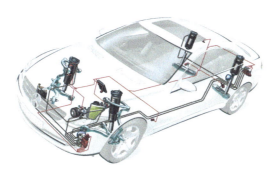

扫一扫,看空气悬架视频

图16-14　空气悬架系统结构图

16.7　多连杆式悬架 / 奔驰

1982 年奔驰推出全新车型 190E,率先在后悬架上采用多连杆设计(图 16-15),这是全球首款使用多连杆式悬架设计的量产车型。190E 被称为奔驰 C 级车的鼻祖,它当时针对的竞争对手是宝马 3 系和奥迪 80 型轿车。

悬架系统主要由连杆、减振器和减振弹簧组成。多连杆悬架,顾名思义,就是它的连杆比一般悬架要多些,按惯例,一般都把四连杆或更多连杆结构的悬架,称为多连杆式悬架(图 16-16)。

图16-15　1982年奔驰190E率先采用多连杆式悬架系统　　图16-16　多连杆式悬架系统结构图

多连杆式悬架不仅可以保证汽车拥有一定的舒适性,而且由于连杆较多,可以允许车轮与地面尽最大可能保持垂直、尽最大可能减小车身的倾斜、尽最大可能维持轮胎的贴地性，因此它们的操控性都不错。从理论上讲，多连杆式悬架是目前解决舒适性和操控性矛盾的最佳方案之一。

多连杆结构复杂，对于调校要求很高，如果调校功底不到位，采用这种悬架反而有可能适得其反。另外，多连杆式悬架的制造成本较高，支撑强度也弱于双叉臂式悬架。

16.8 主动车身控制系统 / 奔驰

1999 年，梅赛德斯 - 奔驰 CL Coupe 车型上开始装备可以控制车身平衡的空气悬架系统，奔驰称其为主动车身控制系统（Active Body Control，ABC）。

ABC 系统可以对汽车的侧倾、俯仰、横摆、跳动和车身高度进行迅速、精确地调节和控制，可以减小车身的侧倾，减小车轮外倾角度的变化，这样轮胎就能较好地保持与地面垂直接触，使轮胎与地面的附着力得到提高，可以充分发挥轮胎的驱动和制动作用。

在 ABC 中，通过控制流向每个减振器的液压油量，来自动控制弹簧座的上下移动，从而吸收外界传到车身的振动。同时，通过调节弹簧座的移动，还能够调节减振器阻尼系数的大小，使汽车的舒适性和运动性都能得到兼顾和充分发挥（图 16-17）。

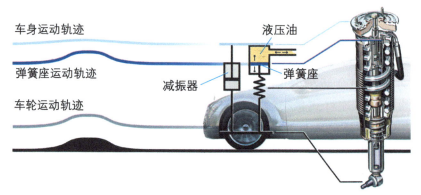

图16-17 主动车身控制系统（ABC）工作原理示意图

ABC 可以单独调节每个减振器的性能，车身在加速和制动时的前后运动，以及在转弯时的左右摆动都能得到较好的控制，并能使得车身在任何情况下都保持水平。此系统能够将车辆驶离高速公路转向时的车身晃动角控制到只有 0.7°。

中控台上设置了一个"S/C/M"转换按键，分别对应运动模式、舒适模式和手动模式，驾驶人可以根据需要选择车辆的底盘特性。如果车辆在极差的道路上行驶，需要更大的离地间隙的时候，驾驶人只需要简单地按一下按钮就能够让车子的悬架升高 45mm。而当以运动模式高速行驶的时候，车身又会自动将悬架系统降低 10mm，这样既可以减小空气阻力，又能够降低油耗。

在 ABC 中共采用了 13 个传感器和 2 个微处理器。控制系统每 0.01s 向悬架系统发出一次指令，以适应各种行驶状况，实时对汽车的行驶状况进行调节。

16.9 电磁悬架 / 凯迪拉克

2002年5月，通用汽车开始在凯迪拉克Seville STS上装备电磁悬架（Magnetic Ride Control,MRC）（图16-18），随后电磁悬架逐渐普及到通用旗下其他品牌车型上。

电磁悬架是利用电磁反应的一种新型独立悬架系统，它可以针对路面情况，在1ms时间内做出反应，抑制振动，保持车身稳定，特别是在车速很高又突遇障碍时更能显出它的优势。

图16-18 凯迪拉克Seville STS率先采用电磁悬架系统

电磁悬架的减振器内使用的不是普通油，而是一种电磁液，它是由合成碳氢化合物以及3~10μm大小的磁性颗粒组成的。一旦控制单元发出脉冲信号，线圈内便会产生电压，从而形成一个磁场，并改变粒子的排列方式。这些粒子马上会按垂直于压力的方向排列，阻碍油液在活塞通道内流动的效果，从而提高阻尼系数，调整悬架的减振效果。电磁悬架利用电极来改变减振器内磁性粒子液体的排列形状，可在1s内连续反应1000次。

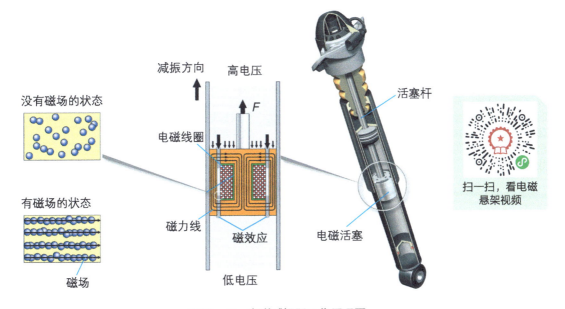

图16-19 电磁减振器工作原理图

16.10　自适应液压减振器 / 奔驰

2007年，购买奔驰轿车可以选装"敏捷操控包"（Agility Control Package）。"敏捷操控包"的核心部件是一个自适应液压减振器，它可以根据路况自动调整减振器的阻尼系数，以达到最佳的舒适性及操控性。在正常行驶并且减振器脉冲较低时，减振器的阻尼系数自动降低，从而显著提高乘坐的稳定性，并且不影响操控安全性；当减振器脉冲较高时，例如在高速转弯或躲避障碍时，减振器的阻尼系数增大，从而有效地保持车辆的稳定性。

自适应减振器中设置一个旁通门并在单独油腔中设置一个运动的控制活塞。在减振器脉冲较低时，控制活塞迫使减振器油通过旁通门，减振器中流过大量的液压油（低压高流量），减振器的阻尼就会较小，悬架就会偏软，从而保证汽车的行驶舒适性；如果减振器受到更高的脉冲，则控制活塞移动，这时减振器油不再流过旁通门，减振器中只能流过少量的液压油（高压低流量），减振器的阻尼就增大，悬架就会变硬，从而保证汽车的行驶稳定性（图 16-20）。

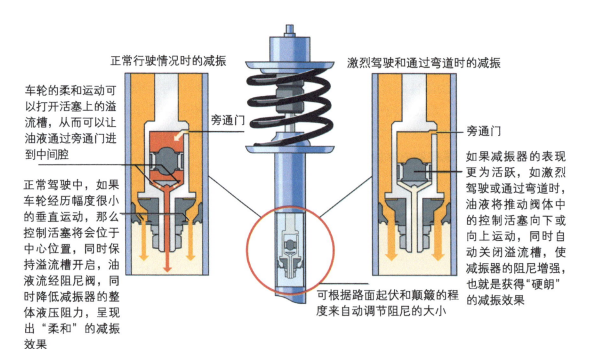

图16-20　自适应液压减振器原理示意图

16.11　电子式主动稳定杆 / 宝马

稳定杆（Anti-Roll Bar）也称防倾杆，是一根可防止或减少车身倾斜的杠杆。汽车转向时，离心力作用使车身向外侧倾斜，尤其是独立悬架的汽车，左右两轮相互独立，倾斜更严重。为防止这种倾斜，就用一根弹性杠杆将左右两侧悬架连接起来。当汽车倾斜时，外侧悬架压缩而内侧悬架伸张，从而将稳定杆扭转。由于稳定杆具有抗扭强度，故能抵抗这种扭转，阻止悬架压缩或伸张，从而减少车身倾斜。

然而，稳定杆也起到一定的"非独立化"（或一体化）作用，让独立悬架不完全独立，相互间有影响，这样必然会影响车辆的舒适性。如汽车只有一侧车轮驶上凸凹不平的地面，稳定杆便会扭转并推拉另一侧车轮，结果还不如没装稳定杆的车舒适。如装用太硬的防倾杆，其作用就像一根硬轴一样，这样独立悬架就成了非独立悬架了。设计稳定杆时，要考虑多种因素，如钢的质量、直径、长度、角度、形状、是否空心，甚至衬套等都要合适，否则就成了弄巧成拙。可自动调节性能的主动稳定杆则可帮助应对上述问题。

2001年上市的宝马7系（E65）轿车，率先配备了电子式主动稳定杆（Active Roll Stabilization）。它的结构包括稳定杆、加速度和位置传感器、ECU、电动机、液压辅助装置和其他部件（图16-21）。在稳定杆内置一台电动机，在ECU的指挥下，它可以根据行驶情况自动调节稳定杆的扭转刚度。例如，在直线行驶时，降低稳定杆的扭转力，这样可提供高度舒适的驾乘感受，尤其是对后排乘员更有益处；而在急转弯时则会提高稳定杆的扭转力，从而减轻侧倾的程度，保证车辆的行驶稳定性。

2002年上市的保时捷卡宴，采用电控液压式主动稳定杆（图16-22）。控制单元根据当前的转向角和横向加速度，来决定是否需要开启主动防倾功能，然后由控制单元向液压泵发出控制信号，液压泵驱动主动稳定杆中的圆筒啮合或分离，从而使主动稳定杆处于打开或关闭状态，从而调节稳定杆的性能。

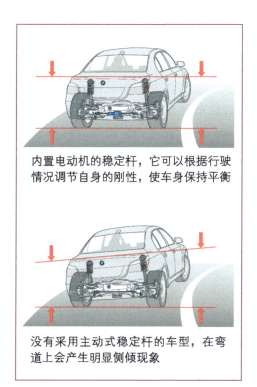

图16-21　宝马电子式主动稳定杆示意图

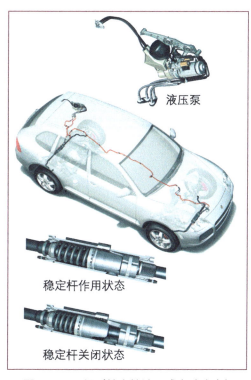

图16-22　保时捷电控液压式主动稳定杆

16.12　动态发动机支座 / 保时捷

2011 年，保时捷在第七代 911 型跑车上，率先采用了动态发动机支座（图 16-23）。它可根据汽车的行驶状态自动调节悬架的软硬度，从而将发动机的晃动和振动降至最低程度，并能够在全负荷加速时减小发动机的纵向晃动。

保时捷的动态发动机支座是利用磁流体原理实现的。这个支座相当于磁流变电磁减振器，正常行驶时，磁流变支撑系统的刚性较低，可提供柔软舒适的驾乘体验；激烈驾驶时，磁流变支撑系统就会随发动机转速的升高而提高刚性。

图16-23　保时捷动态发动机支座

16.13　可回收能量悬架系统 / 奥迪

在 2017 款奥迪 A8 轿车的悬架系统上，装备了一套可以利用车轮跳动来回收动能的系统，称为可回收能量悬架系统（图 16-24）。其原理是在每个车轮的悬架下各装备一台电机，共 4 个电机。当车轮跳动时带动电机转动，电机因而产生电能，并将电量贮存于 48V 蓄电池中以作备用。

图16-24　奥迪可回收能量悬架系统

16.14 侧面主动防护系统 / 奥迪

2017 款奥迪 A8 轿车的悬架系统上装备 4 个电机，它不仅可以回收车轮跳动产生的能量，它还可将车身一侧主动抬高，形成侧面主动防护系统（图 16-25）。当控制单元监测到汽车侧面受到撞击威胁时，悬架系统下面同一侧的两个电机开始起动，将一侧车身主动抬高 80mm，就像是用肩膀向上"扛"一下，从而提升车身侧面的防护能力。

图16-25　奥迪侧面主动防护系统

第 17 章　Chapter 17

轮胎：从充气轮胎到防爆轮胎

17.1　充气轮胎 / 约翰·邓禄普

图17-1　约翰·邓禄普

1887年10月的一天，英国的兽医约翰·邓禄普（图17-1）靠在自家兽医诊所门口，观看小儿子在鹅卵石铺就的街道上骑小三轮车玩耍。虽然儿子很吃力地蹬，但使用实心橡胶车轮的三轮车还是走不快，而且三轮车行驶在鹅卵石路面上，把儿子颠得很痛苦。在心疼儿子之际，他联想到自己出门行医乘坐的马车，那个硬邦邦的实心橡胶车轮压在石头路面上，也让自己饱受颠簸之苦。如果能用软性材料把车轮包裹起来，那一定会让骑车和乘车都舒服。想到就干，他开始寻找软性材料。

可能是行医时要接触到橡胶管的缘由，约翰·邓禄普想到了橡胶管。他在花园找到一根浇花用的橡胶软管，裁剪后用布条把橡胶软管绑在一个直径94cm长的木制圆盘上，并用胶水将橡胶软管的一端密封，找个给足球充气的管子为橡胶管充气，然后再密封好（图17-2）。

他从儿子的三轮车上卸下一个车轮，与自制的充气车轮在院子里"赛跑"。结果三轮车上的车轮很快就停止倒下了，而充气车轮却仍在前进，直到撞上门柱反弹后才倒下。充气车轮完胜实心橡胶车轮。

受测试成功的鼓舞，邓禄普又将三轮车的两个后轮都包裹上充气的橡胶管，再让儿子骑上去试试。实际测试结果非常好，不仅舒适、不颠簸，而且还轻快了许多。

邓禄普喜出望外，决心再接再厉，他开始给自行车换上充气的轮胎，并在一个宽阔的运动场里进行了多方面的性能测试，结果非常满意，这便是世界上第一个自行车充气轮胎（图17-3）。

图17-2　约翰·邓禄普将软管绑在车轮上

图17-3　第一个自行车充气轮胎

1888年12月7日，邓禄普获得了充气轮胎的发明专利。随后他很快与人合伙成立公司，开始生产充气自行车轮胎。邓禄普的自行车轮胎工厂发展很快，在爱尔兰和英国都开设了工厂。

然而两年后，苏格兰的另一个发明家罗伯特·汤姆森，却站出来质疑邓禄普发明专利的原创性，声称他分别于1846年在法国和1847年在美国，为制造充气轮胎的想法申请了专利。罗伯特·汤姆森确实曾发明了第一个橡胶充气轮胎，但因为制造成本太高而无法生产和普及。由于当时的通信条件差，相互之间的信息交流非常困难，因此没有几个人知道他的发明。

邓禄普发明充气轮胎的初衷并不是在汽车上使用的，而是用在自行车上。真正将充气轮胎用在汽车上的，还是1895年由法国人米其林兄弟实现的。

1896年，56岁的邓禄普将专利权和公司的控制权转让给了他人。作为回报，他获得了新公司的1500股股份，公司仍以他的名字命名。他退休后就去都柏林定居了。十年后，随着燃油汽车的出现和逐渐普及，轮胎需求激增，邓禄普轮胎公司戏剧性地发展成为一家跨国公司。

1921年10月23日，约翰·邓禄普在都柏林去世，享年81岁。虽然他的充气轮胎发明曾受到质疑，他也不再拥有充气轮胎发明专利所有权，但人们相信，他就是充气轮胎发明人。

17.2　胎压监测系统 / 通用

据称，胎压监测系统（Tire Pressure Monitoring System，TPMS）最初出现在1987—1989年间生产的保时捷959型跑车上。到20世纪90年代，通用汽车公司开发了自己版本的轮胎压力监测技术，称为低轮胎压力预警系统（Low Tire Pressure Warning System，LTPWS）。该系统使用安装在轮辋上的压力传感器（图17-4），当轮胎压力下降到一定水平时，传感器会向汽车的车载计算机发送无线电信号。LTPWS率先应用到1991年款雪佛兰克尔维特（Chevrolet Corvettes）跑车上，此后被其他汽车制造商广泛采用。

2000年，费尔斯通（Firestone）轮胎在美国频繁出现事故，造成严重死伤。随后此事引起美国政府的高度重视，并通过提案要求2003年11月以后，美国销售的新车要逐步将胎压监测系统作为标准配置。从此，胎压监测系统逐渐在乘用车上普及。

胎压监测系统主要有两种形式：

1）早期采用的直接式胎压监测技术。它利用安装在每一个轮胎里的压力传感器来直接测量轮胎的气压，利用无线发射器将压力

图17-4　压力传感器

信息从轮胎内部发送到中央接收器模块上并显示在仪表上（图17-5）。当轮胎气压太低或漏气时，系统会自动报警。

2）现在广泛应用的间接式胎压监测技术。它利用 ABS 的轮速传感器，比较轮胎之间的转速差别，转速较快的车轮就可能出现胎压问题。因为当轮胎气压降低时，它的滚动半径将变小，所以其转速比其他车轮快。

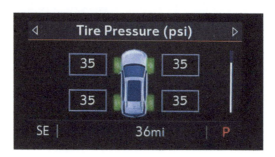

图17-5　胎压监测系统胎压显示

17.3　防爆轮胎 / 宝马

2001 年，第四代宝马 7 系率先装备防爆（Run Stability Control, RSC）轮胎。它由特别设计的轮胎和轮胎压力监视器组成。一旦轮胎压力开始下降，RSC 轮胎立即向驾驶人发出警告。即使轮胎压力下降为 0，RSC 轮胎仍能确保轮胎安全地固定在轮辋上，使车辆以 80km/h 的最高车速继续行驶 50～250km。这样，车辆上不再需要放置备胎、修理套件和千斤顶，而驾驶人也无须在路边亲自更换轮胎。

RSC 轮胎具有较坚硬的胎壁，可以支撑轮胎在压力为 0 时仍能继续行驶（图 17-6）。它还具有经过特殊设计的轮辋凸峰，能够防止轮胎在压力突然下降后脱离轮辋。

RSC 轮胎通过不断比较各个轮胎的转速而对各个轮胎的气压进行监视（轮胎压力越低，其转速越高）。在车速超过 15km/h、轮胎压力下降幅度超过 30% 时，如果某个轮胎的转速发生不规则变化，系统将通过警告灯和声音信号提醒驾驶人。

图17-6　RSC轮胎工作原理示意图

Section 4

第 4 篇

车身造型与安全设计
The Design of the Body Styling and Safety

　　不可否认,汽车造型设计是有潮流的。每个时代都有独特的流行风格,比如早期的马车样式、大方盒子汽车,以及后来的船形车身、尾鳍造型设计、"折纸"造型、流线设计、大嘴前脸等。然而,这些设计潮流都是由那些不愿随波逐流的设计师们创新引领的。他们喜欢特立独行,追求与众不同,坚决与时尚潮流撇开关系,这才使汽车造型设计后浪推前浪,时代浪潮勇往直前。

　　本篇介绍的汽车经典设计和其设计师,既是旧潮流终结者,也是新潮流引领者。从威廉·迈巴赫开启现代式汽车设计,到哈利·厄尔的尾鳍设计、汉斯·列德文克的流线型设计、甘迪尼的楔形设计,再到乔治亚罗的"折纸"设计,都是里程碑式的创新设计。而安全带、安全气囊和安全车身等安全设计,已挽救并将继续挽救无数人的生命,可谓是功德无量。

图04-1　1894年奔驰Velo,世界第一款量产车型

图04-2　1952年宾利R型欧陆

图04-3　2021年奥迪Q4 Sportback 50 e-tron quattro纯电动汽车

汽车创新名人堂（四）

现代式汽车设计之父
威廉·迈巴赫

现代方程式赛车设计首创者
费迪南德·保时捷

第一辆概念汽车设计师
哈利·厄尔

楔形车身设计大师
马塞洛·甘迪尼

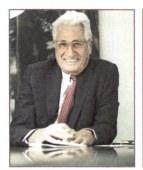
"折纸"车身设计首创者
乔盖托·乔治亚罗

流线型车身设计首创者
汉斯·列德文克

空气动力学计算设计首创者
马尔科姆·塞耶

风洞测试设计首创者
卡尔·布里尔

"火焰曲面"设计负责人
克里斯·班格

汽车被动安全设计之父
贝拉·巴恩伊

安全气囊发明人
约翰·赫特里克

定风尾翼和地面效应首创者
柯林·查普曼

硬顶敞篷车身设计负责人
布鲁诺·萨科

机电式安全气囊发明人
艾伦·布里德

汽车安全带最先使用者
沃尔特·贝克

三点式安全带发明人
尼尔斯·博林

第 18 章　Chapter 18

整车设计：从马车样式到楔形车身

18.1 现代式汽车设计 / 威廉·迈巴赫

1900 年 11 月，全新戴姆勒 35HP 车型，也是第一款"梅赛德斯"汽车（图 18-1），一经亮相即轰动车坛。它的很多反常设计成为了后来甚至今天汽车设计师们的设计原则。比如，发动机放在车头并用铁皮"包"起来，一改之前后置发动机的马车模式；底盘高度降低，门槛很低，方便上下车；前轮和后轮的直径相同，都采用充气橡胶轮胎，而此前都是前轮小、后轮大，像马车那样；前照灯装在车头，而此前都是挂在车身腰部。这些设计特征正是现代汽车的基本特征，因此戴姆勒 35HP 被称为第一款现代式汽车。它的设计师威廉·迈巴赫也因此被誉为现代式汽车设计之父。

图18-1　威廉·迈巴赫设计的梅赛德斯35HP车型

威廉·迈巴赫于 1846 年出生，19 岁时他已是一名合格的发动机设计师，并结识了戈特利布·戴姆勒。1890 年，在两位投资商的支持下，他们共同创立了戴姆勒汽车公司。迈巴赫任公司技术总监。

到了世纪之交的 1900 年，迈巴赫却遇到了三大挫折：一是他十几岁的二儿子患了精神分裂症，在精神病院度过了他的余生；二是他追随将近 30 年的戈特利布·戴姆勒因心脏病去世；三是在法国举行的从尼斯到拉特比的汽车爬坡赛中，戴姆勒公司的一位技术支持人员，在驾车过弯时发生了翻车致命事故。此事故对戴姆勒公司的负面影响很大，戴姆勒公司决定从此不再参加赛车运动。

然而，当事赛车手埃米尔·杰利内克却不认可戴姆勒公司的这种消极态度。他认为，高重心设计是导致翻车事故的主因，戴姆勒必须用性能更好的新车型去参赛，不仅发动机要轻，轴距还要更长，重心也要更低。他认为"放弃比赛就是商业自杀"。为了表明他的诚意，杰利内克一口气订购了 36 辆戴姆勒的新汽车。

针对杰利内克提出的设计要求，戴姆勒公司认真对待。迈巴赫按照杰利内克的要求和意见,从发动机、变速器到底盘、制动系统、车架等,都进行重新设计,甚至在轴承上还使用了镁铝合金。重新设计的发动机,重量减轻了很多。在后轮上安装了鼓式制动器,不仅可以通过手动控制杆操作制动,而且增加了一个制动踏板,使制动更及时、有力。

1900年12月,第一辆"梅赛德斯"交付给杰利内克(图18-2)。几个月后,在1901年尼斯赛车周的多项比赛中,"梅赛德斯"赛车获得了四个冠军和五个亚军,也使量产车型"梅赛德斯35HP"(图18-3)的销量大增。

图18-2　梅赛德斯35HP赛车

图18-3　1901年款梅赛德斯35HP

扫一扫,听梅赛德斯的故事

虽然迈巴赫设计出了挽救公司命运的"梅赛德斯",但自从戈特利布·戴姆勒去世后,他在公司中的地位就随之下降,最后竟被打发到"发明家办公室",实际上这是一个闲职。威廉·迈巴赫一气之下,于1907年离开了戴姆勒汽车公司,和大儿子卡尔·迈巴赫一起制造汽车去了。

18.2　现代方程式赛车设计 / 保时捷

1932年,德国汽车界发生了一件大事,陷入经营困难的四家汽车公司奥迪、DKW、霍希和漫游者,抱团取暖组成了汽车联盟公司(Auto Union),这也是奥迪"四个圈"标志的由来。正在这时,上台不久的希特勒在1933年的柏林车展上公布了两个新项目:

一是制造"人民的汽车";二是拿出 50 万马克资助高性能赛车的研制。人们都以为这 50 万马克肯定是让戴姆勒－奔驰公司拿走,但新成立的汽车联盟也想获得这笔赞助,好让自己渡过难关。汽车联盟的老板知道自己势单力薄,就求助费迪南德·保时捷,想共同获得研发赞助。而保时捷设计室恰好正在研发一个方程式赛车项目,于是双方一拍即合,共同游说希特勒。最后,希特勒同意将 50 万马克平分给汽车联盟和奔驰两家公司。

当时所谓的高性能赛车就是大奖赛赛车,相当于现在一级方程式赛车的前身。费迪南德·保时捷为汽车联盟设计的 A 型赛车于 1934 年初问世(图 18-4),它具有很多开创性的设计,其中三项创新设计仍影响着今天的方程式赛车。

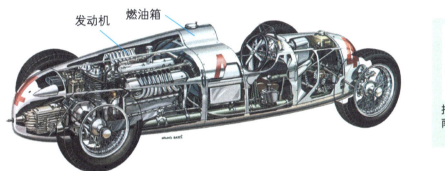

扫一扫,听费迪南德·保时捷的故事(下)

图 18-4　汽车联盟A型赛车

1)将发动机放置在车身中间,采用后中置发动机、后轮驱动方式,并将驾驶座放在离车头约 1/3 车长处,一反当时盛行的长车头模式(同时期的奔驰赛车仍是长车头设计)。

2)将燃油箱放在驾驶座背后,接近车体中部位置。这样,不管燃油消耗多少,在比赛中车体重心都不会发生太大变化,从而更利于操控,使车手不必像以往那样,必须根据重心变化而不断调整驾驶技巧。

3)前轴和后轴都非常接近车身两端,前轮几乎与车头齐平,这样可以提高转向的灵敏性。

汽车联盟的赛车采用 V 型 16 缸机械增压发动机,最大功率高达 520 马力,四轮独立悬架。它在所参加的 64 场比赛中,竟然获得了 32 场胜利。

18.3　概念车设计 / 哈利·厄尔

哈利·厄尔于 1893 年出生在美国好莱坞,他父亲是一位车身制造商,专为好莱坞明星定制个性化的车身。那时候的汽车制造商只制造带动力的底盘,而车身则由专业车身制造商打造。哈利·厄尔从小耳濡目染,对车身打造很有兴趣。在斯坦福大学上学期间,他也时常到父亲的车身厂帮忙,兼任车身造型设计师,并开始显露设计才华。后来,父亲的车身厂被一位凯迪拉克经销商买走,专门从事凯迪拉克的车身定制业务,但哈利·厄尔仍负责造型设计指导工作。

有一天,凯迪拉克汽车的总经理劳伦斯·费希尔到凯迪拉克经销店巡察调研。他在车身厂遇到了哈利·厄尔,并慧眼识出这位年轻人的设计才华,尤其是利用黏土模型设计车身的方式,给费希尔留下了深刻印象。随后,他邀请哈利·厄尔加入通用汽车公司,并说服通用汽车公司老板为哈利·厄尔专门设立了一个新部门:艺术与色彩部(后更名为造型设计部)。就这样,哈利·厄尔成为通用汽车公司以及美国汽车业第一位造型设计部主管。

哈利·厄尔不负重托,仅用三个月就设计出凯迪拉克"拉萨尔"(La Salle)车型(图18-5)。1927年,拉萨尔一经推出就引起轰动。它那圆润的线条、锥形的尾部和修长低矮的车身,与当时高大的方盒子式汽车格格不入。一时间,"拉萨尔"成为当时最能代表时尚潮流的作品。

1938年,哈利·厄尔放飞思想,组织团队大脑风暴,打造出令人瞠目的别克Y-Job车型并在1939年亮相(图18-6)。这款造型奇特的汽车并不是为了马上投产而设计的,它只是用来展示设计思想和理念。这种做法前无古人,别克Y-Job被称为世界第一款概念车。哈利·厄尔被称为概念车之父。

图18-5 凯迪拉克"拉萨尔"

图18-6 别克Y-Job概念车

在当时看来,别克Y-Job是一款梦想之车。它的整体造型扁平而低矮,与此前高高大大的汽车成鲜明对比;从发动机盖、挡泥板到车尾,都采用连续曲面造型设计,极具流线型;采用隐藏式前照灯、机枪瞄准器式车头立标以及现在仍在使用的别克垂直瀑布格栅设计。别克Y-Job亮相后数十年,它的很多超前设计元素成为了其他汽车设计师争相模仿的对象。

18.4 尾鳍造型设计 / 哈利·厄尔

通用汽车公司造型设计部主管哈利·厄尔喜欢把航空设计元素纳入汽车设计。洛克希德P-38"闪电"喷气战斗机的尾部设计引起了他的注意。哈利·厄尔曾带领设计团队到底特律附近一个空军基地,观察临摹P-38战斗机数小时。1948年他在凯迪拉克汽车上第一次采用高尾鳍设计,从此美国汽车的尾部开始翘了起来,而且尾鳍一年年长大,并在1959年款凯迪拉克Eldorado车型（图18-7）上达到高潮。但进入20世纪60年代后，尾鳍设计就渐渐消失了。

图18-7　1959年款凯迪拉克Eldorado

哈利·厄尔还是电镀装饰的开创者，据称这也是他从P-38战斗机的进气口受到的启发。他率先在1948年款凯迪拉克汽车上采用夸张的电镀前保险杠、进气格栅和电镀门把手等，增加视觉活力，显得珠光宝气、豪华富贵。然而，后来同行们采取了"越多越好"的方法，大量使用明亮的电镀装饰，直到汽车看起来俗气不堪为止。

1951年，哈利·厄尔主导设计的别克LeSabre概念车推出（图18-8）。此车的最前端有一个模仿战斗机的圆形进气口，车尾有翘起的尾鳍，更重要的是有一个类似战斗机座舱的前风窗玻璃设计，玻璃在两端急剧弯曲形成一个漂亮的弧度。从1954年起，这种弯曲的风窗玻璃设计就在全世界流行起来，一直到今天都是如此。

1959年，哈利·厄尔组织设计团队打造出"火鸟"Ⅲ型概念车（图18-9）。它不仅采用并列双驾驶舱设计，搭载两台发动机，而且使用操纵杆驾驶，把操纵杆往前推是加速，往后拉是制动，往左拨是左转，往右拨是右转。此车可能是"最飞机"的汽车设计了，也是哈利·厄尔退休前的最后一件作品。

图18-8　1951年哈利·厄尔与别克LeSabre概念车　　图18-9　"火鸟"Ⅲ型概念车

18.5　楔形车身设计 / 马塞洛·甘迪尼

马塞洛·甘迪尼被称为楔形大师，因为他开创性地为兰博基尼树立了楔形超跑形象，帮助兰博基尼成为法拉利跑车的对手。

马塞洛·甘迪尼于1938年8月26日出生在意大利都灵，父亲是一名乐队指挥。甘迪尼从小就对汽车设计和机械充满热情。他高中毕业后就以独立设计师的身份从事设计工作。1965 年，甘迪尼加入博通设计公司。甘迪尼很幸运，在加入博通后立即得到了一份为兰博基尼设计的任务，并很快在 1966 年日内瓦车展上推出他的第一件作品，这就是兰博基尼"米拉"（Miura）。米拉因漂亮的车身造型而成为当年日内瓦车展上最耀眼的明星（图 18-10），从此兰博基尼被认为是法拉利的真正对手。甘迪尼也借助米拉而一炮而红。

图 18-10　兰博基尼"米拉"

扫一扫，听费鲁吉欧·兰博基尼的故事

继米拉设计成功后，甘迪尼为兰博基尼设计的"康塔什"（Countach），更是一举奠定了甘迪尼作为汽车设计大师的地位。1971 年日内瓦车展上首次亮相的康塔什（图 18-11）是革命性的设计，它的楔形车身造型和剪刀式车门，惊艳了世界车坛。其中"剪刀门"从此也成为兰博基尼的经典设计特征。康塔什的前脸优雅而锐利，扁平的前风窗玻璃与前盖无缝连接，从前端至车顶，直至发动机盖，形成渐进的曲线。从挡泥板到后车门，勾勒出这一全新设计的特点，新颖独到，令人惊喜。

图 18-11　兰博基尼"康塔什"

康塔什成为兰博基尼造型设计的分水岭，从此兰博基尼以楔形为主要设计特征，在强大动力的助威下开始与法拉利争夺超跑市场。甘迪尼也因此成为楔形设计的开山鼻祖，被誉为意大利楔形大师。

18.6　"折纸"车身造型 / 乔盖托·乔治亚罗

1967 年，乔盖托·乔治亚罗（图 18-12）离开吉亚（Ghia）设计室，与他人合伙创办了"意大利设计乔治亚罗"（Italdesign Giugiaro）工作室。从此，乔治亚罗的黄金时代到来了。

他的优秀设计作品一个接一个地亮相，如阿尔法·罗密欧（Alfasud），大众高尔夫、尚酷，蓝旗亚Delta，布加迪EB112，萨博9000和斯巴鲁SVX等。其中最有代表性的作品是1974年设计的第一代大众高尔夫车型（图18-13）。

图18-12　乔盖托·乔治亚罗

18-13　1974年第一代大众高尔夫

乔治亚罗在高尔夫上充分展现"折纸"设计手法，车身平整，线条笔直，棱角分明，风格简约，极富力量感和个性魅力。他的独特设计也造就了一代名车高尔夫。

乔治亚罗还将"折纸"手法应用在此后设计的多款车型上，它们都是棱角分明的经典造型，而且都在市场上获得了巨大成功。如：1973年第一代大众帕萨特（图18-14）；1976年路特斯精灵（Esprit）（图18-15）；1979年蓝旗亚Delta；1980年菲亚特熊猫（Panda）（图18-16），其车身线条更加简约，乔治亚罗将此车形容为"像牛仔裤一样简单、实用、没有褶皱的衣服"；1981年德劳瑞恩（DeLorean）DMC12（图18-17），使用不锈钢材料打造车身，极具未来科幻感，曾在电影《回到未来》中被改装成时光机；1983年菲亚特乌诺（Uno）（图18-18）；1984年蓝旗亚Thema（图18-19）等。乔治亚罗开创的"折纸造型"设计理念，至少影响了世界汽车设计20年，因此也把20世纪70年代称为汽车设计的"折纸时代"。

图18-14　第一代大众帕萨特

图18-15　路特斯精灵（Esprit）

图18-16　菲亚特熊猫（1980年）

图18-17　德劳瑞恩DMC12

图18-18　菲亚特乌诺（1983年）

图18-19　蓝旗亚Thema（1984年）

18.7 轻型越野车设计 / 威利斯"吉普"

当得知美国将参与第二次世界大战的欧洲战场时，美国陆军联系了135家美国公司，想要制造一种四轮驱动的侦察车。最后只有两家公司做出了回应：美国班塔姆（Bantam）汽车公司和威利斯·欧弗兰德（Willys-Overland）汽车公司。陆军提出了一个看似不可能完成的任务：49天内提供一个原型车。威利斯要求延长时间，但被拒绝了。班塔姆汽车公司只剩下一名设计师，于是请来了底特律的天才自由设计师卡尔·普罗布斯特。

普罗布斯特在短短两天内就为班塔姆侦察车制定了完整的设计方案，并按期提交了原型车送往军方进行测试。测试结果表明，除发动机动力稍弱外，其他性能指标都符合陆军要求。然而，陆军认为班塔姆公司的生产能力太低，无法提供所需的车辆数量，所以它向威利斯和福特两家公司提供了班塔姆的设计，希望他们也能提供各自设计的四轮驱动侦察车，并鼓励他们对原设计进行修改。

威利斯和福特很快提交了自己的设计作品，并且三家公司都使用同一家公司制造的分时四驱系统（图 18-20）。这套分时四驱系统简单可靠，它没有中央差速器，不像当时其他四驱汽车那样通过锁死中央差速器来实现四轮驱动，而是通过手动操作接通和断开前传动轴的方式，在四驱和两驱间选择，实现分时四驱方式（图 18-21）。

1941 年 7 月，威利斯公司击败了另外两家竞争对手，以每天生产 125 辆的速度成为第一供应商，福特是第二供应商。当初最早提供原型车的班塔姆公司，因生产规模太小而出局。几个月后，为了加快生产速度，美国陆军部要求威利斯把全套设计图纸交给福特，两家公司同时生产同一种车型。福特生产的车型称为 GPW，威利斯称为 MB 型（图 18-22）。

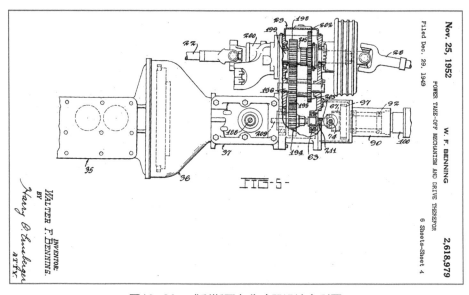

图18-20　威利斯军车分动器设计专利图

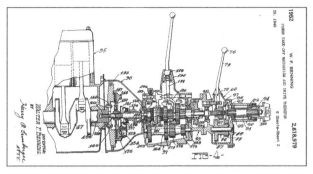
图18-21　威利斯军车传动系统专利图

图18-22　威利斯MB型

威利斯 MB 型在第二次世界大战期间被称为"吉普"（Jeep）。它只有 3.36m 长，净重 1113kg，加满油可行驶 480km。它采用非承载式车身（图 18-23），配备一套简单高效的分时四驱系统，越野能力相当强悍，而且维修方便简单。

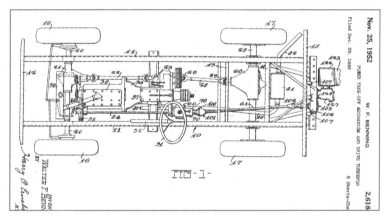
图18-23　威利斯军车车架构造专利图

威利斯"吉普"在战争中扮演了许多角色：机枪架、侦察车、拉炮车、救护车、轻型货车、前线指挥车、枪支弹药运输车等。美国著名军事记者俄尼派尔报道说："我认为没有吉普我们就无法继续战争。它任何事情都能做，像狗那样忠诚，像骡子那样强壮，像山羊那样敏捷。它实际载重能力是其设计的两倍，且能够不知疲倦地奔跑。"这么看来，威利斯"吉普"才是 SUV 的鼻祖或先驱，只是那时 SUV 这个词还不存在。

1947 年，英国路虎利用 Jeep 的底盘打造了一款属于自己的轻型越野车，由此诞生了传奇的路虎品牌。

18.8　运动型多功能车（SUV）设计 / 吉普

20 世纪 80 年代，美国政府创造了一个新的汽车类别，称为"运动型多功能车"（Sports Utility Vehicles，SUV），特指兼有多功能车和轿车性能的车型。SUV 这个术语很快就传遍了全世界。

1984年，全新设计的新一代吉普切诺基（Jeep Cherokee）（图18-24）推出，它被认为是世界第一辆真正意义上的运动型多功能车型。其主要设计特点包括：配备四轮驱动系统，在行进中可以切换分时四驱和全时四驱方式；底盘离地间隙比较大；前轮采用多连杆独立悬架；采用承载式车身结构，将梯形框架与车身集合成一体；两厢式造型设计，车厢内有轿车式的布局和舒适感觉。

1984年款吉普切诺基搭载2.5L直列4缸发动机，最大功率122马力，车长4.2m，轴距2.576m。后来北京吉普汽车公司引进组装生产的就是这一代切诺基。

图18-24　1984年款吉普切诺基

18.9　多用途车辆（MPV）设计 / 克莱斯勒

1984年，克莱斯勒推出的道奇Caravan车型（图18-25），以及同年雷诺推出的Espace车型（图18-26），被认为是让多用途车辆（Multi-Purpose Vehicle，MPV）流行起来的最重要车型，它们同是MPV的先驱。

图18-25　道奇Caravan　　　　　图18-26　雷诺Espace

MPV车型采用前置发动机、前轮驱动设计，而一些MPV系列也提供全轮驱动车型，比如奔驰R级。MPV采用两厢式或单厢式车身设计，允许发动机挤占少许驾驶室空间。车身结构有A、B、C和D支柱。一般MPV都采用滑动侧门设计，方便乘员进出。MPV的轴距较长，以便创造一个更平坦的地板、更高的空间、更直立的侧面轮廓。

MPV最常见的座椅配置形式是两排（2+3）或三排（2+3+2、2+3+3）。地板上可以安装座椅滑轨，实现座位的灵活变化。1995年，本田奥德赛（Odyssey）推出了可折叠成地板的第三排座椅，随后被许多MPV模仿。后来又出现了第二、第三排座椅都可折叠成地板的设计。

第 19 章　Chapter 19
车身空气动力学设计

19.1　流线型车身设计 / 汉斯·列德文克

奥地利人汉斯·列德文克是第一辆流线型汽车的设计师，他在 1934 年设计的捷克太脱拉（Tatra）T77 型轿车（图 19-1），被认为是流线型汽车的鼻祖。

图19-1　太脱拉T77型

其实，T77 的流线型尾部设计是无心插柳之作。汉斯·列德文克之前设计的太脱拉汽车，如 T57 型和 T70 型，都是把发动机放在前部。但由于是风冷发动机，使用飞轮带动风扇进行冷却，排量大的发动机甚至要使用两个冷却风扇，所以发动机的噪声非常大，影响驾乘舒适性。于是，汉斯·列德文克在设计 T77 时，就把 V8 缸风冷发动机放置在驾乘舱后面。为了能安放下体形庞大的发动机，必须将车尾加长，并设计成曲面造型，也就是流线型。后来感觉车尾太"秃"了，就设计了一个纵向尾翼。这也使得太脱拉 T77 成为那个时代非常酷炫、极有科技感的车型。

费迪南德·保时捷为德国大众设计"人民的汽车"，也就是后来"甲壳虫"的原型车并公开亮相时，太脱拉公司认为德国大众严重抄袭了 T77 的多项原创设计，包括后置风冷发动机布置方式、冷却发动机的气流引导方式、车身造型设计等。然而，随后很快就爆发了第二次世界大战，起诉被中止。战争结束后，太脱拉不依不饶，继续控告大众汽车侵权。1965 年，德国大众以赔偿太脱拉 100 万马克而庭外和解。

第二次世界大战结束后，汉斯·列德文克被指控与德国占领军勾结，并在捷克斯洛伐克被监禁了五年。1951 年获释后，他拒绝再为太脱拉工作，退休后前往德国慕尼黑定居，并于 1967 年去世，享年 89 岁。

19.2　风洞测试设计 / 克莱斯勒"气流"

1930 年初的一天，美国克莱斯勒汽车公司的卡尔·布里尔等四位开发工程师突发奇想，鼓动老板拨款建了一个风洞试验室，要像给飞机做空气动力学试验那样，也要在风洞中测试开发新车型。他们要根据风洞试验来塑造汽车的外观造型。风洞试验室很快就建好了，他们按照新车设计流程，将新车比例模型放在风洞中测试，并根据测试结果不断对新车造型修改、调整。到 1930 年 4 月，他们已至少测试了 50 个新车模型。

当时的汽车造型主要为两厢式，前部是长长的车头，后部是方盒子似的驾乘室，前风窗、车窗和后风窗基本都是垂直的。这种车身造型的空气动力学特性非常差，行驶时空气阻力很大。卡尔·布里尔他们的设计目标是尽力减小汽车行驶中遇到的空气阻力，要让空气顺利、快速地流过车身周围。

他们经反复试验发现，阻碍空气从车身周围流动的主要是前风窗玻璃、散热器格栅、裸露的前照灯、巨大的挡泥板等。于是他们就将前风窗玻璃由垂直改成倾斜式，并将整块玻璃改成两块玻璃而且呈 V 形设计；垂直的散热器格栅改成倾斜的瀑布式造型；前照灯也尽量嵌入车身而不再凸出在外；挡泥板也与车身更加接近并将轮胎覆盖着；发动机位置往前移，驾驶座位也往前移，使车头变短而驾乘室加长，增大了乘坐空间。另外，为了增强车身强度，还采用全钢车身架构，而当时的主流车型仍在采用木头和钢混合的结构框架。

这么一来，新车型确实更具流线型，与同时代的"方盒子"汽车相比，就像是外星人的太空车一样另类。为了突出这款新车具有非凡的空气动力学性能，就将其命名为"气流"（Airflow），并在 1934 年开始上市销售（图 19-2）。

图19-2　克莱斯莱"气流"车型

克莱斯勒的这次大胆创新很吸引眼球，但却没赚到钱。由于它的全钢车身结构对当时的焊接技术提出了挑战，不仅制造成本提升了不少，而且导致早期生产的汽车出现严重的制造缺陷。更要命的是，人们似乎对这种风洞出来的汽车造型并不感兴趣，这种像土豆似的汽车没有原来"方盒子"汽车更有派头，甚至有人认为将发动机盖、瀑布式格栅、前照灯和挡泥板连成一体的设计像是个"大肿包"。

"气流"虽然造型现代、设计先进，但当时人们的审美还跟不上，公众还无法接受它的设计理念。"气流"第一年的销量仅为 1 万来辆，以后逐年降低，生产 3 年后就不得不停产了。由于"气流"代表当时美国最先进的汽车设计，因此丰田进军汽车业后推出的第一辆汽车就是模仿克莱斯勒"气流"设计的。

19.3 空气动力学计算设计 / 马尔科姆·塞耶

恩佐·法拉利曾称捷豹 E 型（Jaguar E-Type）是"有史以来最漂亮的汽车"。当人们看到捷豹 E 型后，大多会同意恩佐·法拉利的看法。捷豹 E 型的外观造型就是由马尔科姆·塞耶（图 19-3）设计的。但他不喜欢别人称呼他是汽车造型师或设计师，他坚称自己是空气动力学专家。因为他所设计的捷豹跑车和赛车，都是根据空气动力学、曲面几何学等理论，用钢笔、计算尺和对数表手动计算出来的，而不是像造型师那样凭感觉和艺术审美画出来的。

图19-3　马尔科姆·塞耶

马尔科姆·塞耶于 1916 年出生在英国，他的父亲是一位数学和艺术老师。他 17 岁时获得帝国奖学金并就读于拉夫堡大学的航空和汽车工程系。毕业后正赶上第二次世界大战，他加入英国布里斯托飞机公司工作。由于工作特殊，他被免于参军上前线。1948 年，马尔科姆·塞耶跑到伊拉克巴格达大学任教并负责维护政府车队。虽然这是一次不成功的冒险行为，但他遇到了住在同一个帐篷里的一位德国教授。这位教授帮他认识了曲面几何与函数恒等式的数学关系，从而使他有可能通过数学计算就能设计出优美而科学的车身造型。

1950 年，马尔科姆·塞耶回到英国后，向捷豹汽车公司申请一个工程师的职位。当时面试他的是捷豹的总设计师海因斯，海因斯对他曾在飞机公司工作和他的空气动力学数学方法很感兴趣。就这样，从 1951 年起，马尔科姆·塞耶加入了捷豹汽车工程设计室。

马尔科姆·塞耶是最先将空气动力学计算应用在汽车设计上的设计师，他喜欢用数学计算出车身每个部位的曲面和线条。他将汽车造型按 1∶1 画在墙上一张大纸上，使用滑动计算尺和对数表，分别计算并标出各个部位的数据。他这样做的目的之一是减小空气阻力，让车身造型符合空气动力学；其二是美观，让车身造型符合美学。这个设计程序现在已由计算机帮忙完成了，即计算机辅助设计（CAD）。而那时马尔科姆·塞耶是使用德国教授教给他的一套方法，用数学设计图形完成捷豹车身造型设计。

根据他的计算数据设计出原型车后，还要进行空气动力学测试。当时捷豹还没有风洞试验室，马尔科姆·塞耶只好将原型车的身上沾满羊毛，原型车在前面跑，他驾车跟在旁边，仔细观察车身上的羊毛如何受到气流的影响，然后根据受影响的情况再做出精准计算和调整。

在捷豹汽车的总设计师海因斯的领导下，马尔科姆·塞耶将空气动力学理论应用在车身设计上，从 1951 年起参与捷豹赛车造型设计。他参与设计的第一辆车是捷豹 C 型赛车（图 19-4）。这是捷豹首次赢得勒芒 24 小时耐力赛的车型。1952 年，捷豹推出了 D 型赛车（图 19-5）。这款车和 C 型赛车一样，虽然使用了相对较小的发动机，然而它的车身造型和曲面车身是马尔科姆·塞耶利用空气动力学和数学计算精确设计的，从而使捷豹 D 型赛车在 1955 年、1956 年和 1957 年赢得勒芒 24 小时耐力赛三连冠。D 型赛车在跑道上最快速度达到 309km/h！这要得益于马尔科姆·塞耶的空气动力学计算设计。

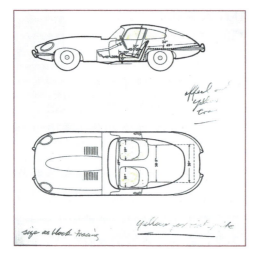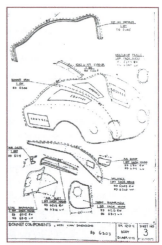

图19-4　马尔科姆·塞耶绘制的捷豹C型跑车设计图

图19-5　捷豹D型赛车

1961 年，马尔科姆·塞耶借助空气动力学和数学计算，设计出了极致漂亮的捷豹 E 型跑车（图 19-6、图 19-7）。捷豹 E 型是捷豹和马尔科姆·塞耶的巅峰之作，它那长长的发动机盖、嵌入车身的圆形前照灯、椭圆形的进气格栅、两侧凸起的前翼子板以及优美的车身曲线、圆滑性感的尾部造型，堪称汽车美学的经典设计元素。

当捷豹 E 型在 1961 年日内瓦车展上亮相时，它不仅在性能上超越了当时的对手，只用 7s 就可以从静止加速到 100km/h，最快行驶速度可到 240km/h，而且它的优美身姿着实让同时代的其他车型相形见绌。即使过了 60 多年，今天它仍被认为是历史上最漂亮的汽车之一。此车一直持续生产到 1974 年，总产量 7.2 万辆。捷豹 E 型跑车已成为汽车设计史上美的标志。

图19-6　捷豹E型敞篷跑车

图19-7 捷豹E型跑车

扫一扫，听捷豹创始人的故事

19.4　赛车定风尾翼 / 柯林·查普曼

20世纪60年代末，国际赛车界开始意识到，单纯提高赛车的最高车速并不是取胜之道。如何增强轮胎的抓地力，那才是制胜的关键。英国莲花车队的老板柯林·查普曼（图19-8），最早意识到了这个问题。1967年，他在莲花38型赛车上安装了一个类似飞机使用的"黑匣子"，用来记录赛车在快速行驶时产生的升力，尤其是尾部升力。测试结果让柯林·查普曼大吃一惊，赛车在高速行驶时会产生非常大的升力，从而影响赛车过弯时的稳定性。柯林·查普曼不得不重新认识空气动力学对赛车设计的重大意义，从此开始在空气动力学上的大胆冒险尝试。

图19-8　柯林·查普曼（1928—1982）

柯林·查普曼首先是将莲花49型赛车设计成楔形车身，依靠自身形状而在尾部产生一定的下压力。这样做显然不能满足柯林·查普曼对下压力的巨大渴求，他竟然于1968年初在莲花49B型赛车的尾部加装了一个高高的扰流板（图19-9）。有时甚至前后各加装一个高高的扰流板（图19-10），以平衡扰流板所产生的下压力。前部的扰流板现在称为导流板，尾部的扰流板现在俗称定风尾翼或尾翼。

图19-9　路特斯49B型F1赛车

图19-10 路特斯49B型赛车双扰流板设计

毫无疑问，尾翼设计是查普曼对赛车空气动力学设计的巨大贡献。尾翼的作用是增加赛车尾部的下压力。它的原理与飞机机翼一样，只不过是倒过来了。机翼产生升力，使飞机得以升空；把机翼倒过来装在赛车尾部，就能产生下压力，增加后轮的抓地力。后来，这种高高的尾翼很容易在快速行驶中折断，给参加比赛的车手们造成安全隐患，于是它的高度就逐渐降了下来。

柯林·查普曼后来还发现，虽然尾翼能提高赛车过弯时的速度，但在直道上奔跑时会影响速度，因为尾翼在提供下压力的同时也增加了空气阻力。于是他就设计了一种可由车手用脚操纵的可调角度的尾翼，在直道上高速行驶时将尾翼调整为水平状态，以减小空气阻力；过弯时恢复正常角度，以获得下压力。

1969赛季，柯林·查普曼对于尾翼的改进达到了疯狂的境地。赛季初期，双层尾翼、三层尾翼轮番登场。他发现了一个规律，尾翼面积越大，赛车单圈成绩越好。在西班牙巴塞罗那的大奖赛上，查普曼再度加宽莲花49型赛车的尾翼。然而这次做过了头，两辆莲花赛车都在比赛中失去了控制，尾翼变形后脱离车体飞了出去。

为了安全起见，国际汽联不得不痛下决心，禁止F1赛车上出现任何扰流翼板。但禁令的颁布招致了所有车队的抗议。国际汽联不得不恢复扰流翼板，但是对安装有极严格的限制。

莲花车队依靠柯林·查普曼在空气动力学上的大胆尝试，在1968年和1970年赛季都获得了车手和车队双料总冠军。

19.5 赛车地面效应 / 柯林·查普曼

2021年赛车界传来消息，国际汽联开始部分解禁使用"地面效应"设计F1赛车，以提高F1比赛的激烈和精彩程度。地面效应（Ground Effect）是指运动物体贴近地面运行时，地面对物体产生的空气动力干扰。在20世纪70年代，柯林·查普曼带领莲花车队，依靠他发明的地面效应设计赛车，统治了F1赛场很多年。

1975年8月，柯林·查普曼意外获得灵感，如果在车体底部产生负压力，那么车体上部的正压力就会产生强大的抓地力。这种想法如果能够实现，那么它要比尾翼对抓地力的提升更大。查普曼想到就开始行动，他请来英国空军的空气动力学专家帮助设计，并且将赛车放在帝国理工学院的风洞中进行测试。经过两年的努力，1977年，莲花车队推出了采用查普曼地面效应理论设计的莲花78型赛车（图19-11）。

莲花78型赛车的底部设置两个侧舱，侧舱底部呈弯曲凸起状，就像是倒置的机翼。当气流从侧舱底部流过时，弯曲的底板就会使气流加速，根据伯努利定律，底板就会产生负压或下压力，使赛车在转弯时能"吸"在路面上，以较高的车速过弯。这就是所谓的地面效应。

弯曲的底板产生下压力的原理，和机翼产生升力的原理一样，只不过是将机翼的升力给倒了过来。但要注意的是，从赛车两侧进入底部的空气会削弱地面效应。为此莲花工程师给车身添加了软性的橡胶侧裙板，像密封条那样将赛车底部气流密封住。

1977年，莲花78型赛车第一年参加F1就获得了5个分站冠军。赛场上的领先优势太大了，以至于引起其他赛车队疯狂模仿，"地面效应"成了当时最时髦的赛车词汇。

1978年赛季，结合导流板、尾翼的成熟设计以及地面效应的巧妙利用，莲花79型赛车（图19-12）将空气动力学在赛车上的威力发挥到了极致，莲花赛车横扫F1赛场，共取得8个分站赛冠军，最终夺得年度车手和车队双料总冠军。

图19-11　路特斯78型F1赛车

图19-12　路特斯79型F1赛车

1979年，查普曼有点疯狂了，他开始走向极端。他要建造完全利用地面效应而不需要尾翼产生下压力的赛车。新设计的莲花80型赛车（图19-13）的侧舱底板一直延长到尾翼末端，试图获得尽可能大的吸地力。然而，由于时间仓促，莲花80型赛车存在严重的空气动力学问题，根本无法参赛，只好启用莲花79型赛车应付。但耽误的时间已无法弥补，而其他车队对地面效应设计的模仿已非常成功。莲花赛车失去了优势，一时陷入困境，不仅当年与冠军无缘，而且从此一蹶不振。

图19-13　路特斯80型F1赛车

扫一扫，听柯林·查普曼的故事

其实，查普曼的地面效应也存在致命弱点。地面效应需要保持车底气流与周围气流隔离。但比赛过程中状况多变，万一车辆遭碰撞损坏或遇到路面颠簸，车底气流与周围气流互通后，地面效应就会失效，下压力会突然锐减而导致车辆失控，后果不堪设想。为防意外，国际汽联在1983年要求F1赛车必须采用平底设计，从而禁止了疯狂的地面效应。

19.6　主动空气动力学系统 / 兰博基尼 ALA

2016年10月，兰博基尼推出Huracan超跑的性能版车型Huracan Performante。为了改善其空气动力学特性，Huracan性能版配备了一套能随着状态不同而灵活改变的主动空气动力学系统（Aerodinamica Lamborghini Attiva，ALA）。

前主动导流板内藏有一块电动机控制的挡板（图19-14），通过它的打开或关闭，可以引导气流经过发动机舱增强冷却性能、增强下压力，但同时也增大了前端空气阻力；或者引导气流通过汽车底部，降低空气阻力，但下压力也随之降低了。

后主动扰流板采用中空结构（图19-15），中空结构可以形成导流空气的管道。当导流管内的挡板关闭时，可以引导气流到后主动扰流板的表面，降低空气阻力，但减小了下压力；或者引导气流通过后主动扰流板、产生下压力，但也产生空气阻力。据兰博基尼声称，ALA可产生比标准版高75%的下压力。

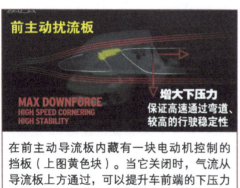

在前主动导流板内藏有一块电动机控制的挡板（上图黄色块）。当它关闭时，气流从导流板上方通过，可以提升车前端的下压力（上图）；当它打开时，气流从导流板下方通过并流向后主动扰流板，可以减小空气阻力（下图）

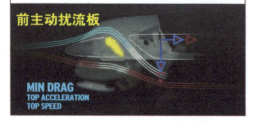

图19-14　兰博基尼Huracan前主动导流板

后主动扰流板采用中空结构，中空结构可以形成导流空气的管道。当导流管内的挡板关闭时，从车身上方流过来的主要气流都从导流板上方通过，这样可以提供较大的下压力（上图）；当挡板开启时，从车身流过来的部分气流不从导流板上通过，这样可以减小空气阻力（下图）

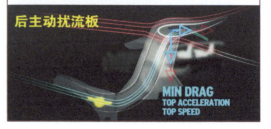

图19-15　兰博基尼Huracan后主动扰流板

更妙的是,中空支柱内的两片挡板,可以根据汽车过弯时的转向只打开一边(图 19-16)。例如右转弯时,右侧挡板就会关闭,同时左侧挡板打开,这样下压力就都在右后轮上。利用下压力来"压住"因为离心力被拉伸的悬架,最终使单侧车轮获得更大的下压力,从而使车轮抓地性更强,提升操控性表现。ALA 的工作速度范围是 70~310km/h,在此范围内,系统可以在 0.5s 内打开或者关闭挡板。

车辆通过弯道时,可以将一侧的挡板开启而将另一侧的挡板关闭,利用下压力来"压住"因为离心力被拉伸的悬架,最终使单侧车轮获得更大的下压力,从而使车轮抓地性更强,提升操控性表现

图19-16 兰博基尼Huracan主动空气动力学系统

在正常驾驶和运动模式下,ALA 的所有气流通道都打开,以减小行驶阻力。也可以由驾驶人设定在某个车速时,所有气流通道都闭合,从而增加下压力、提高行驶稳定性。

兰博基尼 ALA 应是迄今最有创意、最复杂的主动空气动力学系统。

19.7 自动挡风系统 / 奔驰

2010 年,奔驰在 E 级敞篷车型上推出了全球首创的自动挡风系统(AIRCAP)(图 19-17)。通过按钮即可启动自动挡风系统,从而显著减少全新敞篷跑车内部的乱流,在车内形成一个温暖、舒适的空间。与传统挡风板相比,AIRCAP 更加易于使用,而且不会影响到车身侧面的流畅线条。

AIRCAP 由两个部件组成,位于前窗框架上的导风板(导风板可以伸出大约 6cm)以及位于后排座椅之间的挡风板。这两个部件的主要功能是:①有效防止乱流进入车内;②前部导风板中网起到过滤风噪的作用;③后部挡风板减少逆流。

AIRCAP 可以在车速不高于 160km/h 下被启用,并能在任意车速下发挥功能。除了提升驾乘者舒适性之外,AIRCAP 在启用时还可以减小气流,从而能够有效地降低车内噪声,因此车上乘客可以更加轻松地进行交流。

图19-17 奔驰E级敞篷轿车自动挡风系统

19.8 车身气流通道 / 宝马、法拉利、布加迪

对于高性能跑车或赛车来说，其空气动力学设计极其重要。当以高速行驶时，车身周围气流对汽车的操控性、行驶稳定性、动力性和经济性都有较大的影响。为此，像F1赛车那样，车身布满空气动力学部件，引导气流从车底流过，按设计师意图从车身两侧、车尾部流过，以达到三个主要目的：一是减小车身受到的升力，增强下压力，提升汽车的行驶稳定性、操控性和动力性；二是减小汽车前方受到的空气阻力，减少车尾紊流的产生，提升汽车的燃油经济性；三是让气流按需要流经发动机、动力蓄电池、制动系统，提升这些系统的冷却效果。为此，就出现很多创新的空气动力学设计，比如主动空气挡板、气帘、车身气流通道、车尾底部的扩散器和空气动力学轮圈等。

车身气流通道在方程式赛车、超级跑车上比较常见，如2014年推出的宝马i8插电混合动力超级跑车，就采用了醒目的车身气流通道设计（图19-18），引导高速气流从车身两侧汇入车尾气流，进而降低空气阻力。2015年上市的法拉利488GTB超级跑车（图19-19），据称其车身气流通道可以增强50%下压力。2016年推出的布加迪凯龙（Chiron）极限跑车（图19-20），借助"布加迪线"在车身腰部设计气流通道，用以冷却发动机机油、制动系统并增强下压力。

图19-18 宝马i8车身气流通道设计

图19-19 法拉利488GTB超级跑车

图19-20 布加迪凯龙车身气流通道示意图

19.9　车底板涡旋发生器 / 奥迪

根据伯努利定律可知，汽车行驶时车身会产生一定的升力，产生升力的根本原因是通过车底部的气流没有车顶部的气流速度快。升力会影响汽车的行驶稳定性和驱动力发挥。因此，要想减小升力，就要设法提高通过车底部的气流的速度。为此，现在的汽车底部都尽量设计得平滑、顺畅，或用护板将凸起物覆盖起来。F1赛车干脆用一个大护板覆盖在车底部，以提高气流通过车底部的速度。

2015年2月推出的法拉利GTB超级跑车，在车底板上设计涡旋发生器，实际上就是像高尔夫球表面那样设置一些凹陷，允许气流通过时有针对性地旋转，产生规则而稳定的小涡流，减少紊流的产生，引导空气稳定而快速地流过车底，从而达到减小车身升力、增强行驶稳定性和驱动力的目的。

2018年亮相的奥迪e-tron纯电动汽车（图19-21），也在车底板设计一些"酒窝"（即涡旋发生器），其主要目的是延长电动汽车的续驶里程。

底板上的"酒窝"设计，就像高尔夫球表面上的凹陷，允许气流通过时有针对性地旋转，产生稳定的小涡流，让空气稳定地流过车底，从而减少紊流产生和降低空气阻力，增长续驶里程

图19-21　奥迪e-tron车底板"酒窝"设计

第 20 章 Chapter 20

车身个性设计

20.1 鸥翼式车门设计 / 奔驰 300SL

1954 年，鸥翼式车门设计首次应用于梅赛德斯－奔驰 300SL 跑车（图 20-1）。为了加强车身刚性，300SL 采用管阵式结构打造，车身侧面布置了贯穿车体的钢管，这导致车门开口比较小。如果采用普通车门设计，乘员上下车就特别不方便。为解决这个难题，设计师别出心裁设计了一对鸥翼式车门，当两个车门打开时就像海鸥展翅一样。

图 20-1　梅赛德斯－奔驰 300SL 跑车

20.2 剪刀式车门设计 / 马切洛·甘迪尼

1968 年，博通设计室为阿尔法·罗密欧设计了一款楔形车身造型的概念车 Carabo，同时这也是第一款采用剪刀式车门（Scissor Doors）设计的车型，其设计师是马切洛·甘迪尼。3 年后，即 1971 年，甘迪尼把 Carabo 的楔形车身和剪刀式车门设计，都应用在兰博基尼康塔什（Countach）超级跑车上（图 20-2）。康塔什因此成为第一款采用剪刀式车门设计的量产车型。

20.3 蝶翼式车门设计 / 迈凯伦 F1

1992 年，迈凯伦（McLaren）F1 超级跑车推出，它是首款采用蝶翼式车门设计的量产车型。将车门打开后，它会呈现出像蝴蝶展开翅膀的样貌（图 20-3）。

迈凯伦 F1 超级跑车生产于 1992—1999 年，它采用后中置发动机、后轮驱动方式，

图 20-2　兰博基尼康塔什超级跑车

图 20-3　迈凯伦 F1 超级跑车

搭载宝马 6.1L V12 发动机，配备 6 速手动变速器，碳纤维车身重量仅 1180kg。此车一经推出就成为当时世界上跑得最快的量产汽车，最高车速 386.4km/h。此车只有一个座位且位于中间，这样可以提供更佳的驾驶视野。

20.4　旋转式车门设计 / 柯尼赛克 CC

1997 年，首辆柯尼赛克（Koenigsegg）原型车 CC 正式亮相（图 20-4）。它独创的旋转式车门（Dihedral Door）设计，成为柯尼赛克超级跑车的最明显特征。旋转式车门的支撑铰链在 A 柱上。它的开启方式需要通过外展、旋转和前推三个动作才能完成。旋转式车门除了别具一格外，它还有开口大、节约车辆侧面空间、进出车门方便等优点，但其结构复杂，制造工艺要求高。

图20-4　柯尼赛克CC超级跑车

20.5　鹰翼式车门设计 / 特斯拉 Model X

2015 年，特斯拉 Model X 车型上市（图 20-5），它采用鹰翼式车门设计，在 SUV 车型中显得非常另类。鹰翼式车门是鸥翼式车门的一个变种，它比鸥翼车门多出一个"关节"，恰似雄鹰展翅。特斯拉 Model X 采用了双铰链设计，开启时先向上升起，再向外展开，即使在狭窄的泊车环境中，也能方便后排乘客轻松出入车厢。

图20-5　特斯拉Model X

20.6　头颈暖风系统 / 奔驰

2004 年，梅赛德斯-奔驰创新发明了头颈暖风系统（AIRSCARF），并开始配备在 E 级敞篷车型上。这个系统如同隐形围脖一样温暖地呵护驾乘者的头部和颈部。

头颈暖风系统被安置于前排座椅靠背上（图 20-6），通过头枕出风口提供暖风。只需按下按钮，头枕上的专用通风口就会送出暖风。它可以根据行车的速度和当时的气温条件控制送风温度，同时通过调节风扇速度，确保最佳的热风分配，使车内人员的肩部、颈部和头部在敞篷行驶过程中总保持温暖，仿佛给驾乘者带上一条隐形围巾。

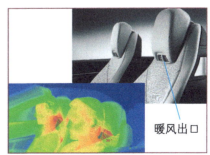

图20-6　奔驰头颈暖风系统

20.7　硬顶敞篷车身设计 / 布鲁诺·萨科

意大利人布鲁诺·萨科（图 20-7）从 1958 年进入奔驰汽车公司，到 1999 年退休的 41 年间，一直在设计奔驰汽车，其中 25 年是以设计总监的身份在掌控奔驰汽车的设计走向。布鲁诺·萨科主导设计的车型有：第六代、第七代、第八代 S 级，第五代、第六代 E 级，第一代、第二代 C 级，两代 SL 级，第一代 SLK 级和第一代 M 级等。

布鲁诺·萨科有一套设计哲学，曾被奉为奔驰汽车的设计原则。在布鲁诺·萨科之前，奔驰遵循的是戈特利布·戴姆勒的造车哲学"只有最好"（Nothing but the best），而布鲁诺·萨科为奔驰汽车制定的设计原则：一是"水平同质性"，同一时期不同车型之间应该有强烈的视觉联系；二是"垂直亲和性"，在新一代车型推出后，上一代车型不能明显过时。布鲁诺·萨科曾用一句话来概括他的设计理念："奔驰必须永远看起来像是一辆奔驰。"他曾说，当一辆奔驰跟在你后面时，你从后视镜中就能一眼认出它是奔驰。但布鲁诺·萨科并不是一位保守派设计师，他的设计偶尔也会超出你的想象。

1991 年底，布鲁诺·萨科率领团队开始创新设计一款硬顶敞篷跑车 SLK 级，最终在 1993 年初完成原型车设计并得到了董事会的量产批准。SLK 是世界第一款硬顶敞篷跑车（图 20-8），并在 1993 年 9 月 30 日获得了德国设计专利。

图20-7　布鲁诺·萨科

图20-8　奔驰SLK硬顶敞篷跑车

奔驰 SLK 不仅从经典车型 SL 和传奇车型 300SL 上传承了漂亮动感的造型，而且它那可折叠式硬顶已成为现代跑车设计的新标准。SLK 在 1996 年推出后引起同行竞相模仿，以至于软顶敞篷跑车后来基本消失了。

SLK 的硬顶设计，让当时还在为隔热、隔声等密封问题所困扰的软顶敞篷车主们艳羡不已，同时硬顶也为驾乘者提供了更好的安全防护。只要按下中控台上的控制按钮，硬顶车篷就会在液压机构的操纵下，将折叠式硬顶篷打开、收起，C 柱折回，后车窗旋转消失。经过巧妙设计，所有硬顶篷部件能够紧凑地藏入后部的行李舱中，并用一块隔板将折叠存放的车顶部件与行李隔开。

20.8 "火焰曲面"车身设计 / 克里斯·班格

克里斯·班格（图20-9）从1992年起担任宝马设计总监，但他在开始的九年内都没展露出发动革命的精神，甚至在1997年推出第四代宝马3系（E46）时，因太过保守而被人吐槽。直到2001年推出革命性的新7系（E65），也就是第四代宝马7系（图20-10），人们才终于认识到，克里斯·班格原来是一位潜伏很深的改革派设计师。

图20-9　克里斯·班格　　图20-10　2001年宝马7系轿车

第四代宝马7系的革命性表现在两大方面：一是开天辟地增加了一个iDrive人机交互操作系统；二是赋予这款高端商务轿车以运动、年轻、前卫和张扬的元素，尤其是它那奇怪的尾部，有一个突出式的设计，显得臃肿，让宝马的粉丝们受不了，就给它起了一个讽刺的名字——"班格的屁股"（Bangle-Butt）。

宝马品牌的用户忠诚度一直都很高，粉丝数量巨大。针对克里斯·班格对宝马造型设计的"革命"，竟然有1万多名宝马粉丝集体签名要求解雇克里斯·班格。然而，宝马董事会并没有理会，因为第四代宝马7系在强烈的争议和反对声中销量不断攀升，并帮助宝马在2004年创下有史以来最高的净利润。

克里斯·班格一不做，二不休，在2002年推出造型更激进的全新宝马Z4（E85）跑车（图20-11）。Z4跑车的外观造型由刀削斧凿似的曲面组合而成，极具立体感和运动感。克里斯·班格将这种设计理念称为"火焰曲面"（Flame Surfacing），就像是火焰燃烧时的跃动。从此一个新的设计词汇诞生了。

图20-11　2002年宝马Z4跑车

"火焰曲面"的实现要得益于车身冲压技术的突破。新的冲压技术可以冲压出具有3D效果的车身钣金，从而可以让克里斯·班格率领他的设计团队充分发挥想象力，打造出活力四射的运动跑车。

第 21 章 Chapter 21

车身结构与安全设计

21.1 承载式车身设计 / 蓝旗亚 Lambda

1922 年，蓝旗亚推出了汽车史上的里程碑作品 Lambda，它率先采用了一体化车身结构、承载式全金属车身，从而奠定了现代式轿车的基本构造（图 21-1、图 21-2）。

图21-1　1922年蓝旗亚Lambda车身结构

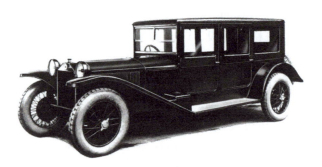

图21-2　1922年蓝旗亚Lambda轿车

根据车身结构的不同，可以把车身分为承载式车身和非承载式车身两大类。

承载式车身没有刚性车架，其发动机、前后悬架、传动系统等总成部件都装配在车身上，车身负载通过悬架装置传给车轮。承载式车身的优点：在公路上行驶非常平稳，整个车身为一体，固有振动频率低，噪声小，重量轻，比较省油。缺点：底盘强度远不如有大梁结构的非承载式车身；当四个车轮受力不均匀时，车身易发生变形。现在普通轿车几乎都采用承载式车身设计。

非承载式车身的汽车有刚性车架，又称底盘大梁。发动机、传动系统、车身等总成部件都固定在车架上，车架通过前后悬架与车轮连接。非承载式车身的优点：底盘强度较高，抗颠簸性能好；四个车轮受力即使再不均匀，也是由车架承担，而不会传递到车身上去，因此车身不易扭曲变形。缺点：车身比较笨重，重量大，高度高。非承载式车身多用在货车、客车和越野车上，但也有部分高级轿车使用，这是因为非承载式车身具有较好的平稳性和安全性。

21.2　车身被动安全设计 / 贝拉·巴恩伊

戴姆勒-奔驰汽车公司的贝拉·巴恩伊（图 21-3），被誉为被动安全设计之父。他最先提出车身安全设计理念。他发明的溃缩区安全车身技术（图 21-4），至今仍是车身安全设计的基本原理。他发明了自动断开式方向盘柱、隐藏式前风窗玻璃刮水器等。他与汉斯·舍伦伯格共同提出了主动安全与被动安全的概念和确切定义。

图21-3　贝拉·巴恩伊　　　　图21-4　溃缩区安全车身技术示意图

贝拉·巴恩伊于 1907 年 3 月 1 日出生在奥地利维也纳附近一个贵族家庭，童年时期因患了髋关节炎而终生行走困难。尽管如此，年幼的巴恩伊仍然聪明伶俐，对任何与科技有关的东西都感兴趣，特别是汽车。

1926 年，贝拉·巴恩伊以优异成绩从大学毕业。这一年，因经济不景气，为了抱团取暖，戴姆勒汽车公司与奔驰汽车公司合并成一家公司。几年后发生了经济大萧条，停止招聘、破产和大规模裁员成了当时社会的常见现象，致使贝拉·巴恩伊毕业即失业，维也纳市政当局因此发给他一份"贫困证明书"。

1928 年巴恩伊终于进入奥地利斯太尔汽车公司当设计师，但工作不稳定，没几年就失业了。后来他一直以自由职业为生，如当临时绘图员、帮人撰写技术论文等。1934 年，他在柏林技术进步协会获得了一份稳定的工作。他一边工作一边搞发明创造，在此期间他共申请注册了 150 多项技术专利。

从 1937 年起，贝拉·巴恩伊开始研究安全车身设计，并在 1937 年 1 月就安全车身的想法申请了发明专利。在随后的几年里，他不断对安全车身技术进行补充和改进。他将车身分为三个部分：中间是驾乘舱，必须结实抗撞，保证驾乘人员安全；车身前端和后端，这两个部分则不用那么结实，而是采用溃缩式设计，受到撞击时可以吸收撞击力，避免将撞击力传递到驾乘舱。

1939 年初，贝拉·巴恩伊再次失业后又开始寻找工作。他想起了自己儿时最喜欢的戴姆勒汽车，于是向戴姆勒-奔驰汽车公司申请一份工作，但被拒绝了。万般无奈之下，贝拉·巴恩伊找到一位正在戴姆勒-奔驰公司工作的斯太尔前同事，请他帮忙去拜见戴姆勒-奔驰公司董事长，希望得到一个面试的机会。

32 岁的贝拉·巴恩伊对戴姆勒-奔驰董事长自信地说："未来汽车的车身、车轴、车架和方向盘都将发生重大变化,未来的汽车最重要的不是看谁更快,而是看谁更安全。"那时"汽车安全"是一个敏感话题,车主不愿意被提醒开车危险,制造商也担心人们因安全问题而不敢购买和乘坐汽车。直到20世纪70年代,"汽车安全"话题仍被称为汽车销售杀手。

贝拉·巴恩伊可能是最早提出汽车安全理念的人,董事长非常欣赏他的才华和理念,就赞赏他说:"贝拉·巴恩伊先生,你的想法要比我们先进15到20年。"就这样,贝拉·巴恩伊于1939年8月1日正式加入戴姆勒-奔驰汽车公司,担任前期开发部主管。从此直到1972年退休,他再也不用找工作了。

贝拉·巴恩伊将他的溃缩区设计原理进行了完善,并在1952年重新申请了发明专利(图21-5),随后就将其率先应用在1953年款梅赛德斯-奔驰180(W120)Ponton车型上。此车的车身由三个部分组成:车身前部溃缩区、车身中部刚性较强不变形的驾乘舱、车身后部溃缩区,即"坚固驾乘舱+前后溃缩区"结构。在正面和后面碰撞事故中,前后车架被故意设计成遇碰撞时容易变形的结构,从而吸收碰撞能量,保护中部的驾乘舱在撞击中不变形,让驾乘人员坐在一个坚固、安全的笼状结构中。

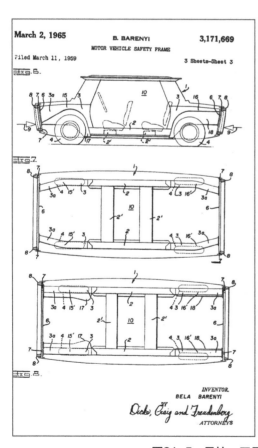 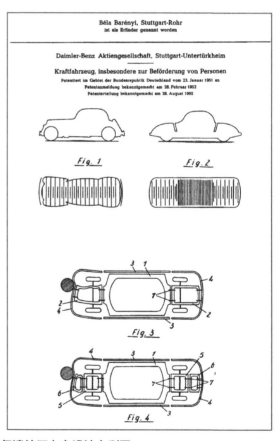

图21-5 贝拉·巴恩伊溃缩区车身设计专利图

第一辆完全应用溃缩区车身设计专利的是1959年款梅赛德斯-奔驰S级(W111)轿车(图21-6)。在这款轿车上,还率先应用了贝拉·巴恩伊的另一项重大发明:自动断开式方向盘柱（图21-7）。当遇到正面碰撞时，方向盘柱会自己断开，从而避免方向盘柱像一根"长矛"那样刺向驾驶人。后来又经过不断改进，完整的安全转向系统在1976年S级（W123）轿车上首次亮相。

图21-6　1959年款梅赛德斯-奔驰S级（W111）轿车

图21-7　贝拉·巴恩伊自动断开式方向盘柱专利图

贝拉·巴恩伊的被动安全技术发明很多，比如：隐藏式前风窗玻璃刮水器，率先应用在奔驰S级（W126）轿车上；加强式车身侧柱（A柱、B柱和C柱），率先应用在1963年款奔驰SL级（W113）硬顶轿跑车上（图21-8）。

图21-8　1963年款奔驰SL级硬顶轿跑车车身结构

1966年，贝拉·巴恩伊与梅赛德斯-奔驰研发经理汉斯·舍伦伯格，共同提出了主动安全和被动安全的概念和确切定义，这一定义一直沿用至今。根据这个定义，主动安全包括驾驶安全、心理安全、操作安全等，是防止事故发生的安全驾驶行为；被动安全是指为了保护车辆乘员和其他道路使用者免受意外伤害而采取的措施。

据查，在欧洲专利局记录的贝拉·巴恩伊的发明专利数共计1244个。贝拉·巴恩伊在1997年3月30日去世，享年90岁。

21.3 安全气囊 / 约翰·赫特里克

1952年的一个星期日,阳光明媚,空气新鲜,美国人约翰·赫特里克驾驶克莱斯勒汽车,带着妻子女儿去郊游踏青。当他驾车翻过一个山冈后突然看到路中间有一块石头挡住了车道。赫特里克本能地转动方向盘避让,结果连车带人冲进了路旁的沟中。幸亏车速不快,车损并不严重,人也没有受伤,但赫特里克事后却越想越怕。当时的汽车还没有装安全带,如果车速再快些,坐在前排的女儿就可能撞到仪表板了,甚至从前风窗玻璃甩出去。赫特里克当时在美国海军担任工程师,他就想能否设计一个东西,在撞车时能够保护乘员不被撞击。

赫特里克仔细发现,发生事故后的车内乘员冲撞属于二次伤害,而且是发生在第一次碰撞后的 0.03s 内,因此所设计的防撞装置必须在这个短暂的瞬间起作用。一开始他想将车内仪表板设计成软性的物件,但风窗玻璃仍是最大危险,此路不通。后来他偶然看到消防人员用气垫救助跳楼女孩,赫特里克很受启发,决定设计一个"气垫"在碰撞瞬间"垫"在乘员前面,避免乘员受到撞击的伤害。

沿着这个思路,赫特里克设计了一个装有压缩空气的储气筒,当汽车受到正前面的强烈碰撞时,在惯性力的作用下推动一个滑动的重块移动,从而打开储气筒的开关,将压缩空气迅速充入一个空气袋中,充满空气的袋子迅速"垫"在乘员胸前,起到减缓人员受伤的作用。1952 年 8 月 5 日,赫特里克为他发明的汽车安全垫申请了"汽车缓冲安全装置"专利,并在 1953 年 8 月 18 日获得批准(图21-9)。

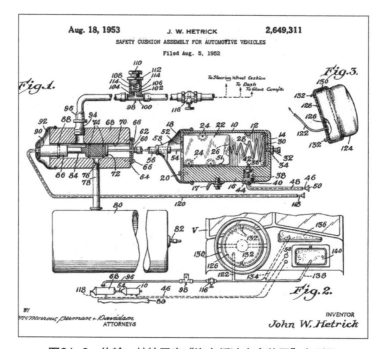

图21-9 约翰·赫特里克"汽车缓冲安全装置"专利图

赫特里克（图21-10）虽然极力向美国的汽车制造商推荐他的发明，然而，以盈利为目标的制造商们对赫特里克的发明并不感兴趣。除了会增加汽车制造成本外，主要还是这个发明并不实用，因为他设计的惯性滑动重块触发装置的反应速度不够快，充气速度也慢，在0.03s内无法完成触发和充气。然而，汽车制造商们后来所使用的安全气囊，都是根据赫特里克的先触发、后充气的原理设计的，只不过所采用的触发和充气方式有所不同。因此，人们仍把赫特里克称为安全气囊的鼻祖。

1968年，美国工程师艾伦·布里德（图21-11）改进了安全气囊的触发装置，他采用机电球管式传感器，在发生事故时能够迅速而可靠地触发安全气囊。他获得了"传感器和安全系统"发明专利（图21-12）。这是世界上第一个采用机电传感器的汽车安全气囊。

后来布里德的公司又与克莱斯勒公司及一家防务公司合作，借鉴战斗机弹射座椅的固体推进剂技术，在化学家约翰·皮茨的协助下，开发出了一种叠氮化钠推进剂。这是一种常温稳定、高温分解的混合物，或者说它就是一种炸药，遇高温时会迅速分解，像是爆炸一样产生大量气体，用来充入安全气囊。

图21-10　约翰·赫特里克　　图21-11　艾伦·布里德

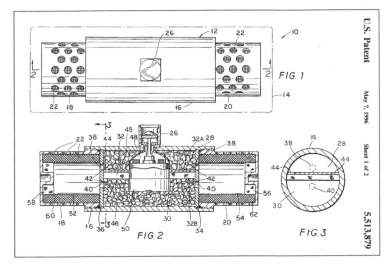 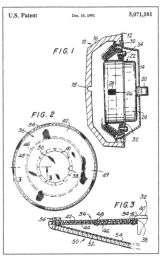

图21-12　艾伦·布里德"传感器和安全系统"发明专利图

21.4 三点式安全带 / 尼尔斯·博林

图21-13 尼尔斯·博林

1902年5月31日在纽约举行的一场1英里汽车竞赛上，一辆参赛的电动汽车的车主兼车手沃尔特·贝克和他的副驾驶，为防止在高速中被甩出赛车，用几根皮带将自己拴在座位上。然而在竞赛时，他们驾驶的电动汽车因意外冲入观众群，造成2人丧生，数十人受伤，而贝克和他的副驾驶却由于皮带而死里逃生。这根皮带是安全带在汽车上的首次使用。但真正将其作为汽车上的安全配置，则要归功于瑞典人尼尔斯·博林（图21-13）的三点式安全带的发明。

1958年，尼尔斯·博林加入沃尔沃汽车，担任首席安全工程师。他上任的第一项任务就是设计一款真正安全的安全带，用来装备在沃尔沃最新推出的汽车上。据称，当时沃尔沃公司首席执行官贡纳尔·恩格尔劳的一位亲戚，在一场车祸中不幸丧生，这促使沃尔沃开始重视汽车安全性能的研究和开发。

出生于1920年的博林，从1942年起开始为飞机制造商萨博（SAAB）工作，担任飞机设计师，并帮助研发弹射座椅，因此他对于极端条件下如何保障生命安全有着深刻的研究。实际上，此时已有汽车使用了安全带，只不过是两点式的。然而，这种两点式安全带有个致命弱点，在高速碰撞中向腹部施加巨大的力量，有可能给乘员造成严重内伤。因此当时只有赛车上才配备安全带，将赛车手绑在车上，防止碰撞时被甩出车外。

另外，博林在萨博公司时曾研究过飞机上使用的更复杂的四点式安全带，但他知道这个四点式安全带在汽车上是无法固定和支撑的，必须开发一种适合汽车的更有效可靠的安全带，来保护乘员免受汽车碰撞时带来的伤害。

博林后来回忆说，他当时面临的最大的挑战是："找到一种简单而有效的解决之道，让人们可以用一只手完成整个操作过程。"为此，他总结归纳出可靠安全带必须满足的条件：首先，安全带必须包含一段环绕臀部或大腿的部分、一段跨越上半身胸前的对角线部分，即让安全带跨越骨盆和肋骨部位，并固定在座位旁边低处的固定件上；其次，安全带的几何造型是一个V字，交叉点的尖端靠近地板的位置，让安全带在承受力量时能够保持在应有的位置上，不会随意移动。

博林花费了大概一年的时间，借用他在萨博公司研制弹射座椅所获得的经验，创造性地把搭扣从中部挪到了一侧，就这样，V字形三点式安全带就此诞生。实际上，他是把两点式和四点式安全带的设计进行了中和，既牢固可靠，又简单有效，不但符合工程学原理，也更加人性化，一只手就能完成整个系带操作。

1959年，沃尔沃公司为博林设计的三点式安全带申请了专利（图21-14、图21-15），并将其装备在新上市的沃尔沃P120型和PV544型上。

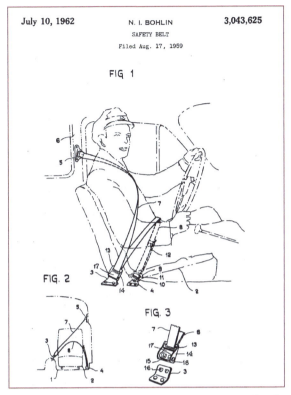

图21-14　尼尔斯·博林三点式安全带专利图（一）

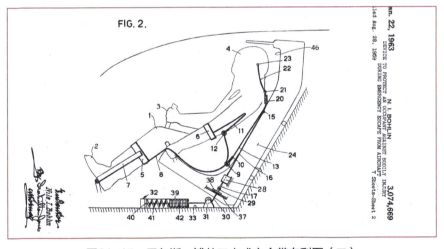

图21-15　尼尔斯·博林三点式安全带专利图（二）

然而，由于对使用安全带的好处宣传不够，人们认为安全带碍手碍脚，加上当时汽车速度还不是很快，人们对安全带的作用认识不够，因此一时难以形成使用习惯，安全带的安装率和使用率都非常低。直到1967年，尼尔斯·博林在美国发表了《28000起交通事故报告》，这才引起人们对三点式安全带的关注。这个报告中记录了1966年瑞典国内所有沃尔沃汽车发生的交通事故。报告显示，在事故中，凡是没有系三点式安全带的乘员非死即伤。而在驾乘舱完好的事故中，系三点式安全带的乘员都没受到致命伤害。这个报告震惊了公众和官方，人们确信三点式安全带确实能挽救人们的性命。

更难能可贵的是，沃尔沃公司和博林决定，从1968年起，将三点式安全带的发明专利免费供公众使用。

1968年，美国规定所有新车都要安装三点式安全带。中国对前排三点式安全带的强制使用规定于1993年7月1日正式施行。

2002年9月，82岁的尼尔斯·博林去世。据沃尔沃公司估计，推出三点式安全带后的40年里，它已经挽救了100多万人的生命。可以说，三点式安全带是挽救生命最多的技术发明之一。

21.5 预紧式安全带 / 奔驰

1981年，奔驰汽车率先推出预紧式安全带。当汽车受到碰撞时，安全带会自动拉紧，避免前排驾乘人员磕碰。1995年，奔驰又率先推出带限制器的预紧式安全带，使安全带在突然拉紧时受到一定限制（图21-16）。

预拉紧装置有多种形式，常见的预拉紧装置是一种爆燃式的，由气体引发剂、气体发生剂、导管、活塞、绳索和驱动轮组成。当汽车受到碰撞时，预拉紧装置被激发，密封导管内底部的气体引发剂立即自燃，引爆同一密封导管内的气体发生剂，气体发生剂立即产生大量气体膨胀，迫使活塞向上移动拉动绳索，绳索带动驱动轮旋转，进而使卷收器卷筒转动，织带被卷在卷筒上回拉。最后，卷收器会紧急锁止织带，固定驾乘人员身体，防止身体前倾，避免其与方向盘、仪表板和风窗玻璃碰撞。

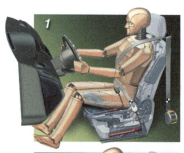
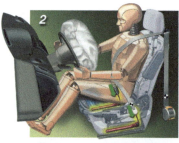

1. 在发生正面碰撞前，一切安然无事

2. 在碰撞瞬间，预紧式安全带的横带在第一时间拉紧（图中绿色箭头所示），安全气囊启爆

3. 人体开始向前倾，并带动竖带开始释放，横带被锁止不动，安全气囊越来越大

4. 安全带释放到极限，安全气囊百分百充满气体，安全带被预先拉紧，避免膝盖磕碰

图21-16　预紧式安全带工作过程

Section 5 第 5 篇

造车技艺世纪变革
The Centennial Changes in Auto Manufacturing

在第一次世界大战之前，汽车制造商主要负责带动力底盘的生产，而车身则由专业车身制造商定制打造。至少像英国的劳斯莱斯、宾利，意大利的阿尔法·罗密欧，法国的布加迪，美国的凯迪拉克等豪华或主流品牌都是这样制造汽车的。

在1913年福特开始应用流水线生产汽车之前，汽车都称不上大批量生产，因为当时采用的"原地组装"生产方式，基本都是一车一样，很难做到千车一面，生产效率和产量都很低。

现在的汽车制造貌似越来越简单了，不仅采用标准化、流水线生产，而且很多机器人参与制造工作，从冲压、焊装、涂装、总装到检测，机器人逐渐替代人工操作，汽车制造智能化程度越来越高。同时，一体化压铸、电池底盘一体化（CTC）、模块化、滑板底盘等创新技术开始应用。相信随着人工智能化的进步，汽车制造技艺还会不断带来惊喜。

图05-1　早期汽车的车身由专业车身厂打造

图05-2　汽车总装线上车身与底盘组合

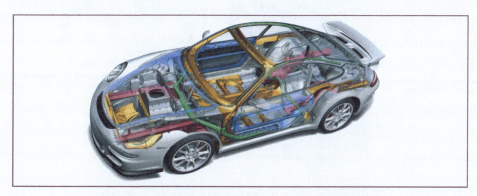
图05-3　由不同强度的材料制造车身可提高轻量化程度

第22章 Chapter 22
制造材料：从低碳钢到碳纤维

22.1 镀锌钢板

在早期汽车生产中，使用最多的是普通低碳钢板。低碳钢板具有很好的塑性加工性能，强度和刚度也能满足车身结构的要求，同时能满足车身拼焊的要求。然而，普通低碳钢板氧化侵蚀严重，于是人们利用电镀锌材料来防止车身氧化，即镀锌钢板。

人们在早期的试验中发现，将铁和锌放入盐水中，二者无任何导线连接时，铁和锌都会生锈，铁生红锈，锌生白锈；若在二者间用导线连接起来，则铁不会生锈，而锌生白锈，这样锌就保护了铁。工程师正是利用此原理生产了镀锌钢板。其寿命要比普通低碳钢板长几倍甚至十几倍。

从20世纪70年代开始采用镀锌薄钢板制造轿车车身（图22-1），装配时镀锌面置于车身内侧，可提高车身耐腐蚀性能。非镀锌面置于车身外侧，喷涂油漆。随着汽车对耐腐蚀性能的要求不断提高，镀锌钢板不断增加镀锌层重量，还出现了双层镀锌钢板。

为了满足汽车对镀锌钢板的各种要求，一些生产厂家在镀锌生产线上对镀锌钢板进行扩散退火等特殊处理，以使钢板表面形成"锌-铁"合金镀层，其特点是涂漆后的焊接性和耐腐蚀性比纯锌镀层板更好。后来还出现了诸如"锌-铝-硅""锌-铝-铼"等合金化热镀锌钢板，使得热镀锌钢板的耐腐蚀性成倍提高。

目前轿车已经广泛使用镀锌钢板，其厚度为0.5～3.0mm，其中车身覆盖件多用0.6～0.8mm厚的镀锌钢板。

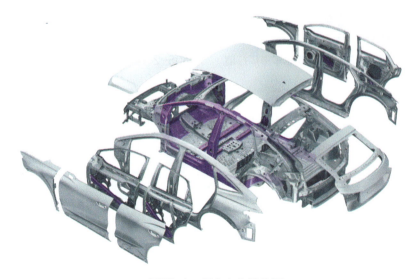

图22-1 轿车车身结构图

22.2 铝制车轮 / 埃托雷·布加迪

埃托雷·布加迪是汽车轻量化设计的先驱，他认为赛车不能过重，否则就失去了作为赛车的价值。他为此发明了铝制车轮和其他铝制部件以及空心锻造前轴等，使赛车体重大大减轻，从而拥有极佳的操控性。

早在 1886 年，用电解方法生产铝的工艺就被发明出来了。到 1920 年，赛车设计师哈里·米勒又提出了生产铝制车轮的想法，而且还申请了专利，但他只停留在概念发明阶段，并没有生产出任何铝制车轮。之后不久，埃托雷·布加迪在离布加迪工厂不远的一个铸造厂，成功地铸造出了铝制车轮。此后，这位天才发明家又进一步改进了铝制车轮，并在 1924 年获得铝制车轮的发明专利。

布加迪最初制造的铝制车轮有 8 根扁而宽的轮辐、1 个可移动的轮缘和 1 个集成的制动鼓，并率先应用于布加迪 35 型赛车（图 22-2）。布加迪的铝制车轮设计简约，造型独特，而且重量轻盈，是体现埃托雷·布加迪美学追求的一个典型例子。

图22-2　布加迪35型赛车

与钢制车轮相比，铝制车轮的最大优点是重量轻，可以减小簧下质量。簧下质量越小，汽车的操纵性能就越好，更容易实现精确驾驶，同时，赛车的制动性能也提高了不少，更利于赛车高速通过弯道。

然而，布加迪发明的铝制车轮在最初应用时却有点让人失望。首次使用新车轮的几辆 35 型赛车，在 1924 年 8 月 3 日举行的里昂大奖赛上，因技术问题而未能完赛。这并不是因为铝制车轮出现了问题，而是硫化问题致使轮胎面开裂。埃托雷·布加迪对他的铝制车轮和轻量化创新一直充满信心，同时他不断改进技术，设计出性能更好、更可靠的铝制车轮。

1925 年，布加迪 35 型赛车参加了著名的意大利塔格－佛罗热（Targa Floria）大赛。这是一场围绕西西里山路行驶的艰苦比赛，以毁车而著名。人们以为轻巧单薄的布加迪 35 型赛车会崩溃，结果它不仅坚持到了最后，而且还获得了冠军。在随后连续的四年中，这项赛事的冠军都被布加迪 35 型赛车拿走了。

22.3 铝制车身 / 奥迪 ASF

扫一扫，看奥迪 ASF 车身结构视频

1993 年的法兰克福车展上，奥迪展出了奥迪 A8 ASF 概念车，在其 ASF 车身中，铝材占了 58%。1994 年日内瓦车展上，量产版的铝制车身奥迪 A8 轿车正式上市。据称，其重量比使用传统钢材的车身轻了 40%，而刚性则提高了 20%。ASF（Audi Space Frame）意为"奥迪空间框架结构"。

ASF 车身遵循仿生学的原理，从自然界的动物身上汲取灵感，通过优化车架结构，在关键部位应用超高强度材质，非承重部位应用轻量化材质，从而达到整车轻量化的目的。ASF 车身将铝型材、铝薄板和铝铸件与钢、镁、碳纤维等材料结合使用，利用自冲铆接、黏结、激光焊接等制造工艺，形成高强度、轻量化的车身空间结构（图 22-3）。这就像动物的骨骼一样，不同的骨块结合构成整个骨架。据称，奥迪 A8 轿车 ASF 车身共采用了 14 种拼接工艺。

图22-3　奥迪A8轿车ASF车身

1999 年，奥迪 A2 加入 ASF 车身阵营。2006 年，采用 ASF 的新款奥迪 TT 亮相（图 22-4）。它由 69% 的铝和 31% 的钢构成。2007 年，奥迪 R8 跑车开始采用 ASF 打造车身。轻巧的 ASF 车身为汽车带来了一系列好处。较低的车身重量可以使用更紧凑的制动器、更小的发动机和更小的油箱。

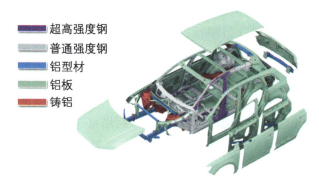

图22-4　奥迪TT车型ASF车身

22.4 玻璃纤维车身 / 雪佛兰

1952 年 6 月,美国通用汽车的高管们通过了制造全玻璃纤维复合材料车身双座跑车的项目规划。仅仅 5 个月之后,第一辆雪佛兰克尔维特(Corvette)(图 22-5)便在纽约亮相。第一代克尔维特成为世界第一款由全玻璃纤维制作车身的量产车型。

玻璃纤维俗称"玻璃钢",它是以叶蜡石、石英砂、石灰石、白云石、硼钙石、硼镁石六种矿石为原料,经高温熔制、拉丝、络纱、织布等工艺制造成的,其单丝的直径为几微米到 20 多微米,每束纤维原丝都由数百根甚至上千根单丝组成。玻璃纤维制作的车身,具有抗腐蚀性好、机械强度高、重量轻等优点,但缺点是性脆,一撞就碎,不便维修。

玻璃纤维车身曾主要应用在赛车及小批量跑车上。如 1975 年上市的路特斯精灵(Esprit)跑车,采用全玻璃纤维复合材料制造车身;1986 年法拉利推出的 F40 跑车,由玻璃纤维复合材料(玻璃纤维/Kevlar/碳纤维)制造车身;1989 年开始大批量生产的雪佛兰鲁米娜(Lumina,俗称"子弹头")MPV,它的车身也是由玻璃纤维制造。

现在的轿车上已很难见到玻璃纤维,在高端车型上玻璃纤维已逐渐被性能更优秀的碳纤维复合材料取代。2017 年世界卫生组织将玻璃纤维列入致癌物质清单。

图22-5 1953年雪佛兰克尔维特

22.5 碳纤维单体车身 / 捷豹

第一辆采用碳纤维单体车身制造的量产公路车,是 1990 年开始生产的捷豹 XJR-15 型超级跑车(图 22-6)。它的车身由碳纤维和凯夫拉(Kevlar)纤维组成,总净重只有 1050kg。

碳纤维是一种含碳量在 95% 以上的高强度、高模量的新型纤维材料,也是一种力学性能优异的新型材料,广泛用于军用飞机、航天器、医疗卫生、休闲体育用品中。随着新材料、新技术的出现,汽车领域也开始广泛使用碳纤维复合材料。

碳纤维复合材料重量比钢轻四分之三,比铝轻三分之一,在汽车上运用的直接效果就是汽车轻量化。碳纤维复合材料具有极佳的能量吸收率,碰撞吸能能力是钢的六七倍、铝的三四倍,可进一步保证汽车的安全性。不仅如此,碳纤维还可以带来极高的舒适度。碳纤维柔软拉伸性能很好,可以对整车的静谧性有很好的提升。碳纤维不会腐蚀和生锈,可以延长汽车部件的寿命。

图22-6　1990年捷豹XJR-15型超级跑车

另外,碳纤维复合材料的设计性比较强,更易于车身开发的平台化、模块化、集成化,可以减少工装投入,缩短开发周期。最重要的是,在新能源汽车的研发中,碳纤维的应用可以减少冲压、焊装生产线以及模具的投入,还可以节约电池的占用空间。不过,碳纤维也有缺点,那就是抗氧化性不好,使用寿命不及传统材质,一旦发生碰撞就很难修复,甚至要进行更换,成本比较高昂。

第 23 章　Chapter 23

制造方式：从标准化到模块化

23.1　零部件标准化 / 亨利·利兰

1902 年 8 月 22 日，亨利·利兰（图 23-1）联合投资商在原来亨利·福特公司的基础上成立了一个新公司，取名凯迪拉克汽车公司，专门生产豪华轿车。亨利·利兰任工厂负责人。凯迪拉克汽车公司利用原来的生产设备和剩余部件，再加上亨利·利兰自己公司提供的发动机、传动部件和转向装置，不到两个月就组装出第一辆凯迪拉克汽车，后称凯迪拉克 A 型（图 23-2）。

图23-1　亨利·利兰

图23-2　凯迪拉克A型

扫一扫，听亨利·利兰的故事

到 1906 年，凯迪拉克在底特律的工厂已成为当时美国最大、最完善和装备最好的汽车厂。凯迪拉克汽车和零部件的制造质量及精度更是有口皆碑。这与亨利·利兰的过往经历有关。

亨利·利兰于 1843 年出生，他最早在一家工厂学习精密加工，后来又到一家兵工厂工作并成为一名机械师，在工具制造、计量等方面拥有丰富的经验，据说他能够制造误差极其微小的机械。亨利·利兰依靠自身技术优势，在凯迪拉克公司积极推行零部件标准化生产，要求同品种零件要制造得一模一样，并能实现完全互换。而此前的汽车产量极小，零部件也都是手工打造的，还没有实现大批量生产，装好一辆汽车后再装下一辆，致使每辆汽车和同型号的其他汽车都不完全一样。因此，亨利·利兰堪称汽车零部件标准化生产的先驱。

1908 年，凯迪拉克汽车在英国参加了一次零部件互换测试。测试人员从刚到货的凯迪拉克汽车中随机选出 3 辆，将其全部拆散后再把零部件混在一起，然后重新装车并做试验，结果 3 辆汽车和拆散前完全一样。为此凯迪拉克还获得了英国汽车俱乐部颁发的杜瓦大奖（Dewar Trophy），表彰凯迪拉克对汽车零部件标准化做出的巨大贡献。凯迪拉克汽车也凭借杜瓦大奖这个崇高荣誉（至今仍是汽车业至高奖项之一），逐渐发展成为高质量豪华汽车品牌的代表。

23.2 流水线生产 / 亨利·福特

1913年10月7日，福特公司建造了一条简陋的T型车总装线。这条45m长的装配线是由绞车用绳子拖着底盘慢慢移动。当底盘移动到自己跟前时，140名装配工人就在底盘上安装部件。当下一个底盘移动过来时，工人重复刚才的装配操作。底盘移动而人不移动，当一个底盘移动到装配线终点时，一辆新车就下线了。第一条汽车装配流水线就此诞生。

据传，福特采用装配流水线的灵感源自一位装配工人到屠宰场参观游玩。当他看到屠宰场的工作场面时很是吃惊。他发现干活的工人基本上站在工位上不怎么移动，而挂满牛肉的工作台却不停地移动，而且基本只重复做一个工序。这与他自己的工作方式太不一样了。他为了装配汽车，必须在汽车周围来回走动，而且要完成多个不同的装配工序。显然屠宰场的工人要比自己轻松多了，而且屠宰场的工作效率看起来要比福特车厂高多了。

于是这位工人就把他在屠宰场看到的情况告诉了工长。工长也觉得人家的工作方式非常好，自己管理起来也更省事，于是向亨利·福特报告，建议将汽车的装配方式改成屠宰场的装配方式。亨利·福特一开始不以为然，但后来T型车的销售实在是太好了，供不应求，急需提高产量。经深思熟虑后，1913年，亨利·福特决定为T型车特别新建一个像屠宰场那样的流水线工厂（图23-3），可以连续不断地装配汽车。从此，装配流水线就成了大批量生产的标准模式，而且并不局限于汽车产业。

图23-3 福特T型车生产流水线

扫一扫，听亨利·福特的故事（下）

福特把T型车的制造流程分成45个步骤，所要装配的底盘、车身等部件由传送带驱动，工人在自己的工位上就可以完成装配任务。经过不断试错和改进，最后将T型车的生产时间由12.5h缩短到93min，生产效率差不多是原来的8倍。

由于装配线的前进速度比油漆的干燥速度还快，这样油漆的干燥问题就成了提高效率的瓶颈。当时只有日本黑色漆干燥得最快，因此就放弃了之前的各种颜色，只生产黑色 T 型车。直到 1926 年一种快干的油漆问世，才开始有其他颜色的 T 型车生产。

装配流水线的应用获得了巨大成功，福特 T 型车的销售价格由最初的 825 美元降至 259 美元，数百万美国家庭从此拥有了第一辆汽车。同时，福特将工人工资由每天 1.5 美元提升至 5 美元，将工作时间从每天 9h 减少到 8h，每周工作 5 天。这样一算，福特公司的工人用两三个月的工资就可以买一辆 T 型车。

到 1919 年底，福特汽车产量占美国汽车总产量的一半。装配流水线改变了整个美国甚至世界的汽车产业，并蔓延到世界各地的其他行业。

T 型车的生产一直持续到 1927 年，总产量 1500 多万台。这个纪录保持了 45 年后才被大众的甲壳虫汽车打破。

23.3 一体化压铸 / 特斯拉

2020 年，特斯拉宣称使用一体化压铸工艺制造 Model Y 的车身后底板（图 23-4）。后底板成型过程中仅需将铝水注入模具一体化压铸，可减少 70 余个焊接件，从而提升了生产效率，降低了制造成本。后来，美国得克萨斯州的特斯拉工厂更进一步，将车身前部、后部采用一体压铸成型，共减少了近 170 个独立组件（图 23-5）。

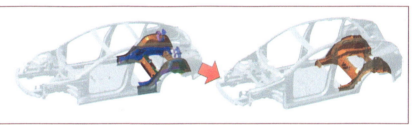

图23-4 车身后底板一体化压铸

图23-5 车身前后底板均一体化压铸

压铸工艺是将熔融金属在高压高速下充填铸型，并在高压下结晶凝固形成铸件的过程，它对压力、速度、温度以及时间等工艺因素的精准统一性要求极高，具有生产效率高、工序简单、铸件公差等级高、表面粗糙度好、机械强度大、节约原材料等优点。

未来，特斯拉计划将前车架和座舱、地板和电池壳也采用一体化压铸工艺。如果此计划实现，可以代替原本 370 多个零部件的冲压焊接，使整车减重 10%，续驶里程提高 14%。

23.4 模块化平台 / 大众 MQB

2012年，大众汽车推出汽车史上第一个模块化平台MQB（图23-6），并将其首次应用于第七代高尔夫车型的设计与生产中。MQB（Modularer Querbaukasten）平台是该公司为其横向前置发动机、前轮驱动布局（可选前置发动机、四轮驱动布局）汽车的共享模块化设计构建的战略。大众花费了大约80亿美元开发这个新平台和使用它的汽车。该平台支持从超小型轿车到中型SUV的多种车型。对于采用横向前置发动机、前轮驱动（或四轮驱动）的大众集团旗下车型，都可以利用MQB平台进行模块化设计和生产。

图23-6　大众MQB模块化平台示意图

MQB平台可以满足汽车底盘在纵向上的各种调整，以满足不同市场和用户的需求。车辆的轴距、前悬、后悬、轮距、车轮尺寸、坐姿和方向盘位置等参数，都可以根据车型定位和车辆类别进行单独调整。发动机的安装位置在MQB平台中实现了标准化，统一向后倾斜了12°，并让进气侧在前，排气侧在后。在MQB平台均采用统一标准的动力传动机构，能够使用通用的变速器和前驱动机构。

所有MQB车型都可以在大众汽车全球的生产网络中进行标准化高效生产。MQB平台还让不同轴距、轮距甚至不同品牌车型在同一生产线的柔性化生产成为可能。

大众汽车以MQB为典范又开发出纯电动车型平台MEB，现已成功应用于大众集团旗下多种款式型号的纯电动车型。

模块化平台设计与生产，可以尽最大可能实现标准化设计与生产，延长通用零部件使用寿命，缩短设计周期，提升规模经济，简化供应链，提高设计制造的灵活性，最终达到降低设计与生产成本的目的。现在几乎所有主流汽车制造商都已推出各自的平台战略，开始应用模块化进行设计与生产。比如，丰田的全新全球汽车架构（Toyota New Global Archtecture，TNGA）于2015年开始实施。

Section 6
第 6 篇

电动势力卷土重来
The Electric Power is Back

2019年，授予美国得克萨斯大学奥斯汀分校的约翰·古迪纳夫教授、纽约州立大学宾汉姆顿分校的斯坦利·威廷汉教授和日本化学家吉野彰三位科学家（图06-1）诺贝尔化学奖，以表彰他们对锂离子电池技术进步所做出的贡献。正是他们三人的研究成果，使得锂离子电池商业化成为可能，进而促使电动势力卷土重来。

在锂离子电池商业化之前，人们只能使用能量密度较低的铅酸蓄电池作为汽车动力蓄电池，续驶里程较短，难以实用化，即使通用EV1电动汽车将铅酸蓄电池改为性能更好的镍氢电池，其续驶里程还是很短，仍不足以大批量生产。一直到2008年特斯拉率先使用锂离子电池作为汽车动力，续驶里程首次超过200mile（约320km），人们才开始看好电动汽车的未来。2019年，保时捷在Taycan纯电动车型上推出全球首个800V高压平台（图06-3），支持大功率快充，让人们对电动汽车的前景更加充满信心。

图06-1　2019年获得诺贝尔化学奖的三位科学家

图06-2　电动机结构

图06-3　保时捷Taycan纯电动车型

第 24 章 Chapter 24
电池与电机：从镍氢电池到扁线电机

24.1 镍氢电池

1899 年，瑞典科学家沃尔德·荣格发明了镍镉电池。由于它使用氢氧化钾作为电解质，因此这也是第一个碱性电池。不过这类电池有个巨大的缺点，如果不用完就充电，电池就会有"记忆"，导致只能充上次所消耗的电量。

1955 年，加拿大工程师刘易斯·厄里发明了一种长效碱性电池（锌为阳极，镁氧化物为阴极，氢氧化钾为电解液），就是现在日常生活中常用的一次性电池。这种长效碱性电池全球销量已超过 100 亿颗。

1989 年，由戴姆勒-奔驰和大众汽车赞助研发的第一款商业镍氢电池问世（阳极为金属氢化物或储氢合金，阴极为氢氧化镍）。镍氢电池的能量密度是镍镉电池的两到三倍，并且污染少，没有"记忆效应"。丰田、本田的混合动力车型曾普遍采用镍氢电池（图 24-1）。现在应用在汽车上的镍氢电池基本上被能量密度更高、单体电压更高的锂离子电池取代。

图24-1 丰田混合动力汽车曾使用的镍氢电池

24.2 锂离子电池 / 索尼

1991 年，日本索尼公司研制出了可充电锂离子电池，阳极为石墨，阴极为锂化合物，电解液为锂盐溶于有机溶剂。锂离子电池的单体电池电压高，比能量大，储存寿命长，高低温性能好，现已广泛应用在电动汽车上。

锂离子电池由正极、负极、电解液、隔膜、壳盖和箔材等组成。目前商品化的正极材料有钴酸锂、锰酸锂、三元材料（NCM 和 NCA，前者是由镍钴锰三种材料混合而成，后者是由镍钴铝三种材料混合而成）和磷酸铁锂。商业化的锂离子电池负极材料主要是人造石墨、天然石墨、钛酸锂和硅碳复合石墨材料。

锂离子电池的工作原理（图 24-2）：在对电池充电时，正极上的锂原子被氧化成锂离子，同时释放电子，而锂离子和电子兵分两路，分别向负极运动。锂离子通过电解质、隔膜跑向负极，电子通过外部电源跑向负极，两者到负极后结合，还原成锂原子并被嵌入负极石墨分子之间。

在电池放电时，嵌在负极石墨分子中的锂原子被氧化成锂离子，同时每个锂原子会释放一个电子，而锂离子和电子兵分两路，分别从负极跑向正极。锂离子通过电解质、隔膜跑向正极，电子通过外部用电设备跑向正极。两者到正极后结合，还原成锂原子并被嵌入正极材料。就这样，在充电和放电过程中，锂离子不断在正极和负极之间来回"奔跑"，所以锂离子电池（图 24-3）也称摇椅式电池。

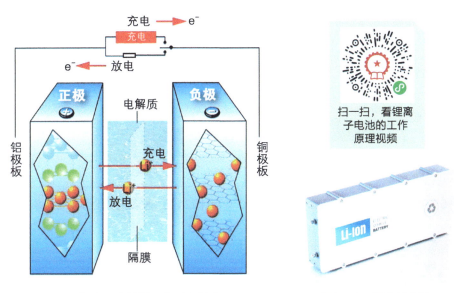

图24-2　锂离子电池的工作原理示意图　　　　图24-3　锂离子电池

24.3　无模组（CTP）技术 / 宁德时代

2019 年 9 月，宁德时代全球首款从电芯到电池包（Cell To Pack，CTP）技术正式发布，并率先搭载于北汽 EU5 车型上。相比传统电池包，采用全新 CTP 技术的电池包体积利用率提高了 15%～20%，零部件数量减少了 40%，生产效率提升了 50%，系统成本降低了 10%，能量密度相比传统结构提高了 30% 以上。

传统的动力蓄电池结构由"电芯 - 模组 - 电池包"组成。若干个电芯串联/并联组合在一起，被称为"模组"；若干个模组组合在一起，再加上电池管理系统（BMS）、配电模块、热管理模块等部件，组成为一个"电池包"。CTP 技术也叫无模组技术，它直接把电芯集成到电池包内，以达到简化甚至省略模组的目的，是电池包内部结构的创新（图 24-4）。采用了 CTP 技术的电芯的电化学体系没有发生改变。

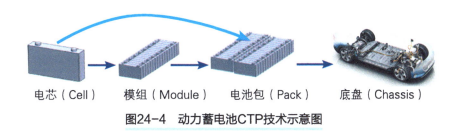

图24-4　动力蓄电池CTP技术示意图

2022年6月23日，宁德时代正式发布第三代CTP电池包技术——麒麟电池。其创新要点包括：①将此前电池包内独立的横纵梁、水冷板与隔热垫集成为多功能弹性夹层（图24-5），有效提升空间利用率；②冷却板采用内外两层冷却通道，将水冷功能置于电芯之间（图24-6），使换热面积扩大了四倍。

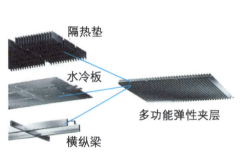

图24-5 动力蓄电池结构创新示意图

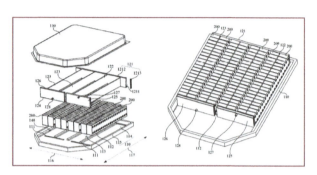

图24-6 宁德时代动力蓄电池专利图

24.4 动力蓄电池底盘一体化（CTC）/ 特斯拉

在2020年特斯拉"电池日"上，特斯拉首次公布了动力蓄电池底盘一体化（Cell To Chassis, CTC）集成技术。埃隆·马斯克表示，CTC集成技术配合前后车身一体化压铸技术，可以减少约370个零部件，实现车身减重10%，每千瓦时电池成本降低7%。

CTC技术省去了从电芯到模组，再到电池包的两个装配过程，直接将电池集成到车身底盘（图24-7）。CTC技术的本质是将电池包上壳体和车身下地板合二为一，座椅直接安装在电池包上盖上，电池包既是能量提供装置，又是整车结构部件。

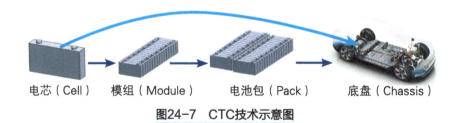

图24-7 CTC技术示意图

为了解决电池包隔热问题，特斯拉在电池包内部灌满一种特殊胶，防止热量向车内传导。同时，由于汽车侧面是碰撞薄弱点，特斯拉在靠近车身门槛两侧灌胶更多，胶层更厚，当汽车发生侧面碰撞时可以对内部电池起到较好的缓冲保护作用。

由于越过了"模组"和"电池包"两级装配过程，直接将电池集成到车身地板上，在相同空间内可以容纳更多电池，从而可提升续航能力。同时，零部件和结构件减少后，也降低了重量、简化了制造流程、节约了成本。灌胶工艺对电池实行"化零为整"，也能保证车身的刚度。CTC结构的缺点是，由于电池整体集成在车身地板，并用胶水粘连，维修成本极高。

24.5 电池管理系统 (BMS) / 特斯拉

2012 年 6 月，特斯拉电动汽车 Model S 正式上市，续驶里程为 483km。这是世界第一款真正实用的长续驶里程纯电动汽车，给人们带来了对纯电动汽车的巨大信心，鼓励更多的高性能电动汽车不断推出。Model S 实现长续驶里程的最核心技术，应是特斯拉创新设计的电池管理系统（Battery Management System, BMS）。

一辆电动汽车的动力蓄电池由成百上千块电芯（也称单体电池）组成，比如特斯拉 Model S 的电池组就由 7000 多块电芯组成。尽管电池制造工艺已经让各个电芯之间的差异化缩小，但是电芯之间仍然存在内阻、容量、电压等差异，使用中容易出现散热不均或过度充放电等现象。时间一长，就很可能导致电池损坏甚至爆炸的危险。因此，必须为动力蓄电池配备一套具有针对性的电池管理系统，像管家那样照料电池，保证电池处于正常工作状态。

BMS 还包含一套独特的电池热管理系统（图 24-8），让冷却液在围绕电芯的密封管中穿梭循环，保证每个电芯的工作温度控制在合理范围内，而且保证所有单体电池之间的温差不超过 2℃。

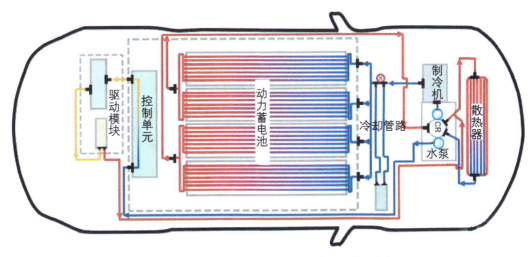

图24-8　电动汽车动力蓄电池热管理系统示意图

BMS 中有两个关键的状态参量，一是电芯的荷电状况（SOC），二是健康状态（SOH）。BMS 负责对电池的这两个状态参量进行检测、评估和处理。电池检测主要是通过各种传感器收集每个电芯和每个电池模组的参数信息，比如：温度、电压、电流等。

对电池的检测流程像是对电池进行"体检"，而且是在线、持续、不间断地进行。当发现数据异常时，可及时查询对应电池状况，并挑选出有问题的电池，从而保持整组电池运行的可靠性和高效性。当"体检"结束后，会进入分析、诊断、计算的阶段，之后生成"体检报告"，这个过程称为电池的健康状态评估。BMS 根据状态评估情况，会采取异常处理程序，如预警、隔离、断电等措施。

另外，通过分区隔离和预警的方法，将失控电池尽可能控制在少量范围内，同时提供预警。而当发生碰撞或遇到烟雾或水进入电池组时，电池上的传感器可以在几毫秒内决定是否断开电池电源，以保证安全。

扫一扫，听埃隆·马斯克的故事

扫一扫，看电动汽车为什么"闭口不言"视频

24.6 扁线电机 / 雪佛兰

电机从发明那天起都是使用圆形横截面的绕组线，直到今天圆形绕组线仍是主流。然而，圆线绕成线圈后空隙较大，线圈的填充系数只有35%～45%。为了提高电机性能，开始使用横截面是扁矩形的绕组线，扁线电机应运而生。

扁线电机是相对"圆线电机"而出现的新型电机。扁线和圆线的区别在于电机定子绕组线的形状（图24-9）。传统电机定子绕组线使用圆线，而扁线电机定子绕组线使用扁矩形线。2007年，扁线电机首先出现在雪佛兰 VOLT 插电式混动汽车上。由于其定子绕组线的形状像发卡（图24-10），又称发卡式（Hair-Pin）扁线电机。

图24-9　扁线电机定子绕组

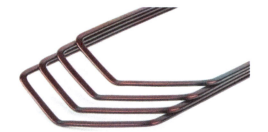

图24-10　扁线电机发卡式定子绕组线

2015年，丰田普锐斯也开始采用扁线电机。此后，特斯拉、保时捷、宝马、大众等越来越多的主流车企，开始应用扁线电机作为驱动电机。

相比圆线电机，扁线电机裸铜槽满率提升了20%～30%，可使电机体积减小；扁矩形横截面使其绕组温升降低了17.5%，能让电机输出功率更高，有效降低材料成本和功率密度。与圆线电机相比，扁线电机的这些结构优化可以使电机效率平均提升1%以上。

第 25 章　Chapter 25
电驱动：从轻混合动力到纯电动

25.1　48V 电气系统 / 奥迪等

2011 年，德国五大汽车品牌奥迪、宝马、奔驰、保时捷、大众联合发布 48V 电气系统，并随后颁布了 48V 电气系统的标准规范，从此，48V 电气系统逐渐得到应用。

燃油汽车上都有一个 12V 的蓄电池，用来起动发动机和为车载电气配置供电。然而，随着自动起停装置的出现及众多电子设备的普及，有时自动起停装置在工作时会产生抖动，主要原因是起动电机的功率不够强大。根据"功率 = 电压 × 电流"的原理，要想提高功率，要么提高电压，要么提高电流，而提高电流就会增加能耗，还要加粗导线等，不如提高电压更合理。于是，在燃油汽车上开始出现 48V 电气系统。

48V 电气系统是在传统燃油汽车 12V 电气系统的基础上，配备独立的 48V 电池组，同时，将驱动电机和起动电机合二为一，并与发动机相连，形成带式起动发电机（Belt-drive Starter Generator, BSG）。除了减小自动起停系统的抖动、提升起动反应速度外，48V 电机可实现效率更高的制动能量回收，而且在汽车加速时还可提供一定的辅助驱动力。这样一来，48V 电气系统就相当于是一套弱混或轻混系统（图 25-1）。

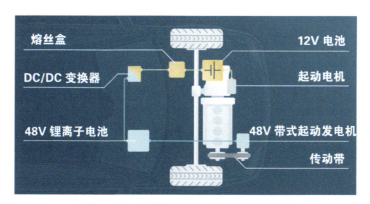

图25-1　大众汽车48V轻混系统示意图

25.2　混合动力汽车 / 丰田普锐斯

1997 年 12 月 10 日，丰田普锐斯（Prius）混合动力汽车开始在日本销售。普锐斯是世界第一款量产的自动混合动力汽车。此前的混合动力汽车都需要手动切换运行模式。

混合动力系统通常将燃油动力与电驱动以串联、并联或混联的形式结合。在串联混合动力汽车中，汽油发动机（简称汽油机）为汽车电池充电，为电动机提供动力，汽油机并不直接为车轮提供驱动力,这种系统也称增程式混合动力;在并联式混合动力汽车中,可由电动机、汽油机或两者同时提供驱动力;混联式则是将两者结合,汽油机既可以带动电机发电,也可以提供驱动力。普锐斯就是采用混联式混合动力系统。

普锐斯采用阿特金森循环发动机,燃烧效率较高,便于节省燃油。普锐斯的混合动力系统有两台电机,在车载计算机的控制下,有时以发电机模式运行,有时以电动机模式工作。普锐斯配有一个以行星齿轮机构为核心的"动力分配器",它将汽油发动机与两台电机的动力进行结合和协调分配,并实现无级变速等功能(图25-2)。

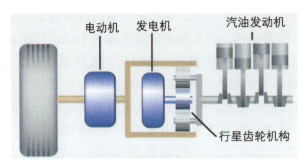

图25-2　丰田普锐斯混合动力系统原理图

25.3　插电式混合动力汽车 / 比亚迪 F3DM

1989年,奥迪在奥迪100 Avant Quattro的基础上推出插电式混合动力概念车Duo(图25-3)。此车有一个12.6马力(约9.4kW)的电机驱动后轮。一个装在行李舱里的镍镉电池组为电机提供能量。该车前轮由一台2.3L 5缸发动机提供动力。动力运行模式可由驾驶人手动选择。此车共制造了10辆。

图25-3　奥迪Duo插电式混合动力概念车

2008年12月,比亚迪F3DM插电式混合动力汽车正式上市销售。这是世界第一款批量生产的插电式混合动力车型(图25-4)。比亚迪F3DM采用混联式混合动力设计。一个50kW的主电机可驱动车轮和再生制动发电,另一个25kW的副电机可以由汽油发动机驱动发电。F3DM使用16kW·h的磷酸铁锂电池,电池组由100个3.3V单体电池组成。比亚迪称F3DM是一款双模式汽车,因为它允许驾驶人手动从纯电动模式转向混合动力模式。纯电动模式时只有两个电机参与驱动。混合动力模式时,在电池电量低于20%时汽油机起动，带动副电机发电，一方面为电池充电，另一方面为主电机供电，主电机提供驱动力；在电池电量超过阈值后，汽车会自动从纯电动模式切换到混合动力模式。此时，F3DM 的 1.0L 3 缸汽油机开始发挥作用，使电池电量尽可能接近 30%；汽油机和车轮之间有直接连接，在加速时汽油机参与驱动。在高负荷情况下，比如加速时，汽油机与电动机结合，共同提供驱动力。

丰田在 2012 年推出普锐斯插电式混合动力车型，这也是世界第二款批量生产的插电式混动汽车。

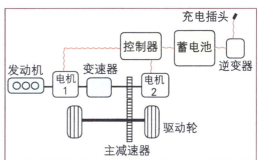

图25-4　2008年比亚迪F3DM插电式混合动力车型

25.4　纯电动汽车 / 通用 EV1

1996 年，通用汽车在美国推出 EV1 纯电动汽车（图 25-5）。这是第一款现代意义上的纯电动汽车。它与此前及此后推出的"油改电"纯电动汽车不同，它的车身和底盘都是从零开始专为纯电动汽车而设计的，外形像宇宙飞船，风阻系数只有 0.19；它得到批量生产并能上牌上路行驶；第一代车型使用铅酸蓄电池，续驶里程 100km，1996 年推出第二代车型，续驶里程提高为 130 ～ 160km，后来换装镍氢电池，续驶里程增加为 160 ～ 230km。

另外，它还配备了当时最先进的一些技术，如防抱死制动系统（ABS）、牵引力控制系统（TCS）、无钥匙起动、胎压监测、电动助力转向、制动能量回收系统，以及磁感应式充电即无线充电技术等。因制造成本过高等问题，通用 EV1 在 1999 年停产，总计生产了 1117 辆。

图25-5　通用汽车EV1纯电动汽车

25.5 锂离子电池汽车 / 日产、特斯拉

在 1995 年东京车展上，日产推出全球第一款使用锂离子电池的电动汽车 Prairie Joy EV（图 25-6）。第二年改进后，这款车每充满一次电可行驶 200km，最高车速 120km/h，但此车只面向企业、团体进行租赁和销售，在日本累计销售了 30 台。

2008 年，特斯拉推出一款名为 Roadster 的纯电动小型跑车（图 25-7），它的动力蓄电池由 6831 个 18650 型锂离子电池组成。这是第一辆使用锂离子电池的量产纯电动汽车，也是第一辆续驶里程超过 200mile（320km）的电动汽车。

18650 型锂离子电池是电子产品常用电池，并不是专为汽车设计的。为此，特斯拉开创性地应用电池管理系统，来保证动力蓄电池的工作稳定性。当 2012 年特斯拉 Model S 正式投产后，特斯拉 Roadster 就停产了，四年总计卖出 2250 辆。

图25-6　1996年日产Prairie Joy EV电动汽车

图25-7　2008年特斯拉Roadster电动汽车

25.6 燃料电池测试车 / 通用

1839 年，威尔士法官和物理学家威廉·罗伯特·格罗夫率先发明氢燃料电池后，燃料电池并未得到实际应用。直到 1961 年美国总统肯尼迪宣告，在 10 年之内将人类送上月球，才考虑月球车使用氢燃料电池作为动力系统。燃料电池不仅可以为登月器提供电力，而且它的排放是水，可为机组人员提供纯净饮用水。

当时身为全球第一大汽车巨头的通用汽车，当仁不让地接受了研发氢燃料电池的任务。由 Craig Marks 博士领导的 250 人的团队，历经两年，在 1966 年 1 月开发出一辆燃料电池测试车 Electrovan（图 25-8）。这也是世界第一辆燃料电池汽车。

又经过了 10 个月的测试后，确认燃料电池在耐久性、应对极端气候的能力等方面都有不错的表现，就向媒体公开展示 Electrovan。

Electrovan 的外观与普通的 GMC Handivan 汽车一样，但它的燃料电池系统将车内塞得满满的。它使用液态氢和液态氧作为燃料，燃料电池功率为 5kW，最高车速 100km/h，续驶里程约 193km。这套燃料电池动力系统后来被移植到阿波罗 15 号月球车上，这

也是第一辆月球车，成功地奔驰在月球表面。

作为测试车的Electrovan只在通用汽车的试车跑道上行驶，而且起动非常麻烦，大概3h后才能开始行走。同样，要关停熄火也需要3h。在发生了几次事故后，其中一次是氢气罐爆炸，考虑到安全问题，氢燃料电池汽车项目被叫停，Electrovan测试车也被存入美国密歇根州旁蒂亚克（Pontiac）的仓库中。世界第一辆燃料电池汽车Electrovan于2001年重见光明，并成为通用汽车遗产中心的镇馆之宝。

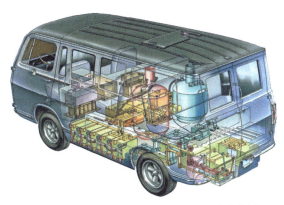

图25-8　通用Electrovan燃料电池汽车构造

25.7　燃料电池汽车 / 丰田

全球首款批量生产的燃料电池汽车丰田Mirai（图25-9），于2014年在日本上市。丰田Mirai配有两套电池，一套位于车身中部，为高分子电解质燃料电池组，是整车的核心部件，负责使氢气和氧气在催化剂的作用下产生电能；另一套为镍氢电池，位于行李舱下面，它可以储存燃料电池产生的电能，负责为车内电气设备供电以及保障低速行驶时的纯电动运行。此外，能量回收系统也将减速和制动时回收的能量储存到镍氢电池中。由于没有真正的能源燃烧，Mirai的氢气能量转化效率达到了60%。

图25-9　丰田Mirai燃料电池汽车

扫一扫，看丰田燃料电池汽车视频

燃料电池最大输出功率为114kW，功率输出密度为3.1kW/L。
Mirai配置了一台交流同步电机，最大输出功率为113kW，峰值转矩为335N·m，其转矩表现接近 2.0T 发动机。Mirai 的续驶里程达到 650km。完成单次氢燃料补给仅需约 5min。

25.8　800V 高压平台 / 保时捷

2019 年，保时捷在 Taycan 纯电动车型上推出全球首个 800V 高压平台（图 25-10），搭载 800V 直流快充系统并支持 270kW 大功率快充。2022 年，特斯拉推出了其首款 1000V 高压平台，应用在纯电动载货汽车 Semi 上。

采用高压平台可以提高充电速度，实现真正的快速充电。充电速度的提升可以简单理解为充电功率的提升。根据"充电功率＝充电电压 × 充电电流"可知，无论想要提升充电功率还是电机功率，要么提升电压，要么提升电流。提升电流势必增加电气系统的发热损耗，于是车企们纷纷将提升电压视为未来电动汽车的发展方向。电动汽车要想实现 5～10min 的快速充电，整车电压平台必然要向 800V 及以上演进。

采用高压平台可以降低能耗、增长续驶里程。高电压系统下电流将变小，而根据焦耳定律，电流变小后系统的功率损耗将减小，可增加续驶里程。同时，电流变小后线束也变细，还可减少线束重量和所占空间。

图25-10　保时捷Taycan 800V高压平台

Section 7
第 7 篇

从电气化到智能网联
From Electrification to Intelligent Connected Vehicles

卡尔·本茨发明的第一辆汽车上就装备了电气系统，他用电池作为电源，使用电火花点燃汽油。当电灯发明后，1897年一辆哥伦比亚牌电动汽车率先安装了照明电灯。此后，电动刮水器、电动车窗、车载收音机、车载空调等电气设备也应用到汽车上，汽车跟随社会发展的电气化步伐，逐步进入电气化时代。集成电路发明后，发动机、变速器、制动系统开始使用 ECU，引领汽车迈入电子化时代。

随着汽车业向电动化、智能化、网联化迈进，如今的汽车可能包含数百个 ECU，从基本功能（如发动机、变速器、助力转向），到舒适功能（如车窗、座椅、音响、空调），访问功能（如门锁、无钥匙进入），再到安全功能（如安全带、安全气囊、ABS、ESP、AEB 等），都离不开 ECU。每个 ECU 通常包含一个运行自己软件或固件的专用芯片，并且需要电源和数据连接才能运行。各个 ECU 之间还会有交互通信和影响，这给汽车设计带来了挑战。为此，在开发新车之前，设计师要对整车电子电气总体方案，即整车电子电气架构（Electrical Electronic Architecture，EEA），进行全局性考虑和设计。

电子电气架构包括运算和控制系统的软硬件、传感器、车载通信网络、电气分配系统等。它通过特定的逻辑和规范将各个子系统有序地整合起来，进而实现整车的各项功能。如果将汽车比作人体，汽车的机械结构相当于人的躯体和四肢，电子电气架构则相当于人的神经系统和大脑，是汽车实现信息交互和复杂操作的总控制系统。

汽车设计已进入电子电气架构时代，设计师将其作为与车身、底盘并列的汽车三大构成之一对待。汽车正借助电子电气架构平台的技术进步迅速驶向智能化、网联化。

图07-1 奥迪RS e-tron GT纯电动跑车

图07-2 智能网联汽车示意图

第 26 章　Chapter 26

电气配置：从碳丝电灯到激光灯

26.1　乙炔灯

汽车在发明初期没有专门设计的前照灯，而是像马车上的"马灯"那样挂在车身高处，并且是使用煤油灯或蜡烛灯。煤油灯和蜡烛灯比汽车的历史还要早。由于灯光照度实在有限，它的最大作用不是照亮路面，而是为了照亮自己，警示其他车辆或行人注意避让自己。其实在现代城市，路灯都很亮，汽车前照灯的主要作用也是为了提醒别人注意自己。

也就是在汽车发明的几年后，即 19 世纪 80 年代末，一种乙炔灯开始作为固定照明灯装备在汽车上（图 26-1、图 26-2）。乙炔俗称电石，遇水就会发生化学反应，产生可燃烧的乙炔气体，将此气体点燃就可用来照明。

乙炔灯装有一个反应器，有水不断地滴到电石上，从而不断地生成乙炔气。再将乙炔气引入灯罩中点燃即可照明。当时道路条件都不是很好，以土路和石子路居多，车辆行驶中的晃动反而保证让水不断地滴下，使乙炔灯不至熄灭。因此，当车辆停下不走时，车灯就可能变暗或熄灭。更为不便的是，遇严寒天气时水可能结冰，乙炔灯就无法工作了。即使有这样的缺点，乙炔灯也一直到 1925 年前后才被电灯完全替代。

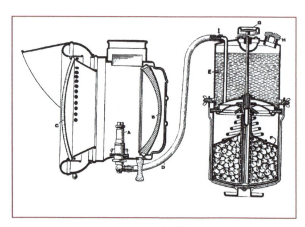

图26-1　乙炔灯结构图

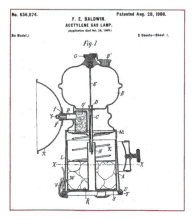

图26-2　乙炔灯专利图

26.2　电气照明系统 / 凯迪拉克

第一个汽车电灯最早出现于 1897 年，美国哥伦比亚电动汽车率先提供选装电灯，用于前灯和尾灯。然而，早期的电灯采用碳化竹丝，也就是碳丝灯泡。碳丝很容易被烧坏，加上车辆行驶中颠簸不止，使得汽车电灯的可靠性极差。如此脆弱的电灯自然无法与乙炔灯竞争，没过多久，碳丝电灯就从汽车上消失了。

直到 1906 年，寿命更长的钨丝电灯在美国被发明，电灯在汽车上卷土重来。由于汽车电灯系统的成本非常高，在此后的多年内，乙炔灯仍然占据车灯的主导地位。

1908 年，汽车上开始装备发电系统和蓄电池，电灯开始越来越多地出现在汽车上。到 1911 年，美国出现了有关汽车电灯的行业标准。其实，1908 年推出的福特 T 型车还没有安装电灯，它的前照灯采用乙炔灯，而尾灯竟然是油灯。过了几年后 T 型车才开始配备电灯。

1912 年，凯迪拉克率先推出一套现代汽车电气照明系统，此系统包括发电机、蓄电池、电灯和控制开关等。1915 年，美国的马萨诸塞州成为第一个要求所有汽车必须装备照明电灯的州。相对而言，汽车电灯在欧洲的发展速度稍慢，使得乙炔灯直到 1925 年左右才在欧洲基本消失。

26.3 氙气前照灯 / 宝马、奔驰

1992 年，宝马 7 系车型率先将氙气近光灯作为选装配置。此氙灯由海拉（Hella）和博世（Bosch）生产，它的镇流器有一块砖头那么大。1999 年，梅赛德斯－奔驰 CL 级（C215）上推出近光灯和远光灯都是氙灯的双氙前照灯，这是全球第一款双氙前照灯车型（图 26-3）。

氙灯是一种含有氙气的前照灯（图 26-4），又称高强度放电式气体灯（High Intensity Discharge，HID）。它通过高压电流激活氙气而形成电弧光，可在两电极之间持续放电发光。通常 HID 的色温可以达到 4000～12000 ℉（1 ℉ =17.22℃）。一般的 55W 卤素灯只能产生 1000 流明（描述光通量的物理单位，1 流明为一烛光在一个立体角上产生的总发射光通量）的光，而 35W 氙气灯能产生 3200 流明的强光，亮度提升了 300%。

图26-3　1999年款梅赛德斯-奔驰CL级 (C215)

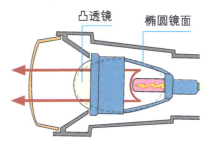

氙气前照灯一般采用凸透镜装置，也就是采用所谓的投射式灯具。氙气前照灯的发光体位于后面椭圆镜面的焦点，而前面凸透镜的焦点与椭圆的焦点重叠，这样就可把灯光直射到车前方

与反射式灯具相比，投射式灯具光源的利用率更高，可以达到80%，是普通卤素前照灯的两倍

图26-4　氙气前照灯构造示意图

氙气灯是利用电子激发气体发光，没有灯丝，因此寿命长，约为3000h，而卤素灯只有500h。另外，氙气灯功率只有35W，能节省大约40%的电力负荷。

26.4 随动转向前照灯 / 塔克、雪铁龙

1948年，世界第一款配备随动转向前照灯的美国塔克（Tucker）48型轿车亮相（图26-5）。它有三个前照灯，中间前照灯可以随车轮的转向而自动向左或右转动10°。

1967年，雪铁龙在DS轿车上采用一种机械式的随动转向前照灯。这也是第一款应用在量产车型上的随动转向前照灯。它用机械连杆和电线，将转向系统与前照灯连接起来，让前照灯可以随方向盘的转动而左右偏转，甚至可以偏转80°，这对照亮前方弯道和发夹弯道非常有效。

2006年，雪铁龙在凯旋（C-Triomphe）车型上配备了电子控制的随动转向前照灯（图26-6）。当车辆夜间行驶转弯时，随动转向前照灯将会照亮弯道，其中弯道外侧的前照灯照亮范围角度为0°～8°，内侧的前照灯照亮范围角度为0°～15°。

随动转向前照灯属于自适应前照灯（Adaptive Front-Lighting System，AFS）的一种，还有一种在转弯时点亮弯道内侧"边灯"的自适应前照灯系统。一些自适应前照灯不仅可以随转向而左右偏转照射角度，还可以根据车身俯仰角度，自动调节前照灯的照射高度。

图26-5　Tucker 48型轿车

图26-6　2006年雪铁龙凯旋

26.5 LED前照灯 / 雷克萨斯、奥迪

2006年，雷克萨斯LS600h车型（图26-7）上率先安装了LED近光灯，而远光灯和转向灯仍使用灯丝灯泡。2007年，奥迪R8跑车（图26-8）率先安装了全功能LED前照灯。2010年，自适应全LED前照灯开始在2011款梅赛德斯-奔驰CLS级车型上装备。

LED是Light Emitting Diode（发光二极管）的缩写，它只需3～4V的低电压即可产生非常明亮的冷光，不仅寿命长，而且可以节能60%以上。

汽车LED前照灯的灯光色温为5500K，接近于日光，这使驾驶人夜间开车时眼睛不易疲劳，同时醒目的照明效果还能提高驾驶安全性。更为重要的是，LED前照灯的能耗比已经非常节能的氙气前照灯还要低。

图26-7　2006年雷克萨斯LS600h车型

图26-8　2007年奥迪R8跑车

26.6　矩阵式 LED 前照灯 / 奥迪

2013年，奥迪A8采用全球首创的矩阵式LED前照灯（图26-9、图26-10）。奥迪A8矩阵式LED前照灯由25个发光二极管组成，它产生的光线与日光相似，色温约为5500K。每只灯的能耗仅为40W，比氙气前照灯还低。LED前照灯红色发光二极管的最高温度约120℃，白色约150℃，远低于最高400℃的卤素前照灯，因此不会过热。同时，风扇能将LED前照灯产生的热量吹向灯罩，从而避免灯罩在冬天可能出现的冰雪凝结现象。

扫一扫，看矩阵式 LED 前照灯视频

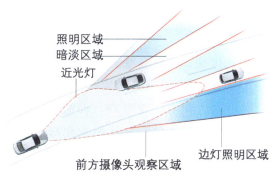
图26-9　奥迪矩阵式LED前照灯示意图

图26-10　奥迪矩阵式LED前照灯结构

当前照灯开关处于"自动"状态，并同时开启了远光灯，而且车辆速度达到或超过60km/h时，矩阵式LED前照灯将会被激活。在激活状态下，一旦灯光系统所连接的摄像头检测到前方有其他交通对象，比如骑自行车的行人等，灯组控制器就会立即关闭射向该对象的LED灯源，其他灯源继续保持照明，或使灯光分成64个阶段变暗。

矩阵式LED前照灯组投射出的光线，能够自动避开逆向驶来的车辆和前方行驶的车辆。一旦逆向车辆驶离，矩阵式LED前照灯会自动切换回全功率状态，继续为驾驶人提供最佳的照明视野，并且不会对道路上的其他车辆或行人造成眩目，同时它还能为车辆旁边区域提供充足的照明。

在奥迪A8车型上，矩阵式LED前照灯可与夜视辅助系统相互配合。当夜视辅助系统监测到有行人出现在车辆前方的关键区域时，矩阵式灯组中的一个LED灯会对着前方行人自动连续快速闪烁3次，目的是将行人突出照亮，与周围背景形成明显的对比，起到警示行人和驾驶人的作用。

26.7 激光前照灯 / 宝马、奥迪

2014 年上市的宝马 i8 插电混动超级跑车，提供选装激光前照灯，从而使宝马成为第一家在量产汽车上选装激光前照灯的汽车商。2014 年限量生产的奥迪 R8 LMX 超级跑车，也采用了激光前照灯（图 26-11）。

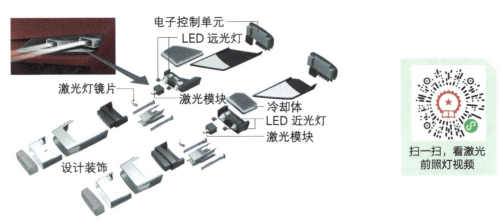

图26-11　奥迪激光前照灯构造图

激光前照灯具备 LED 灯的一切优点，如响应速度快、亮度衰减低、体积小、能耗低、寿命长等，同时还具有比 LED 灯更优秀的三大特点：

1）能耗更低。一般 LED 前照灯的发光效率可以达到 100 流明 /W，而激光二极管元件可以达到 170 流明 /W，这就意味着，当满足同样照明条件时，使用激光前照灯大约可降低 30% 的能耗。

2）照射范围更广（图 26-12）。i8 激光前照灯的射程可达 600m，是 LED 前照灯的 2 倍，使得夜间行车也会更加安全，驾驶人的视野也会因灯光的改变而变得更加开阔，有助于其更早做出避险判断，同时，会车时灯光的可控范围也会更大，避免眩目带来的潜在危险。

3）体积更小。i8 激光前照灯的发射面只有 LED 前照灯的 1%，激光前照灯的体积只有常规 LED 前照灯的十分之一，激光前照灯的反射器只有不到 3cm 高，而氙气前照灯和卤素前照灯的反射器分别至少为 7cm 和 12cm 高。这也意味着，只要设计师愿意，汽车前照灯的尺寸可以大幅度缩小并设计成更多种造型，从而为车灯设计甚至汽车造型设计带来更多可能。

图26-12　激光前照灯照射范围示意图

26.8 汽车空调 / 帕卡德、凯迪拉克

汽车发明后在很长时间内都是各部分部件都露在外面，连车上的人都完全暴露在外。汽车不能遮风挡雨，冬冷夏热，路上的尘土更会把乘车人弄得灰头土脸。直到1908年，封闭式车身的汽车才开始出现。但又出现了另一个问题：在热天乘车时，车内会非常闷热。这时人们就想出了各种各样的对策：有人在车内放冰块，有人将车窗设计成可手动打开式的，甚至将前风窗玻璃也设计成可向上打开一定角度，而最有效的办法还是在车内安装电风扇。

20世纪30年代末，空调开始出现在剧院等室内场所，这时人们才着手研究怎样将空调装在汽车上，让开车和坐车不那么难受。据考证，1939年，空调第一次出现在汽车上。当时美国的帕卡德（Packard）汽车公司开始向购车者提供可选装空调。如果想要一辆带空调的汽车，只要多付274美元（折合现在约5000美元），帕卡德汽车公司先将汽车运到空调器制造公司，加装空调后再运送到经销商，最后交付给买主。

帕卡德汽车公司虽然率先推出了安装空调的汽车，但它并没有获得商业上的成功。当时的汽车空调过于庞大，而发动机舱内的可用空间非常狭小，在发动机盖下只能装下压缩机和散热器，而它的蒸发器和鼓风机只好安装在车后部的行李舱，并占用了行李舱一半的空间。空调的前后部件之间还要通过几米长的管道连接（图26-13）。

由于蒸发器和鼓风机都在汽车的后部，空调冷气只能从后排座位上方吹到车内。这样设计的弊端是，冷风从后排乘客的脖子后吹入车内（图26-14），有时冷凝水会滴到后排乘客身上，而前排座位通常得不到足够的冷气。更为不便的是，空调没有压缩机开关和温度调节机构。如果半路上想开启空调，必须让车停下来，打开发动机舱盖，为压缩机装上皮带；同样，如果想关闭压缩机，也必须停车，打开发动机舱盖，取下压缩机皮带；当需要调节制冷强度时，必须停车，打开行李舱盖，通过调节鼓风机来调节制冷强度。再加上那时的空调可靠性也不高，时常出毛病，结果勉强支撑到1941年，帕卡德汽车公司就停止了空调选装业务。

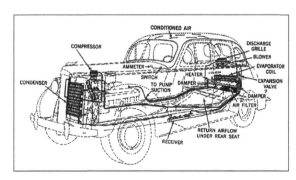

图26-13　1939年帕卡德汽车空调系统原理图

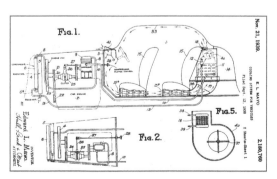

图26-14　汽车空调系统专利图

第二次世界大战也阻碍了汽车空调的普及，因为全部设施都被用于制造军用车辆、飞机和海军舰艇。战争结束后，汽车空调卷土重来，又开始出现在汽车上。从1953年起，美国的凯迪拉克、别克、奥兹莫比尔和克莱斯勒等汽车品牌，开始提供汽车空调选装业务。这时的蒸发器和鼓风机仍然安装在汽车后部，但通过一个塑料管道将冷气引导到前排座位顶部，然后在座位周围缓缓降下来。空调开关设置在仪表板上，可以根据低、中、高档调节制冷强度。由于采用了电磁离合器来起动或关闭压缩机，所以不用停车、不用走出驾驶室也能关闭空调。

20世纪50年代初的汽车空调都是选装配置，一般需要400～600美元（折合现在约为6000～8000美元），算是比较昂贵的配置了，因此只能作为豪华汽车的选装配置。1957年，凯迪拉克Eldorado Brougham车型成为第一款标准配备空调的车型（图26-15）。到1969年，美国超过一半的汽车都安装了空调。

1971年，《纽约时报》的一篇头版文章认为，空调的普及是导致敞篷汽车减少的主要原因，"在空调时代，自然风已经失去了价值。"

扫一扫，看汽车空调原理视频

图26-15　1957年款凯迪拉克Eldorado Brougham是第一款标准配备空调的车型

26.9　自动刮水器 / 约翰·奥森

1916年的某一天，美国布法罗市中心弗吉尼亚街，风雨交加，一辆跑车正在冒雨前行。驾驶人约翰·奥森虽然有急事要赶路，但他也只能慢慢地行驶，雨实在是太大了。雨水顺着前风窗玻璃直往下流淌，车前的视线非常模糊，很难看清路面上的情况。约翰·奥森只好将身体使劲前倾，睁大眼睛盯着前方。然而，怕什么就来什么，猛然间他听到车前一声撞击声，他急忙制动停车，跳下车查看。一辆自行车倒在前轮旁，骑车人跌倒在地，正试图从泥水中爬起来。万幸的是约翰·奥森的车速非常慢，虽然自行车损坏不能再骑了，但骑车人只是轻微擦伤。

吓坏了的约翰·奥森事后越想越怕，雨中开车就像是盲人走夜路，太危险了。如果不把风窗上的雨水擦掉，解决雨水遮挡视线的问题，他就再也不敢冒雨驾驶了。想到这，约翰·奥森灵机一动，何不自己做个刷子将雨水擦净呢！

约翰·奥森找了一根带槽的金属杆，将一根橡胶条固定在金属杆的槽中，再将它们一起安装在前风窗玻璃上，并能通过驾驶室内的一根拨杆，可以拨动它们来回晃动，从而将风窗玻璃上的雨水擦掉。经试验，效果还不错，于是第一个刮水器就诞生了，虽然它是手动操作的（图 26-16）。

1917 年，约翰·奥森成立了特瑞科公司，专业生产和销售刮水器，让更多的驾驶人在雨中开车时也能看清路面。当时的汽车都是手动档，驾驶人开车时已经很麻烦了，都要手脚并用，如果在雨中行车时再多一项手动操作，往往会让人手忙脚乱，反而增添危险。于是，约翰·奥森在 1921 年又开发出利用发动机进气管真空的泵式刮水器，使刮水器在发动机进气真空力的驱动下，能够自动来回摆动。这种刮水器称为真空自动刮水器（图 26-17）。

在此期间，约翰·奥森还与威廉·福尔伯斯发生专利纠纷。福尔伯斯声称他在 1919 年就发明了真空动力的刮水器并获得专利，控告约翰·奥森的特瑞科公司侵权。为了迅速彻底解决纠纷，特瑞科公司竟然把福尔伯斯公司收购了。

一波未平，一波又起。真空自动刮水器又出现了一个严重问题。当发动机低速运转时，比如遇到堵车或等交通信号灯停车时，刮水器就会因发动机的真空力太小而停止摆动。很快，约翰·奥森成功地将刮水器连杆与电动机结合起来，从而成功发明了电动刮水器（图 26-18），也就是现代汽车刮水器的始祖。

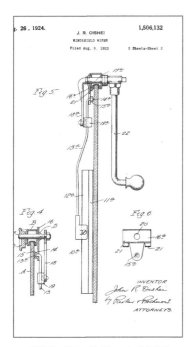

图26-16　约翰·奥森手动刮水器专利图

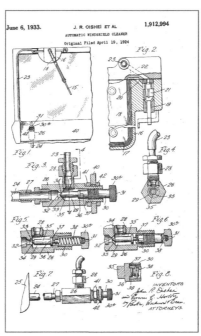

图26-17　约翰·奥森真空自动刮水器专利图

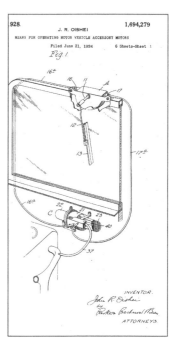

图26-18　约翰·奥森电动刮水器专利图

第 27 章　Chapter 27

座舱控制：从车速表到远程升级

27.1　电磁式车速表 / 奥托·舒尔茨

第一个汽车速度表的发明人是美国华纳电气公司创始人亚瑟·普拉特·华纳，他将测量工业切割工具速度的"切割表"改造了一下，将其作为汽车上的速度测量仪。1901年，美国的奥兹莫比尔汽车率先安装了这种车速表（Speedo）。而一年后，也就是在 1902 年 10 月 7 日，德国工程师奥托·舒尔茨获得了一项测量车辆瞬时速度的发明专利。他利用电涡流效应成功研制出适用于道路车辆的电磁式车速表（图 27-1）。

所谓电涡流效应是指置于变化磁场中的块状金属导体或在磁场中作切割磁力线的块状金属导体，其内部将会产生旋涡状的感应电流。该旋涡状的感应电流称为电涡流。其实这也是电磁感应现象，由磁场感应出电流。

舒尔茨在车速表设计中，设置了一个柔性线缆，线缆的一端与变速器的输出端（或与车轮）相连，另一端与一块永久磁铁相连并设置在车速表中。磁铁放置在一个金属罩（又称速度杯）中。磁铁与速度杯之间没有连接。

当汽车行驶时，柔性线缆就会带动速度杯中的磁铁旋转，转动的磁铁会在速度杯中感应出电涡流。这时候的速度杯就相当于是一种发电机。根据楞次定律，感应电流就会反抗使它产生感应的原因，这将使速度杯随电涡流的变化而转动。汽车的速度越大，磁铁的转速也越大，速度杯试图转动的速度也就越大，表针在表盘上所指示的数字也就越大。这样表针指示就能体现车速的大小（图 27-2）。

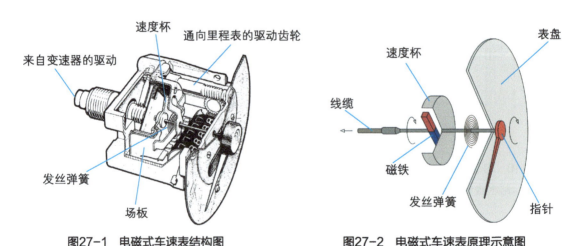

图27-1　电磁式车速表结构图　　　图27-2　电磁式车速表原理示意图

当汽车突然减速或停车时，磁铁也会迅速减速或停止转动，速度杯停止转动，在发丝弹簧的作用下，速度杯和表针移回初始位置，这意味着车速归零。

其实，舒尔茨发明的电磁式车速表，其原理与异步感应电动机非常相像，磁铁相当于转子，速度杯相当于定子，只不过感应电流比较小，速度杯又受弹簧约束，因此速度杯上的指针的转动幅度非常小，只能称为摆动。但这个摆动幅度与电涡流、车轮转速和车速都成正比，因此也就能用来指示汽车行驶的速度。

这种电磁式车速表存在较大的误差，因此为了避免"无意识"地超速行驶，英国曾规定，车速表指示的速度必须大于实际车速，但最大不能超过实际车速的110%+2.5mile/h。即使到了今天，所有汽车上的车速表指示也都略大于实际车速。

现在的汽车都使用防抱死制动系统（ABS）中的轮速传感器作为测量车速的基本信息。轮速传感器安装在车轮里侧的底盘固定件上。车轮每转动一圈，传感器就会发出一个脉冲信息。此脉冲信息通过数据总线传递给控制计算机，计算机将脉冲信息转换成车速并显示在仪表板上。

轮速传感器的信息还有其他用途，例如触发防抱死制动系统、牵引力控制系统、车身稳定控制系统等，还可以用它计算平均车速、行驶里程、平均油耗等。另外还可以通过比较四个车轮的转速而判断出轮胎是否漏气了，如果某个车轮的转速高于另三个车轮，那个车轮上的轮胎就可能漏气了。

27.2　电子变速杆 / 宝马

电子变速杆最早出现在2001年推出的第四代宝马7系轿车上。当时电子变速杆设置在方向盘后面，俗称"怀档"（图27-3）。它的变速器管理系统不是机械控制的，而是采用电信号控制，因此可采用电子控制技术辅助换档。宝马的电子变速杆的换档模式与传统自动变速器一样，也设置有N位、D位、R位、P位，但每次换档后变速杆都会回到起始点。按压变速杆顶部的P按钮即可挂入停车档。要启用手动换档模式，只需要将变速杆向左拨，之后便可按顺序手动换档。

传统机械式变速杆与电子变速杆的区别，就好比机械式电印机与计算机键盘打字之间的区别，前者依靠机械力量打字，而后者利用电接触的方式，或者说通过电信号来打字，显然后者更轻松、方便。由于采用电信号传递变速信息，所以电子变速杆的变速过程异常轻松，换档响应更及时，也更符合人体工程学。

图27-3　2001年第四代宝马7系电子变速杆

27.3 抬头显示（HUD）/ 通用

1960 年，美国海军 A-5 舰载机开始搭载一种全新的显示技术，这种技术能够将飞行信息投射到飞行员视野前方的透视镜上，让飞行员可以不用低头查看仪表板，在平视状态下就能够在同一视野里看到外部的目视参照物和飞行参数、姿态信息、导航信息等关键信息，极大地提升了飞行安全。而这项能够让飞行员不用改变眼睛焦距即可方便地随时查看叠加在外景上的飞行信息，可视度不会受到日光照射影响的技术，就是抬头显示（Head-Up Display，HUD）系统（图 27-4），也称平视显示系统。

图27-4 抬头显示系统

1988 年，通用汽车在奥兹莫比尔 Cutlass Supreme 车型上率先应用 HUD 技术。1997 年，通用汽车在第五代科尔维特（Corvette）车型上首次搭载彩色显示 HUD 技术。

抬头显示利用光学原理，将车辆的相关信息投射在车辆的前风窗玻璃上，驾驶人不用低头观看仪表板就能了解行车和导航的主要信息，减少了驾驶人的视线离开道路的时间，极大地提高了行车的安全性。HUD 默认显示行车速度、导航、转向以及自适应巡航（ACC）等相关信息。HUD 最早应用在飞机上，方便飞行员了解各种飞行信息。

HUD 的构造主要包括两个部分：资料处理单元与影像显示装置。资料处理单元将行车各系统的资料如车速、导航等信息整合处理之后，转换成预先设定的符号、图形、文字或者数字的形态输出；影像显示装置安装在仪表板上方，接收来自资料处理单元的信息，然后投射在前风窗玻璃的全息半镜映射信息屏幕上。如图 27-5 所示，显示内容先被投射在固定矫正镜上，然后反射到旋转矫正镜，再投射到前风窗玻璃上，最后在驾驶人面前一定距离显示模拟图像。

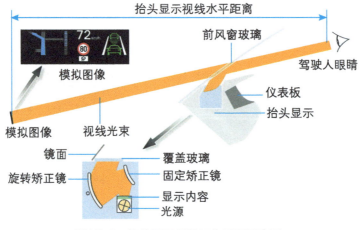

图27-5 抬头显示系统工作原理示意图

27.4 人机交互操作系统 / 宝马 iDrive

2001 年推出的第四代宝马 7 系轿车首次应用人机交互操作系统 iDrive。它主要用来控制和操作车上娱乐、通信、导航和舒适功能，查询车辆状态，了解车辆信息，设置驾驶模式等。它在整个汽车工业领域起到了革命性的作用。该系统第一次实现了显示和控制元件的分离。此前所用的大量开关和按钮被中央控制台上的 iDrive 中央控制器取代。iDrive 的操作方式更接近计算机鼠标，非常方便（图 27-6）。宝马推出 iDrive 后，其他车厂积极跟进，相继推出自己的人机交互操作系统，如奔驰 Command、奥迪 MMI、沃尔沃 Sensus、丰田 Remote Touch 等。

驾驶人可通过拨动、旋转或按动 iDrive 旋钮来启用车载电脑、音响系统、导航和通信功能。使用控制器上的直接选择按钮可以在 CD、收音机、电话和导航功能之间快速切换。3 个指令按钮"菜单（MENU）""返回（BACK）""选择（OPTION）"可作为直接选择按钮的补充。此外，中央控制台上有 8 个"个性化设置"按钮，可用于通过 iDrive 存储和选择电台、电话号码，选择导航目的地或其他菜单项等。

2012 年，宝马集团开发团队首次将触摸感应板与 iDrive 系统的中央控制单元和 iDrive 控制旋钮相结合，从而推出了带手写输入板的 iDrive 控制旋钮（图 27-7）。这款手写输入板直径为 45mm，令车内控制功能的使用更直观、快速和简单。

图27-6　宝马人机交互操作系统（第1代）

图27-7　带手写输入板的iDrive控制旋钮

27.5 车载导航系统 / 本田、丰田

1981 年，本田在第二代雅阁轿车上搭载了世界第一套真正意义上的车载导航系统——电子陀螺仪导航器（Electro Gyrocator）。车载导航系统可以根据车辆左右移动的幅度判断出汽车行走的方向，从而标明车辆在地图上的位置，为车辆定位（图 27-8）。作为选装配置，在购买该导航系统时会配送一本透明地图册。开车前驾驶人需要利用透明地图在黑白显示器上标明自己所在方位。

基于全球定位系统（Global Positioning System，GPS）的第一台车载导航装置，最早出现于 1987 年的丰田皇冠轿车上（图 27-9）。其内置的 GPS 天线会接收到来自环绕地球的 24 颗 GPS 卫星中的至少 3 颗所传递的数据信息，结合存储在车载导航系统内的电子地图，通过 GPS 卫星信号确定的位置坐标与此相匹配，从而确定汽车在电子地图中的准确位置。在定位的基础上，车载导航系统可以通过多功能显示器，提供最佳行车路线、前方路况以及最近的加油站、饭店、旅馆等信息。

图27-8　1981年本田车载导航系统

图27-9　1987年丰田皇冠轿车上的GPS

27.6　中控触摸屏 / 别克

20 世纪 80 年代早期，通用汽车公司着手进行汽车触控化研究，并在 1986 款别克 Riviera 上首次配备了触摸操作屏（触摸屏）（图 27-10）。当时它采用的是一块带有触摸传感器的"阴极射线显像管"（CRT）显示屏，尺寸为 3in×4in（1in=2.54cm），黑色背景，绿色字体和图标。别克把这套触摸屏控制系统称为"图形控制中心"（Graphic Control Center，GCC）。系统内集成了约 100 项虚拟控制功能，包括收音机控制、里程显示、发动机状态、车门开关状态、汽车诊断功能、油量显示等。显示屏上还有车内气候控制功能，允许用户调整温度和风扇速度等。

2009 年，特斯拉公布了 Model S 的原型车，并在 2012 年正式上市。它的中控台完全颠覆了传统设计，使用一个 17in 的触摸屏（图 27-11），约等于两个 iPad 大小，并且取消了绝大多数物理按键。触摸屏上集成了车辆信息查询、导航设置、音响调节、天窗开关、座椅控制、空调使用等操作功能。这种开创性的大屏设计随即引起汽车业大屏潮，相互攀比中控触摸屏大小，致使中控触摸屏的最大尺寸纪录不断被刷新。

图27-10　1986年款别克Riviera轿车上的触摸屏

图27-11　2012年特斯拉Model S 触摸屏

27.7　全景监视系统（AVM）/ 英菲尼迪

2007 年，英菲尼迪推出全球首款全景监视系统（Around View Monitor，AVM）（图 27-12），并率先应用在英菲尼迪 EX35 车型上。AVM 借由车身周围安装的超广角镜头及测距雷达，在中控显示屏上实时显示车身鸟瞰图及周围画面，以提供完整的驾驶视野，让驾驶人从容操控车辆泊车入位或通过复杂路面，有效减少剐蹭、碰撞、陷落等事故的发生。

英菲尼迪 EX35 在车前、左右外后视镜和车尾共安装了 4 个超广角摄像头，分别采集车身前后左右四个区域的实时画面，然后通过计算自动合成为一个完整的 360°全景画面并显示在中控显示屏上。其视觉效果等同于在车辆的正上方放置一个摄像头，实时监测车身四周的实际情况。

图27-12　全景监视系统

27.8　手势识别操控 / 宝马

2015 年，宝马率先在 7 系（E38）轿车上推出手势识别操控功能。通过驾驶人上方的传感器监测系统，可以识别驾驶人的手势动作，不用操作物理按键，就可以操作导航和信息娱乐系统等（图 27-13）。例如将食指向前并顺时针旋转就可将使音响系统音量变大，逆时针旋转则是使音响系统音量降低；在空中点一下手指即可接听电话，而轻挥手掌则会拒接来电。

图27-13　宝马汽车手势识别操控功能

27.9 远程升级(OTA)/特斯拉

2012年,特斯拉Modes S率先采用远程升级(Over The Air,OTA)系统,开始对地图、音响等车载信息系统进行升级。从2015年开始,特斯拉OTA开始对电子器件功能进行升级,包括动力系统、自动驾驶系统,以及多个域控制器和域控制器之下的ECU等。

具备OTA功能的汽车可以通过网络传输系统实现对软件进行远程管理、对硬件功能进行远程修补等。而这些升级和修补的传统做法是必须到汽车制造商指定的4S店才能完成,而现在就像是计算机或手机升级一样,只要上网下载安装包并安装,就可以完成各种升级和服务(图27-14)。

图27-14 远程升级(OTA)原理示意图

OTA升级和更新范围涉及人机交互界面、自动驾驶功能、动力系统控制、电池管理系统等模块,可以增加续驶里程、提高最高速度、提升乘坐舒适度、修补软件漏洞等。

汽车OTA分为软件升级(SOTA)和固件升级(FOTA)。SOTA像是为计算机操作系统"打补丁"做迭代升级,多应用于多媒体系统、车载地图以及人机交互界面等。而FOTA是通过网络升级,下载一个新的固件镜像或修补现有的固件,从而达到改善汽车硬件功能的作用。

OTA的升级方式和手机更新App以及系统升级一样:第一步,下载安装包;第二步,传输安装包;第三步,安装更新。

当驾驶人停车并且关闭点火钥匙时,信息娱乐系统显示屏上会弹出一条消息,以通知用户更新并询问用户是否要立即安装(同时会给出大约时间)。大多数升级都声称可以在几分钟内完成,但也有可能长达一夜的升级。就像手机系统升级一样,一些车型升级时要求电池电量至少为50%。其升级过程和手机系统升级一样,按对话框操作即可。在升级完成后,信息娱乐系统上会显示一条消息,通知更新是否安装成功。

27.10 车载网络数据总线 / 博世

传统汽车上的 ECU 较少，往往只有一个发动机 ECU，因此大多采用点对点的简单信息传输方式，几根信号线就可以解决问题。随着电子技术在汽车上的应用，ECU 越来越多，比如制动、转向、巡航、辅助驾驶、空调、照明、多媒体控制器等，而且每个控制器都需要与众多传感器、执行机构等传递信息，控制器之间也需要交换和共享一些信息，并且对实时性还有不同的要求。为此，一种称为"数据总线"（Date BUS）的信息传输技术便应运而生。

数据总线的基本原理像是公交汽车运行，总线是两条数据线，像是公交运行线路。而每个控制器引出两条线连在总线上，就像是一个公交站点。每个控制器都将信息传递到数据总线上，连接在总线上的每个控制器都能按需要接收信息，从而实现多个控制器共享和交换信息。数据总线技术也在不断发展，传输速度越来越高。现在汽车上一般采用四种数据总线，考虑到成本和传输速度要求，分别应用在不同区域（图27-15）。

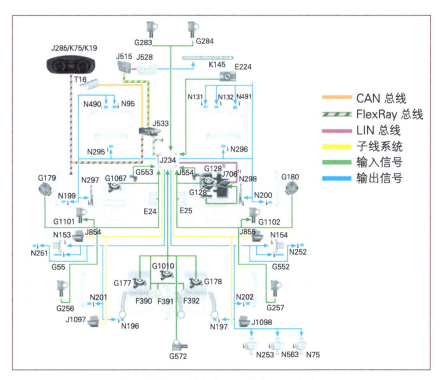

图27-15 整车数据总线布置示意图

CAN（Controller Area Network）总线：1983 年德国博世公司研发的一种共享式双线串行通信总线，传输速度 125KB/s～1MB/s，一般应用在仪表显示、空调、电机控制、电池控制和故障检测方面。

LIN（Local Interconnect Network）总线：2001 年开始运用于汽车工业，作为 CAN

总线的一种补充，传输速度10～125KB/s，一般应用于车门锁、电动座椅、电动车窗、照明等。

FlexRay 总线：由奔驰、宝马、博世、通用等共同支持研发的汽车控制总线技术，2006年首先应用在宝马X5上，传输速度1～10MB/s，一般应用于安全系统，如制动、安全气囊等。

MOST（Media Oriented Systems Transport）总线：由奔驰、宝马、奥迪等主流车企共同研制、用于传输车载多媒体数据的总线，并在2001年制定了相关的标准和协议，传输速度10MB/s以上，一般应用于多媒体娱乐、导航和智能网联系统等。

27.11 域控制器（DCU）/奥迪

2017年推出的2018款奥迪A8轿车，是最先应用域控制器进行电子电气架构设计的车型（图27-16）。

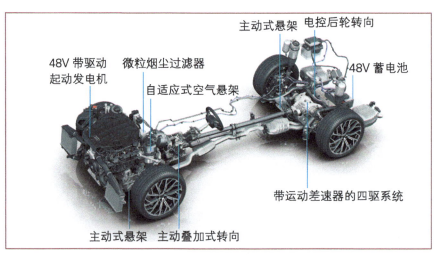

图27-16　2018款奥迪A8轿车率先应用域控制器

传统的汽车电子电气架构都是分布式的，汽车里的各个ECU都是通过数据总线连接在一起。随着电动化、智能化和网联化的迅猛发展，现代汽车里的ECU已有数百个，电子电气架构呈现分布式，而且系统越来越复杂。为了解决这些问题，人们开始把功能相似的ECU功能集成整合到一个比ECU性能更强大的处理器硬件平台上，这就是汽车域控制器（Domain Control Unit，DCU）。域控制器的出现是汽车电子电气架构从ECU分布式演进到域集中式的一个重要标志。

各汽车厂家对功能域的划分并不完全一样，比如划分为：动力域（Power Train）、底盘域（Chassis）、车身域（Body/Comfort）、座舱域（Cockpit/Infotainment）、自动驾驶域（ADAS）共5个功能域，或把动力域、底盘域和车身域融合为整车域，从而形成3大集中域控制器，即：整车域控制器（Vehicle Domain Controller，VDC）、自动驾驶域控制器（ADC）、智能座舱域控制器（Cockpit Domain Controller，CDC）。

第 28 章 Chapter 28

智能网联：从定速巡航到无人驾驶

28.1 车速巡航控制 / 拉尔夫·蒂托

图28-1 拉尔夫·蒂托

1935 年的一天，美国人拉尔夫·蒂托（图 28-1）和他的律师一起出门办事。律师一边开车一边和他聊着天，谈着将要办的事情。然而不多久，蒂托感觉有点难受，像是晕车。蒂托虽然是一位盲人，但他曾是海军工程师，连船都不晕的他怎么会晕车？敏感的蒂托很快就发现，律师说话时开车速度就慢，不说话时开车速度就快。时快时慢的车速正是导致蒂托晕车的原因。

蒂托对律师的开车方式很恼火，但这也是律师的开车习惯，一时还不好改正。事后蒂托就想，如果能让汽车以恒定的速度行驶就好了，这样不仅驾驶人省事省力，而且乘员也不会感觉难受。于是，蒂托着手设计一种汽车速度控制系统。

拉尔夫·蒂托在 5 岁时的一次事故中失明。然而，他身残志坚，22 岁时从宾夕法尼亚大学毕业并获得机械工程学位。这种顽强的学习精神注定他的人生会很精彩。毕业后，蒂托顺利成为一名海军工程师。他曾利用自己高度发达的触觉，解决了驱逐舰上汽轮机转子动态平衡的技术难题。

汽车的速度主要由发动机节气门的开度控制。节气门就像是一个门，打开得越大，车速就越高。汽车的加速踏板（俗称"油门"）通过索线直接控制节气门的开度，因此踩加速踏板就能控制车速。要想实现对车速的自动控制，就要实现对节气门开度的自动控制。

盲人是没有办法开车的，一切都要凭触觉和听觉感知世界和汽车。蒂托的研制工作要比常人更为艰难。1945 年，历经十年的不懈努力，蒂托终于研制成功车速控制装置。蒂托设计的车速控制装置，用一个电机通过一个双向螺杆控制节气门的开度，而电机则由方向盘旁边的手动控制器控制，这样驾驶人就可以很方便地调节和控制车速（图 28-2）。当时的发动机还没有实现电子控制，蒂托的发明只是一个简单的手动车速控制装置，不能实现定速控制，上坡时车速可能会低些，下坡时则车速可能会高些。

汽车厂商对蒂托的发明并不认可，觉得人们对车速控制的需求不大，用脚很方便，为什么要用手来控制车速？而且增加一套控制系统还会增加制造成本。一直到1958 年，蒂托的"车速控制装置"才开始商业化，并率先装备在克莱斯勒汽车上。

现在的车速控制系统已完全由 ECU 控制，并且可以实现闭环自动控制，将实际车速与设定速度的差值也作为输入量之一，当发现偏差时就会自动调节发动机节气门的开度，从而保证汽车以设定的速度恒速行驶，因此现在又称定速巡航控制系统。

自适应巡航控制系统（ACC）就是在车速控制系统的基础上发展来的，可以实现自动跟随前车行驶，必要时可以减速甚至制动停车。在自适应巡航控制系统的基础上，现在又扩展到对汽车转向的控制,从而发展出自动驾驶技术。因此蒂托不仅是汽车速度控制系统的发明者,而且也是汽车自动驾驶技术的鼻祖。

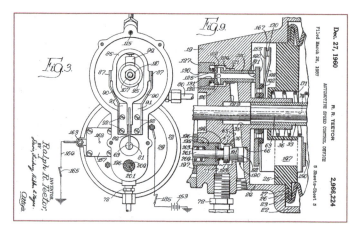
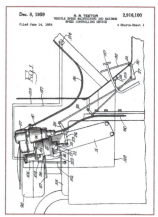

图28-2　拉尔夫·蒂托车速控制装置专利图

28.2　带行人识别的夜视系统 / 宝马

2015年推出的第六代宝马7系轿车,率先装备了可以发现行人并进行警告的夜视系统(图28-3),使宝马成为世界第一家提供该技术的汽车制造商。

宝马夜视系统的核心元件是一个可以提供移动视频图像的热成像的红外摄像头,利用这个摄像头,驾驶人可以在中央控制显示屏上清楚地看到人、动物或其他物体,甚至是在前照灯光束之外。此时,热物体较亮,冷物体较暗,控制装置利用智能算法专门寻找行人的图像,然后用黄色突出显示在图像中。如果系统"发现"一个或几个行人有危险,就会再次警告驾驶人。在环境条件较好时,行人识别装置可以识别15～100m范围内的行人和骑自行车者。

图28-3　带行人识别的夜视系统

为减少警告次数并在确定会危及行人时才发出警告，控制单元会进行一种复杂的情况分析，只有在根据车速、转向角度和偏转率计算发现行人处于特定危险路线上时才会发出警告。只要系统检测到，例如路边行人在向道路移动或已在道路上，便会通过控制显示屏中的符号闪烁及时警告驾驶人。如果配有抬头显示系统，警告也会显示在驾驶人眼前。

28.3 全地形响应系统 / 路虎

2004年，路虎发现3车型率先应用全地形响应系统（Terrain Response）（图28-4），并称其为"全地形反馈适应系统"。它按照不同地形的行驶要求将车辆上与行驶有关的系统进行整合、协调，帮助驾驶人最合理地操作车辆。当然，这些整合和协调方式都是设计者根据驾驶高手和越野专家的经验而科学设定的。

图28-4　全地形响应系统操作按/旋钮

当驾驶人选择好对应的行驶模式后，与行驶有关的多个系统就会自动调节到相应运行状态，这些系统包括发动机管理、分动器（中央差速器）、差速器锁止装置、电子限滑系统、自动变速器、制动系统、空气悬架等。

为了更精准地满足行驶要求，全地形响应系统整合了一些电子控制系统，如路虎整合的电子系统包括：车身稳定控制系统、电子循迹控制、陡坡缓降控制、坡度释放控制、爬坡起步辅助、侧倾稳定控制系统、空气悬架高度调节系统等。

全地形响应系统会帮助驾驶人调节和掌控发动机、变速器、四驱系统、制动系统以及悬架系统等。即使是一位越野新手，全地形响应系统也能让他像老练的越野高手那样驾驶车辆。比如，在沙地上行驶的时候，作为一位老练的越野高手，他就会锁上中央差速器锁、关闭车身稳定系统或ESP、选择合适的档位等。对于越野新手来讲，如果某一项选择错误，就有可能导致陷车。而对于装备全地形响应系统的车辆来说，驾驶人只要按照地形条件选择好既定模式后，扶好方向盘即可，其他的事情都交由全地形响应系统来处理。

28.4 电子稳定程序（ESP）/ 奔驰

1989 年 2 月的一天，瑞典北部的一条公路上，一辆奔驰 300E（W124）测试车正在冰雪路面上飞驰。这时正是北欧最寒冷的季节，是汽车进行冬季测试的好时候。驾车的是奔驰公司的工程师弗兰克·莫恩（图 28-5），他无暇欣赏周围的冰雪风光，注意力都集中在驾驶上，因为在这种冰雪路面上行车不敢有半点马虎。

然而，担心什么就来什么，在一个弯道处，路面上突然出现一大片结冰。虽然莫恩已在入弯前减速，但此时方向盘还是不听使唤，汽车竟没转弯而直直地冲向弯道外侧，一头扎进了路旁的沟中，差一点就撞上树（图 28-6）。还好，沟中雪很深，车和人都没受什么损伤，但汽车陷入积雪中，莫恩用尽招数也无法将汽车驾驶出来。

图 28-5 弗兰克·莫恩

图 28-6 弗兰克·莫恩的汽车冲出路面

当时手机还很稀少，莫恩只好求助一辆过路车帮忙报警，并联络拖车公司施救。由于地处偏僻，拖车要很长时间才能来，莫恩只好回到车内耐心等待。在漫长的等待中，作为长期参与汽车测试的工程师，莫恩觉得出这样的事故很丢人，他开始反思自己怎么就掉进了沟里。

莫恩在脑海中把刚才出事的情景反复回忆了一下，仔细分析车辆受力、车轮滑动、驱动力、转向力、摩擦力等，突然，他灵感迸发，觉得要是结合新近出现的防抱死制动系统（ABS），通过快速测量方向盘角度和汽车滑移角度，由 ECU 指挥 ABS 只对某个车轮制动，会不会就能避免汽车冲出路面呢？至少从理论上分析是可行的。

一回到德国斯图加特的奔驰公司总部，莫恩就迫不及待地提出了他的设想，并很快得到允许研制的批准。研发团队遇到的第一个挑战是找到一个可以测量横向运动的陀螺传感器。他们去玩具店买了一架遥控直升机，拆开来得到这个珍贵的零件。通过简单的初步试验证明，莫恩的弯道防滑理论是可行的，但他们很快发现，玩具用的陀螺仪的处理速度太低了，满足不了紧急时刻的需要。后来，他们竟然设法买了一枚去掉弹头的飞毛腿导弹，从上面拆下陀螺仪传感器装在测试车辆上。

在研制初期，莫恩要对单个车轮进行独立制动的想法曾引起一些同事们的嘲笑，他们说如果只制动一个车轮，那汽车应会像兔子逃离狐狸那样急转弯，只能是失控和打转。但莫恩他们不为所动，坚持要实现自己的理想。

经过两年的精心努力，到 1991 年 3 月，弯道防滑系统终于研制成功。并以"防止车辆操纵不稳定的装置和方法"为名申请了发明专利（图28-7）。在准备投产前，为了争取董事会的支持，莫恩邀请奔驰公司的一位高管参与测试弯道防滑系统。这位高管在驾驶汽车方面一向胆小，但这次他在冰面障碍赛道上的驾车速度，几乎与公司的专业测试车手一样快。然而当把弯道防滑系统关闭后，他勉强通过了第一个弯，差点滑出赛道。这位高管非常满意，董事会也立即批准了弯道防滑系统的投产准备。

奔驰毕竟只是一家汽车制造商，他们在专业系统的制造上还需要与专业公司合作。此后奔驰与博世共同开发弯道防滑系统，并在1995年正式装备在奔驰S600轿跑车上，还为这个系统取了个很专业的名字：电子稳定程序（Electronic Stability Program，ESP）。其名称的知识产权归两家共同所有。

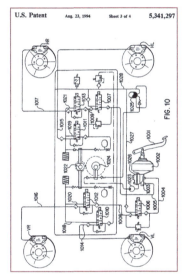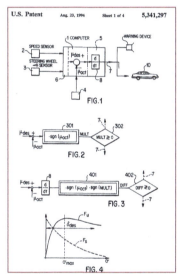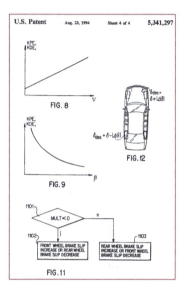

图28-7　"防止车辆操纵不稳定的装置和方法"专利图

博世加持后的ESP，其ECU以每秒25次的频率，对汽车是否朝着驾驶方向行驶实时监测对比。如果发现危险和无法控制的情况即将发生（例如打滑）时，ESP立即介入，通过减小发动机转矩和单独制动某个车轮，就可以调整车身姿态，防止打滑事故发生。其工作原理如图28-8所示。

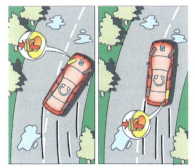

当汽车转弯中发生转向过度而要"甩尾"时（左图），ESP会制动弯道外侧前轮来稳定车辆
当汽车转弯中发生转向不足而要冲出弯道时（右图），ESP制动弯道内侧后轮来纠正车辆的行驶方向

扫一扫，看ESP工作原理视频

图28-8　电子稳定程序（ESP）工作原理

然而在 1997 年，奔驰出了一件丑闻，反倒促进了 ESP 的普及。瑞典一家汽车杂志在对奔驰 A 级车进行麋鹿测试时，因转动方向盘过急而翻车了。这个事故反映出 A 级车的安全性较差。这起翻车事故让奔驰很没面子，一狠心做出了个影响巨大的决定：以后在所有奔驰汽车上，不论级别和贵贱，全都标准配备 ESP。

不久，奔驰又做出了一个充满公益味道的决定，将自己拥有的 ESP 专利免费送给博世，并允许博世将 ESP 产品出售给其他汽车品牌，以降低技术成本。这个决定让更多的汽车装上了 ESP 或类似系统，挽救了无数的生命。然而，作为 ESP 最初发明人的莫恩，听到这个决定后就有点不高兴，他说："我心里很受伤，因为这是我的发明。当然，我认为把它推广到所有汽车上是最好的决定。"ESP 是安全带以来最伟大的汽车发明之一。

28.5　自适应巡航控制（ACC）/ 三菱

1995 年上市的三菱 Diamante 轿车（图 28-9），是第一款可选装自适应巡航控制（Adaptive Cruise Control，ACC）系统的量产车型。这款轿车的前保险杠中装备一个激光雷达，在车外后视镜前配备有微型摄像头。当探测到与前方车距较近时，系统自动减少喷油或降低档位以降低车速；如果距离过近，系统会发出报警音提示，但不会有任何自动制动操作。

ACC 是在定速巡航控制技术的基础上发展来的。在车辆行驶过程中，安装在车前部的车距传感器（雷达）持续扫描车辆前方道路，同时轮速传感器采集车速信号。当与前车的距离小于事先设定值时，ACC 控制单元通过与 ABS、发动机控制系统协调动作，使车轮适当制动，并使发动机的输出功率下降，保证与前方车辆始终保持设定的车距。ACC 在控制车辆制动时，通常会将制动减速度限制在不影响舒适的程度，更不会给驾乘人员造成惊吓的感觉。自适应巡航控制（ACC）系统示意图如图 28-10 所示。

图28-9　1995年三菱Diamante轿车　　图28-10　自适应巡航控制（ACC）系统示意图

当与前车距离过近而需要更大的制动减速度时，ACC 控制单元会发出声光信号通知驾驶人主动采取制动操作，甚至替代驾驶人主动紧急制动并将车辆完全停止。

当与前车之间的车距超过设定值时，ACC 控制单元就会控制车辆按照设定的车速巡航行驶。当前车停止时，本车可跟停，并跟随起步。

28.6　自动紧急制动（AEB）/ 本田

2003 年，本田在日本销售的第四代 Inspire 车型上，开始装备碰撞缓解制动系统（Collision Mitigation Brake System，CMBS）。此系统具有三个警告阶段：第一阶段，监测到与前车距离小于设定值时，此系统会发出声音与视觉上的警告提示驾驶人；第二阶段，如果驾驶人没有采取措施，此系统则会激活安全带预紧器，在肩部位置拉扯两三次，作为对驾驶人附加的触觉警告；第三阶段，如果驾驶人还没有反应，汽车将实行自动施加制动，以降低预计碰撞的严重性。

本田第四代 Inspire 是汽车史上第一款装备自动紧急制动（Autonomous Emergency Braking，AEB）系统的量产车型。

AEB 系统利用毫米波雷达、摄像头和其他感知传感器，实时监测自身的速度以及与前方车辆的距离和前车速度，并将与前车距离和设定的距离进行比较。当监测到与前车距离小于设定值时，将发出警告声以提醒驾驶人注意距离。如果驾驶人不响应，距离继续变小时则将主动施加制动，以防止与前车碰撞。自动紧急制动系统示意图如图 28-11 所示。

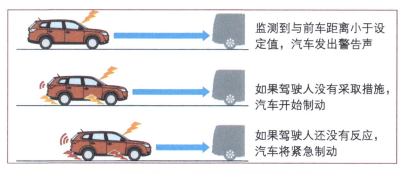

扫一扫，看自动紧急制动系统视频

图28-11　自动紧急制动系统示意图

28.7　车道保持辅助（LKA）/ 日产

车道保持辅助（Lane Keep Assistance，LKA）最早于 2000 年出现在欧洲的载货汽车上。2001 年日产第四代西玛（CIMA）成为率先配置车道保持辅助系统的轿车（图 28-12）。

LKA 通过一个摄像头探测车辆前方区域，从而能够识别出当前所在车道右侧和左侧的道路标线。车道保持辅助系统示意图如图 28-13 所示。如果在没有接通转向信号灯的情况下车辆接近一侧道路标线，或车辆在非人为操作的情况下偏离车道时，就会在越过标线之前通过方向盘振动、声音或图标显示，及时提醒驾驶人修正方向，以降低因车辆偏离引起交通事故的可能。如果在提醒后驾驶人没反应动作，还会辅助调整转向，使汽车保持在车道内正常行驶。

图28-12　2001年日产第四代西玛车型

图28-13　车道保持辅助系统示意图

28.8　盲点监测系统（BSM）/沃尔沃

车外后视镜被认为是最初的盲点监测器，已经存在了100多年。最初的汽车没有后视镜，因此赛车都需要两位驾驶人，一位负责观察赛道情况，一位负责驾驶操作。第一个汽车后视镜出现在车内，可以看到车后方的情况，但对观察两侧或相邻车道内的情况几乎没有帮助。随着马路上汽车数量增多，道路交通更加复杂，这才开始出现车外后视镜。但车外后视镜仍然存在视野盲区，这往往会成为交通事故的主要原因。这最终促使了利用雷达技术的盲点监测系统的出现。

盲点监测系统（Blind Spot Monitoring，BSM）于2005年首次出现在沃尔沃S80轿车上。它又称变道警告系统(Lane Change Warning，LCW)、并线辅助系统等。

盲点监测系统借助雷达波束监控车辆两旁和后方的行驶区域，如果监控区域内有车辆或者有车辆正在高速驶近，就通过点亮车外后视镜上的警告灯来提示驾驶人。盲点监测系统示意图如图28-14所示。如果此时驾驶人没有注意到这些警示并打开了转向灯准备变道，盲点监测系统就会发出高亮度的闪烁警告、声音警告，以及使方向盘振动等，提醒驾驶人此时变道会非常危险。英菲尼迪还推出了一种"盲点干预"系统，如果驾驶人准备变道时有人在其盲区内，该系统会通过制动来引导驾驶人不改变车道。

装在车尾部的雷达监测到侧后方有来车时，车外后视镜上的LED警告灯就会发出亮光，提醒驾驶人注意来车

图28-14　盲点监测系统示意图

28.9 泊车辅助 / 大众、丰田

泊车辅助（Park Assist）最早是出现在 1989 年的大众 Futura 概念车上（图 28-15）。它利用四轮转向技术实现自动泊车功能，允许车辆向一侧移动以平行泊车。

2003 年，丰田普锐斯（Prius）混合动力汽车（图 28-16），开始选装名为"智能泊车辅助"（Intelligent Parking Assist，IPA）的泊车辅助系统。此系统可以完成对无划线车位的识别，但只能实现自动平行泊车，而且在泊入过程中，车速和档位需要驾驶人手动控制。

图 28-15 1989 年大众 Futura 概念车

图 28-16 2003 年丰田普锐斯混合动力汽车

2006 年，雷克萨斯在 LS 轿车上增加了泊车辅助系统，可以使其自动停到平行和斜向车位。雷克萨斯 LS 轿车的前保险杠上装备有声呐传感器，用来测量泊车位的空间尺寸和与其他汽车的距离。驾驶人挂上倒档，倒车影像启动，再按下触摸屏上的平行泊车图标，泊车位上方就会出现一个绿色的指示方块。然后，转向系统接管方向盘，将汽车斜向倒入停车位，驾驶人只需要轻踩制动踏板来控制车速。当倒车影像中显示离另一辆车的保险杠很近时，由驾驶人踩制动踏板将汽车停住。

泊车辅助系统的工作原理是：通过车载传感器扫描汽车周围环境，通过对环境区域的分析和建模，搜索有效泊车位，当确定目标车位后，系统提示驾驶人停车并自动启动泊车辅助程序，根据所获取的车位大小、位置信息，由程序计算泊车路径，然后操纵汽车泊车到平行、垂直或斜向车位。

28.10 无线电遥控驾驶 / 弗朗西斯·胡迪纳

1925 年，美国纽约的电气工程师弗朗西斯·胡迪纳在纽约展示了一辆无线电遥控驾驶的汽车（图 28-17），它是基于 1926 年款 Chandler 车型打造而成。胡迪纳在一辆汽车后座上配备了无线电接收天线，接收从旁边另一辆汽车上发来的操控信号，利用接收到的信号来操控方向盘、加速踏板、变速杆等。这辆汽车在成千上万的围观者面前，

穿过交通拥堵的纽约曼哈顿街道，行驶了约 19km，直到与另一辆车相撞才中断了演示。据当时的《纽约时报》报道，这辆无线电遥控汽车能够遥控起动发动机、换档并发出扬声器声，"就像有一只幻影手在方向盘上一样"。

1926 年，由弗朗西斯·胡迪纳发明的无线电遥控驾驶的"自动驾驶车"在美国波士顿行驶演示

图28-17　弗朗西斯·胡迪纳发明的无线电遥控驾驶的车辆

28.11　视觉引导自动驾驶 / 恩斯特·迪克曼斯

德国人恩斯特·迪克曼斯原来是一名航天工程师，后来又到慕尼黑大学任职。有一天他突发奇想，想让汽车自己认路。随后他买了一辆梅赛德斯-奔驰厢式货车、摄像头、传感器和计算机等，开始研制视觉引导自动驾驶汽车，并于 1986 年研制成功第一辆试验汽车（图 28-18）。

图28-18　恩斯特·迪克曼斯视觉引导自动驾驶汽车

迪克曼斯的试验车配备了一组摄像头和 60 个微处理模块，以检测车辆周围道路上的物体。迪克曼斯的关键创新是"动态视觉"成像技术，允许成像系统过滤掉无关的视觉信息，只关注与行车相关的对象。如今，类似"动态视觉"的成像技术仍是帮助车辆自动识别环境和定位的重要手段，是视觉引导自动驾驶路线的核心技术。1987 年，恩斯特·迪克曼斯的这辆试验汽车在一条未开放的封闭高速公路上，最高速度达到了 90km/h。

1994 年，恩斯特·迪克曼斯带领团队基于梅赛德斯-奔驰 500SEL 改装的 VITA-1 和 VITA-2 两辆自动驾驶试验车上路。两辆试验车在三车道的高速公路上以最高 130km/h 的速度行驶了 1000 多千米，并成功完成交通标志识别、车队跟随行驶、自动变换车道等自动驾驶操控。虽然测试中当交通标志模糊时，自动驾驶就会出现问题，但总体测试比较成功，恩斯特·迪克曼斯因此被誉为"自动驾驶汽车之父"。

28.12　机器学习算法 / 斯坦福大学

进入 21 世纪后，五角大楼对无人驾驶汽车越来越感兴趣。美国国防部高级研究计划局（DARPA）为了吸引更多人才参与无人驾驶汽车的开发，提供高额奖金，分别在 2004 年、2005 年和 2007 年组织了一系列 DARPA 挑战赛。2004 年 DARPA 挑战赛的决赛在美国莫哈韦沙漠地区举行，路线总长 240km，要求参赛车辆必须是无人驾驶的自主地面车辆，不允许远程遥控，并对每辆赛车进行实时跟踪，在 10h 内率先到达终点的车辆将获得 100 万美元奖金。但第一年的比赛中，进入决赛的 15 辆车辆没有一个到达终点，这使得第二年的奖金翻倍。

2005 年 DARPA 挑战赛仍在莫哈韦沙漠地区举行，要求参赛车辆在不借助公路设施和外力帮助的情况下，自动驾驶通过 212km 的比赛路线。相比于上届的道路条件更加恶劣，其中包含 3 个隧道、100 多个急弯以及多个陡坡、狭窄山道等路况。进入决赛的 23 支队伍中，共有 5 辆无人驾驶车辆使用人工智能识别系统，成功完成比赛，堪称智能汽车史上第一次。斯坦福大学参赛队基于大众途锐改装的参赛车辆（图 28-19），率先到达终点并拿到了 200 万美元奖金。他们获胜的最大原因是开创性地使用了机器学习算法来处理道路图像。所谓机器学习算法是指能通过经验进行自我改进的计算机算法，它能够从所收集的数据中获取知识和解决方法。如今，机器学习和它所包含的深度学习算法，已被广泛应用于自动驾驶解决方案。

图28-19　斯坦福大学参赛队基于大众途锐改装的参赛车辆

2009 年，获胜的斯坦福大学团队负责人塞巴斯蒂安·特伦受聘到谷歌公司领导一个秘密启动的无人驾驶汽车项目，开始将无人驾驶汽车技术商业化。2014 年，谷歌发布了一款没有方向盘、加速踏板和制动踏板的无人驾驶原型车，并在此基础上孵化出开发纯无人驾驶汽车的 Waymo 公司。

28.13　L2 自动驾驶系统 / 特斯拉

2014 年 10 月，美国特斯拉汽车公司发布了自动辅助驾驶系统 Autopilot 1.0，并首先将其作为"技术包"选装配置应用在 Model S 纯电动汽车上（图 28-20），后来又扩展到 Model X 上。这是第一个应用于量产汽车上的 L2 自动驾驶系统。Autopilot 1.0 使用了 1 个前置单目摄像头；1 个 77GHz 毫米波雷达，最大探测距离为 160m；12 个超声波传感器，最大探测距离为 5m。此后，特斯拉利用 OTA 不断更新固件，获得更完善的驾驶辅助或自动驾驶功能。

扫一扫，看自动驾驶原理视频

图 28-20　特斯拉 Model S 纯电动汽车

Autopilot 最初发布时只有简单的辅助制动和转向功能。经不断远程升级，逐步开启车道保持、自适应巡航控制、防碰撞预警、紧急自动制动、盲点监测、自动转向、侧方位泊车、倒车入库、自动出库和弯道速度控制等功能。现在特斯拉 Autopilot 已进化到 L3 自动驾驶水平（图 28-21）。

图 28-21　特斯拉 Autopilot 已进化到 L3 自动驾驶水平

2021 年 7 月，特斯拉开始向部分北美地区用户推送全自动驾驶系统（Full Self-Drive，FSD）的测试版本。FSD 硬件上的最大特点是摒弃了毫米波雷达、超声波传感器等，而是采用纯视觉的自动驾驶方案，它在车身周围布置了 8 个摄像头，可以获得 360°的全景视野，探测距离为 250m。其功能上则更加强大，主要包括导航辅助驾驶、自动变道、自动泊车、智能召唤、交通信号识别、（基于导航路线的）城市道路自动转向等。

28.14 L3 自动驾驶系统 / 奔驰

2022年5月，梅赛德斯-奔驰具备L3有条件自动驾驶功能的智能领航系统（Drive Pilot）在德国上市，奔驰S级轿车和EQS纯电动车型可以选装（图28-22）。奔驰成为全球首家在量产车上获准装备L3自动驾驶系统的汽车制造商。

图28-22 奔驰开始批量应用L3自动驾驶系统

奔驰的智能领航系统属于"有条件自动驾驶"，启用它必须符合三个条件：最高车速不能超过60km/h；只能在德国境内划定的13191km路段上使用；启动自动驾驶功能后，仍要做好随时接管驾驶的准备，驾驶人不许睡觉，不许连续向后看或离开驾驶座位。

智能领航系统采用单车智能方案，它依靠车载传感器和高精地图实现L3自动驾驶功能。

28.15 无人驾驶出租车 / 百度

2022年8月，百度Apollo旗下"萝卜快跑"自动驾驶运营平台，在武汉市经开区和重庆市永川区的特定区域，率先开始全无人驾驶出租车运营。百度首批在武汉和重庆各自投放了5辆第五代无人车Apollo Moon极狐版（图28-23）。此车型的顶部搭载了1颗激光雷达，前格栅下还有一颗用于安全冗余的固态激光雷达。全车配备13个摄像头、5个毫米波雷达，能够对车辆外围环境精确感知，具备单车智能、监控冗余、平行驾驶和安全运营管理体系等多重措施，以保障安全运行。无人驾驶出租车上没有驾驶人和安全员，可实现全无人驾驶。乘客可根据屏幕查看行程信息，如行驶速度、剩余里程、预计到达时间等。行程结束后屏幕会显示应支付金额和支付方式等。

百度的无人驾驶出租车采用单车智能与车路协同相融合的技术解决方案。车路协同方案的优势是不用担心车载传感器受到复杂路况和恶劣天气的影响，而是通过路旁的传感器充分收集信息，帮助汽车感知路面情况，对于各类可能存在的典型危险事件进行检测与预警，规避潜在的交通风险。但车路协同方案的劣势也很明显，它不可能在所有道路上设置传感器，致使它的应用场景受到限制，只能在限定区域，如园区、矿区、港口码头等才能应用。

图28-23　百度第五代无人车Apollo Moon极狐版

Section 8 第 8 篇

期待：十大汽车创新技术
Future Automotive Innovation Technology Top 10

毫无疑问，一场汽车技术革命正在进行。这场革命有三大主攻方向：一是利用动力蓄电池和其他新能源技术的进步与突破，助力碳达峰碳中和战略目标的早日实现；二是加快智能网联汽车技术发展和智慧交通基础设施建设，最终实现"人—车—路—云—图"一体化协同的创新发展，助力生态文明建设；三是利用元宇宙、人工智能等前沿技术，提升汽车驾乘的舒适性、安全性和娱乐性等。

根据汽车技术与设计的发展趋势和现在的进步程度，本篇列出最令人期待的十大汽车创新技术与设计，其中一些已开始应用但有待普及，如钠离子电池、氢燃料电池汽车、无人驾驶出租车、元宇宙相关应用等；一些已接近技术突破边缘，就差临门一脚，如电子燃料、轮毂电机等；一些则有待时日，如单车智能L4自动驾驶等。

图08-1　L4自动驾驶示意图

图08-2　智能座舱控制示意图

图08-3　无人驾驶出租车示意图

第29章 Chapter 29

碳中和：从钠离子电池到电子燃料

29.1 钠离子电池 / 宁德时代

2021年7月，宁德时代发布了第一代钠离子电池。2023年4月，宁德时代宣称，其钠离子电池将首发落地奇瑞车型。

钠离子电池具有高能量密度、高倍率充电、优异的热稳定性、良好的低温性能和高集成效率，以及原材料充足等优势。电芯单体能量密度达到160W·h/kg；常温充电15min，电池容量可以达到80%；在-20℃低温环境中，放电保持率可以达到90%；系统集成效率可以达到80%。

钠离子电池在原理与结构上与锂离子电池十分相似，仅在材料的选择上存在差异，其结构示意图如图29-1所示，钠离子电池生产线可以沿用锂离子电池生产线。综合来看，钠离子电池的材料成本相比于锂离子电池的材料成本降低了30%～40%。

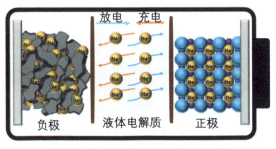

图29-1 钠离子电池结构示意图

扫一扫，看固态锂电池视频

29.2 固态电池 / 日产

2023年2月，日产宣布成功研制固态电池（Solid-State Battery），将于2025年试生产，2028年将首次应用在汽车上，逐步实现量产。这样，日产成为全球首家明确宣布汽车用固态电池量产时间的车企。

固态电池是指采用固态电极和固态电解质的电池。它的原理与现在的液态锂离子电池相同，只不过其电解质为固态，用陶瓷等材料取代了电解液，使电池性能更加稳定，工作更加安全。固态电解质可以让更多带电离子聚集在一端，传导更大的电流，进而提高电池容量。因此，同样电量的固态电池，体积将变得更小。固态电池中由于没有电解液，陶瓷或玻璃状电解质在高压工作时不会老化，从而可提高电池的工作电压。电池的工作温度范围也更宽，不需要额外增加冷却管、电子控件等，可有效减轻重量。另外，固态电池也不需要为每个电芯提供单独的外包装壳，结构更紧凑，重量更轻，功率重量比将是现有电池的3倍以上。

29.3 氢燃料电池汽车

氢燃料电池汽车在行驶中不排放二氧化碳、不存在电池废弃处理问题，而且添加燃料像燃油汽车加油那样迅捷，因此氢燃料电池汽车被认为是终极理想的新能源车型。2020年丰田在日本推出的第二代氢燃料电池车型Mirai

图29-2 丰田第二代氢燃料电池车型Mirai

（图29-2），只需3min即可加满氢，最大续驶里程达到850km。本田氢燃料电池轿车Clarity也已上市销售。我国也有不少氢燃料电池载货车、大客车、环卫车等在公路上行驶。然而，氢燃料电池汽车仍然面临制造成本高、加氢站稀少、氢能运输成本和储存成本偏高等问题，从而限制了氢燃料电池汽车的普及。期待氢燃料相关技术取得突破，使氢能和氢能汽车制造成本、氢能储运成本降低，从而促进氢能家用轿车的普及。

29.4 电子燃料

电子燃料（Electrofuel）也称电燃料，它是一种合成燃料，是用捕获的二氧化碳或一氧化碳，以及利用风能、太阳能和核能等可持续电力来源通过电解水获得的氢制造的。电子燃料在制造过程中使用的二氧化碳量，与它燃烧时向空气中释放的二氧化碳量大致相同，从而可以实现整体碳中和。

在电子燃料的生产过程中，需要将电解水分离而来的氢气与来自工业排放废气或空气中的二氧化碳，借助费托合成（Fischer-Tropsch synthesis）在催化剂的高压下，使氢气与二氧化碳结合，从而制造出液体碳氢链燃料，电子燃料制造过程示意图如图29-3所示。

图29-3 电子燃料制造过程示意图

2023年3月，欧盟委员会通过了一项决议，2035年后禁止销售燃油汽车，但允许销售仅使用电子燃料的新型内燃机汽车。据称，电子燃料正处于技术突破的边缘，如果成功，将帮助燃油汽车实现碳中和。

第 30 章　Chapter 30
智慧交通：聪明的车和智慧的路

30.1　单车智能 L4 自动驾驶

L4 自动驾驶是指高度自动驾驶，在某些环境和特定条件下，比如车速限制、区域限制等，L4 自动驾驶系统能够完成驾驶任务并监控驾驶环境，全程无须驾驶人任何操作。现在国内外多地在特定区域内运营的无人驾驶出租车（Robotaxi），采用的就是单车智能 L4 自动驾驶（图 30-1）技术。虽然它们是全无人驾驶，但都是限定在某个园区、矿区或港口码头等行驶。而且这些 L4 自动驾驶都是利用车路协同方案实现的，而能够合法上路的纯单车智能自动驾驶技术，目前最高级别只是 L3。期盼单车智能 L4 自动驾驶技术早日合法上路。

30.2　车路协同与无人驾驶出租车

没有安全员的无人驾驶出租车（图 30-2），已开始进行道路测试甚至商业化运营，比如在我国的重庆、武汉、北京等地。Robotaxi 的自动驾驶技术是建立在车路协同技术的基础上，采用单车智能与车路协同相融合的解决方案，因此需要"智慧的路"作支撑。而目前只有极少特定区域建立了路侧感知、通信设施，致使无人驾驶出租车的运营范围和实用性受到极大限制。期待车路协同技术取得实质性的进步与突破，并积极建设"智慧的路"，或可采取分级建设的方式，从而推动无人驾驶出租车驶向更广阔区域，同时也促进车路协同技术方案的真正实施与落地。

图30-1　单车智能L4自动驾驶

图30-2　无人驾驶出租车

第 31 章 Chapter 31

元宇宙：从智能控制到模拟仿真

31.1 智能座舱控制

元宇宙在智能座舱控制上有很多值得期待的创新应用（图 31-1），比如人机交互、生物识别、语音控制、手势操作、虚拟仪表、全车窗 HUD、透明 A 柱、透明底盘以及多种增强现实（AR）、混合现实（MR）、扩展现实（XR）应用等。元宇宙加持下的智能座舱系统，还能支持驾驶人和乘员的个性化定制，将车内变成一个娱乐中心，比如后排娱乐、空间音频、全息影像、智能表面等。同时其也能够通过对周边环境的感知调整座舱内光暗、温湿、气流等环境因素，使信息显示与座舱环境融为一体，让用户享受视觉盛宴。期待智能座舱能成为数字家庭或办公环境的延伸，在这种环境中可以随心所欲地享受自己的时间。

图31-1　元宇宙在智能座舱控制上的应用

31.2 自动驾驶模拟仿真

随着自动驾驶技术的渗透率逐步提升，对先进驾驶辅助系统（ADAS）/自动驾驶技术进行训练和验证的需求越来越大。然而，即使真实的道路测试，也都是在封闭的测试场或划定的区域内进行的。在这样特定的交通环境中很少有极端交通状况出现，如行人或非机动车突然横穿马路、逆行等。如果完全依靠真实道路环境进行测试和训练ADAS，这几乎是一项不可能完成的任务。因此，大多 ADAS 研发者都是先模拟道路环境进行仿真测试，然后再进行封闭场地测试、开放道路测试等。据称，一辆仿真测试车辆，每天可进行超过 5000km 的仿真测试。这样不仅可以测试到各种极端交通状况，而且可以节省成本和时间。期待元宇宙技术在汽车设计与测试中发挥更大的作用。

图31-2　自动驾驶模拟仿真测试

第32章 Chapter 32

设计创新：从轮毂电机到滑板底盘

32.1 轮毂电机

轮毂电机的历史可追溯到1898年费迪南德·保时捷设计的第一辆电动汽车。轮毂电机（图32-1）的传动效率高，如果与转向机构、悬架系统进行集成（图32-2），可实现四轮转向、原地掉头、侧向行驶等功能。从2013年起，国内外有10多种轮毂电机技术和概念车推出，但至今没有一款轮毂电机汽车批量生产，仍都采用中央驱动方式。

轮毂电机汽车的车轮内，不仅要集成电驱动模块，还要整合制动系统，对底盘悬架、制动性能影响都较大。轮毂电机使簧下质量大幅增加，直接影响整车的操控稳定性。整车分布式驱动方式的控制技术也很不成熟。这些因素致使轮毂电机汽车一直无法实现量产。

图32-1 轮毂电机　　图32-2 轮毂电机与转向机构、悬架系统集成

32.2 滑板底盘 /RIVIAN

2002年通用汽车在北美国际车展上发布了一款氢燃料电池概念车Autonomy（图33-3）。它创新性地引入了航空领域的线控技术，将氢燃料动力蓄电池系统集成在底盘上，而车身与底盘没有硬连接。因为其形似滑板一样的设计，通用称之为"滑板底盘"（Skateboard）。2021年，全球首款量产滑板底盘车型——美国RIVIAN R1T纯电动皮卡（图32-4），开始上市并交付客户。

RIVIAN R1T基于RIVIAN的滑板底盘进行模块化设计，RIVIAN滑板底盘结构示意图如图32-5所示，它有效地将电池组、驱动单元、悬架系统、制动器和热管理系统等都设置在车轮的高度以下，为乘员和他们的装备留下较大的空间。滑板底盘设计还能降低车身重心，从而增强车辆的操控性和行驶稳定性。

图32-3　通用氢燃料电池概念车Autonomy

图32-4　RIVIAN R1T纯电动皮卡

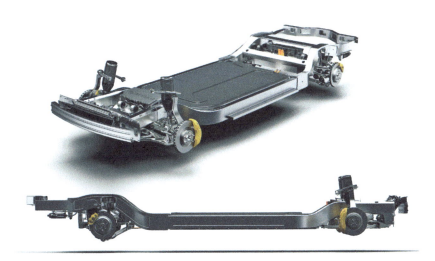
图32-5　RIVIAN 滑板底盘结构示意图

滑板底盘采用全线控技术，通过在底盘上集成整车动力、制动、转向、热管理及三电系统，实现独立的底盘系统，达到上下车体解耦，从而可适应多种动力总成和多级别车型，具备高拓展性、高通用率等优势，并可提高车型开发效率，降低开发成本。

现在已有不少汽车制造商正在开发纯电动车型的滑板底盘，它的最大挑战是全线控技术。期待滑板底盘早日取得技术与设计突破。

附 录 Appendix

汽车创新关键事件时间轴

1769	尼古拉斯·约瑟夫·居纽研制蒸汽原型车
1800	亚历山大·伏特发明电池
1801	理查德·特雷维西克发明高压蒸汽车
1821	迈克尔·法拉第发明电动机
1831	迈克尔·法拉第发明发电机
1837	托马斯·达文波特发明实用的直流电机
1859	加斯顿·普兰特发明铅酸蓄电池
1860	艾蒂安·勒努瓦发明内燃机
1873	阿梅迪·波利制造第一款实用的蒸汽汽车
1876	尼古拉斯·奥古斯特·奥托发明四冲程循环内燃机
1881	古斯塔夫·特鲁夫发明电动三轮汽车
1882	詹姆斯·阿特金森发明阿特金森循环技术
1883	戈特利布·戴姆勒发明四冲程汽油发动机
1885	戈特利布·戴姆勒发明汽油发动机两轮摩托车
1886	卡尔·本茨发明汽油发动机三轮汽车
1886	戈特利布·戴姆勒研制成功汽油发动机四轮汽车
1888	尼古拉·特斯拉发明交流电机
1888	约翰·邓禄普获得充气轮胎发明专利
1892	查尔斯·杜里埃发明喉管式化油器
1895	查尔斯·简托德发明换电模式电动汽车
1896	米尔顿·里维斯发明无级变速器
1897	达拉克制造带再生制动功能的电动汽车
1897	鲁道夫·狄赛尔研制成功压燃式柴油发动机
1898	威廉·迈巴赫研制的四缸发动机汽车开始量产
1901	费迪南德·保时捷研制成功四轮驱动电动汽车
1902	罗伯特·博世发明了火花塞和高压磁电机点火系统
1902	弗雷德里克·兰彻斯特发明盘式制动器
1903	大卫·别克发明顶置气门技术
1905	阿尔弗雷德·布黑获得涡轮增压器技术专利
1908	亨利·福特研制的T型车开始生产,此车具有多项创新设计
1911	查尔斯·凯特林发明发动机自动起动器
1912	沃尔特·宾利发明铝合金发动机活塞

1913	福特工厂开始使用流水线组装汽车
1917	马尔科姆·洛克希德发明液压助力制动系统
1919	埃托雷·布加迪发明垂直式顶置每缸4气门技术
1922	厄尔·汤普森发明同步器式手动变速器
1924	埃托雷·布加迪获得铝制车轮发明专利
1925	桑福德·莫斯获得内燃机增压器技术专利
1926	弗朗西斯·戴维斯发明液压助力转向系统
1929	菲利克斯·汪克尔发明转子发动机
1930	第一款16缸发动机车型凯迪拉克V16上市
1931	奔驰170型成为第一款采用四轮独立悬架系统的汽车
1939	厄尔·汤普森发明自动变速器
1939	帕卡德汽车开始装备车载空调
1945	拉尔夫·蒂托发明车速控制系统
1947	拉尔夫·米勒发明米勒循环发动机技术
1947	厄尔·麦弗逊发明麦弗逊式悬架系统
1952	尤金·胡德里发明发动机尾气催化转化器
1953	约翰·赫特里克获得安全气囊发明专利
1954	奔驰300SL成为第一款装备机械式燃油喷射系统的车型
1954	保罗·马盖斯研制的液压气动悬架系统开始量产
1957	本迪克斯率先开发出电子控制燃油喷射系统
1959	尼尔斯·博林获得三点式安全带发明专利
1967	博世电子燃油喷射系统研制成功并开始批量生产
1982	奔驰190E轿车率先在后悬架上采用多连杆设计
1987	本田推出世界第一个机械式四轮转向系统
1991	索尼公司研制出可充电的锂离子电池
1995	奔驰S600轿跑车率先装备电子稳定程序（ESP）
1996	三菱汽车率先推出电子控制缸内直喷汽油发动机
2001	布加迪开发成功W16缸汽油发动机
2001	宝马推出电子气门发动机车型
2002	凯迪拉克Seville STS率先装备电磁悬架
2004	宝马推出复合铝镁合金缸体发动机车型
2014	英菲尼迪推出汽车史上第一个线控转向系统
2019	马自达推出火花控制压燃点火汽油发动机
2022	奔驰L3自动驾驶系统开始在量产车上选装
2022	百度无人驾驶出租车开始运营

作者简介

陈新亚，《汽车知识》杂志总编辑，曾在中国汽车技术研究中心、中国汽车报社、中国汽车画报任职，在国内外测试新车数百款，编著汽车图书40多册，包括《汽车为什么会跑：图解汽车构造与原理》《图解汽车大百科》《汽车科学解密：会跑的科学课》《汽车1000个为什么》《电动汽车为什么会跑》《玩转四驱：图解四驱汽车构造与越野驾驶》《老爷车：图说历史级世界名车》《画解宝马：揭秘宝马汽车独门绝技》等。